Verträge über individuelle Software nach deutschem und spanischem Recht

Schriften der Deutsch-Spanischen Juristenvereinigung

Band 51

PL ACADEMIC RESEARCH

Matthias Schassek

Verträge über individuelle Software nach deutschem und spanischem Recht

PL ACADEMIC RESEARCH

Bibliografische Information der Deutschen Nationalbibliothek
Die Deutsche Nationalbibliothek verzeichnet diese Publikation in der Deutschen Nationalbibliografie; detaillierte bibliografische Daten sind im Internet über http://dnb.d-nb.de abrufbar.

Zugl.: Saarbrücken, Univ., Diss., 2017

Umschlagabbildung:
Logo der Deutsch-Spanischen Juristenvereinigung e.V.
Abdruck mit freundlicher Genehmigung der
Deutsch-Spanischen Juristenvereinigung e.V.

D 291
ISSN 1433-884X
ISBN 978-3-631-72690-7 (Print)
E-ISBN 978-3-631-72730-0 (E-PDF)
E-ISBN 978-3-631-72731-7 (EPUB)
E-ISBN 978-3-631-72732-4 (MOBI)
DOI 10.3726/b11382

PL Academic Research ist ein Imprint der Peter Lang GmbH.

Peter Lang – Frankfurt am Main · Bern · Bruxelles · New York · Oxford · Warszawa · Wien

Diese Publikation wurde begutachtet.

www.peterlang.com

Vorwort

Die vorliegende Arbeit konnte ich, nachdem ich mehrere Jahre lang mit ihr befasst war, im Herbst 2016 endgültig abschließen. Sie wurde im Wintersemester 2016/17 von der Rechtswissenschaftlichen Fakultät der Universität des Saarlandes als Dissertation angenommen. Rechtsprechung und Literatur sind noch bis einschließlich September 2016 berücksichtigt.

Besonders herzlich danken möchte ich Herrn Univ.-Professor Dr. Filippo Ranieri, und zwar gleichermaßen für das mir entgegengebrachte Vertrauen wie für die tatkräftige Unterstützung nach der Eröffnung des Promotionsverfahrens, namentlich für die Anfertigung des Erstgutachtens. Gleichzeitig möchte ich Herrn Univ.-Professor Dr. Dr. h.c. mult. Helmut Rüßmann sehr herzlich dafür danken, dass er sich spontan zur Erstellung des Zweitgutachtens bereit erklärt hat.

Abschließend gilt mein Dank der Deutsch-Spanischen Juristenvereinigung e.V., insbesondere dem Vorstandsmitglied Herrn Kollegen Rechtsanwalt Lutz Carlos Moratinos Meissner, LL.M., für die Aufnahme meiner Arbeit in die DSJV Schriftenreihe.

Ich widme diese Arbeit meiner lieben Mutter.

Darmstadt, im März 2017 Matthias Schassek

Inhaltsverzeichnis

Abkürzungen

a.A.	anderer Ansicht
a.a.O.	am angegebenen Ort
ABl. EG	Amtsblatt der Europäischen Gemeinschaften / Union
Abs.	Absatz
AC	Aranzadi Civil
AcP	Archiv für die civilistische Praxis
a.F.	alte Fassung
AGB	Allgemeine Geschäftsbedingungen
Alt.	Alternative
Anm.	Anmerkung
AnwBl.	Anwaltsblatt
AP	Audiencia Provincial
Art.	Artikel, Artículo / Artículos
AT	Allgemeiner Teil
Aufl.	Auflage
BB	Betriebs-Berater
Bd.	Band
BeckRS	Beck Rechtsprechung: *http://beck-online.beck.de*
Begr.	Begründer
BGB	Bürgerliches Gesetzbuch
BGBl. I (II, III)	Bundesgesetzblatt Teil I (II, III)
BGH	Bundesgerichtshof
BGHZ	Entscheidungen des BGH in Zivilsachen
BOE	Boletín Oficial del Estado *https://www.boe.es/diario_boe/*
bspw.	beispielsweise
BT	Besonderer Teil
BT-Drucks.	Bundestagsdrucksache
BVerfGE	Bundesverfassungsgericht, Entscheidungen
bzw.	beziehungsweise
CC	Código Civil, BOE núm. 206, de 25/07/1889
CD-ROM	Compact Disc – Read only Memory
CE	Constitución Española vom 27.12.1978, BOE núm. 311, de 29/12/1978, S. 29313–29424
c.i.c.	culpa in contrahendo

CISG	United Nations Convention on Contracts for the International Sale of Goods
CISG-online	Datenbank *http://www.cisg-online.ch*
CR	Computer und Recht
DCFR	Draft Common Frame of Reference *http://ec.europa.eu/justice/contract/files/european-private-law_en.pdf* (letzter Abruf: 30.09.2016)
Ders.	Derselbe
Dt.	Deutsch
ebd.	ebenda
EDV	Elektronische Datenverarbeitung
EGBGB	Einführungsgesetz zum BGB
et al.	et alii
etc.	et cetera
EuGH	Gerichtshof der Europäischen Gemeinschaften / Union
EuGVVO	Verordnung über die gerichtliche Zuständigkeit und die Anerkennung und Vollstreckung von Entscheidungen in Zivil- und Handelssachen
EVB-IT	Ergänzende Vertragsbedingungen für die Beschaffung von IT-Technik
EVÜ	Übereinkommen über das auf vertragliche Schuldverhältnisse anzuwendende Recht v. 1980 ABl. EG 1980 Nr. L 266/1
FamRZ	Zeitschrift für das gesamte Familienrecht
f. / ff.	folgend / folgende
FD	Fundamento de Derecho
Fn.	Fußnote
fortgef.	Fortgeführt
Fst.	Fundstelle(n)
GG	Grundgesetz für die Bundesrepublik Deutschland
GRUR	Gewerblicher Rechtsschutz und Urheberrecht
GRUR Int.	GRUR – Auslands- und internationaler Teil
HGB	Handelsgesetzbuch
Hk-BGB	Handkommentar BGB
Hrsg. / hrsg.	Herausgeber / herausgegeben
Hs.	Halbsatz
IBM	International Business Machines Corporation

IEC	International Electrotechnical Commission *http://www.iec.ch/*
InsO	Insolvenzordnung
i.S.d.	im Sinne der / des
ISO	International Organization for Standardization *http://www.iso.org*
IT	Informationstechnologie
ITRB	Der IT Rechts-Berater
JUR	Documento de Jurisprudencia abrufbar unter *http://www.westlaw.es*
juris	Juristisches Informationssystem für die Bundesrepublik Deutschland *http://www.juris.de*
jurisPK-BGB	Juris-Praxiskommentar BGB
JurPC	JurPC *http://www.jurpc.de*
JuS	Juristische Schulung
Kap.	Kapitel
KoopA-ADV	Kooperationsausschuss Automatisierte Datenverarbeitung Bund/Länder/Kommunaler Bereich
LCGC	Ley 7/1998, de 13 de abril, sobre Condiciones Generales de la Contratación, BOE núm. 89, de 14/04/1998
LEC	Ley de Enjuiciamiento Civil, BOE núm. 7, de 08/01/2000
LG	Landgericht
lit.	litera
LOTC	Ley Orgánica 2/1979, de 3 de octubre, del Tribunal Constitucional, BOE núm. 239, de 05/10/1979
LPI	Ley de Propiedad Intelectual
Ls.	Leitsatz
MDR	Monatsschrift für deutsches Recht
MünchKomm	Münchener Kommentar
m.w.N.	mit weiteren Nachweisen
n°	número
n.F.	neue Fassung
NJW	Neue Juristische Wochenschrift
NJW-RR	NJW-Rechtsprechungs-Report
Nr.	Nummer, Number
núm.	número
OGH	Oberster Gerichtshof (Österreich)

OLG	Oberlandesgericht
OMPI	Organización Mundial de la Propiedad Intelectual
PECL	Principles of European Contract Law
PMCC	Propupesta de anteproyecto de ley de modernización del Derecho de obligaciones y contratos *www.mjusticia.gob.es/cs/Satellite/1292338914438* (letzter Abruf: 30.09.2016)
RDLeg	Real Decreto Legislativo
Rdnr.	Randnummer
RdNT	Revista Aranzadi de Derecho y Nuevas Tecnologías
RG	Entscheidungen des Reichsgerichts in Zivilsachen
RGLJ	Revista General de Legislación y Jurisprudencia
RIW	Recht der internationalen Wirtschaft (Zeitschrift)
RJ	Repertorio de Jurisprudencia Aranzadi
Rom I-VO	Verordnung (EG) Nr. 593/2008 des Europäischen Parlaments und des Rates vom 17. Juni 2008 über das auf vertragliche Schuldverhältnisse anzuwendende Recht (Rom I) ABl. EG 2008 Nr. L 177/6
RTC	Repertorio del Tribunal Constitucional
S.	Seite(n), Satz (bei Rechtsnormen)
s. / s.a.	siehe / siehe auch
SAP	Sentencia Audiencia Provincial (Urteil Provinzialgericht) SAP Societas Europaea (Softwarefirma)
SJPI	Sentencia Juzgado de Primera Instancia
Span.	Spanisch
STC	Sentencia Tribunal Constitucional
STS	Sentencia Tribunal Supremo, Sala de lo Civil, Sección 1ª
TS	Tribunal Supremo
UrhG	Urheberrechtsgesetz
Urt.	Urteil
USB	Universal Serial Bus
v.	von/vom
VDI	Verein deutscher Ingenieure *http://www.vdi.de*
VersR	Versicherungsrecht (Zeitschrift)
Vgl.	Vergleiche
VO	Verordnung
Vol.	Volumen
WIPO	World Intellectual Property Organization

WM	Wertpapier-Mitteilungen (Zeitschrift)
z.B.	zum Beispiel
ZeuP	Zeitschrift für Europäisches Privatrecht
Ziff.	Ziffer
ZPO	Zivilprozessordnung
z.T.	zum Teil

Literaturverzeichnis

Adomeit, Klaus: Die gestörte Vertragsparität – ein Trugbild, NJW 1994, 2467ff.

– : Einführung in das spanische Recht: das Verfassungs-, Zivil-, Wirtschafts- und Arbeitsrecht Spaniens, 3. Aufl., München 2007.

Albaladejo García, Manuel y Díaz Alabart, Silvia (Hrsg.): Comentarios al Código Civil y compilaciones forales.

Tomo I, Vol. 1°, 2. Aufl., Madrid 1992.

Tomo XV, Vol. 1°, Madrid 1989.

Tomo XVII, Vol. 1-A, Madrid 1993.

Tomo XVII, Vol. 1-B, Madrid 1993.

Tomo XVII, Vol. 2°, 2. Aufl., Madrid 1995.

Tomo XIX, 2. Aufl., Madrid 1991.

Tomo XX, Vol. 1°, 2. Aufl., Madrid 1992.

Tomo XX, Vol. 2°, Madrid 1986.

Zitiert: Albaladejo/*Bearbeiter*, Comentarios al CC.

Albiez Dohrmann, Klaus Jochen et al. (Hrsg.): Derecho privado europeo y modernización del Derecho contractual en España, Barcelona 2011.

Zitiert: Albiez Dohrmann, Derecho privado.

→ Albiez Dohrmann, Klaus Jochen: La necesaria influencia del derecho privado europeo en la propuesta, S. 15–25.

→ García Pérez, Rosa María: Construcción del incumplimiento en la Propuesta de Modernización: La influencia del Derecho Privado Europeo, S. 330–368.

→ López Frías, María Jesús: El error en la Propuesta de Modernización del Derecho de obligaciones y contratos, S. 167–193.

→ Morales Moreno, Antonio-Manuel: ¿Es posible construir un sistema precontractual de remedios? Reflexiones sobre la Propuesta de modernización del derecho de obligaciones y contratos en el marco del Derecho europeo, S. 400–422.

→ Palazón Garrido, María Luisa: El remedio resolutorio en la Propuesta de Modernización del Derecho de obligaciones en España: un estudio desde el Derecho Privado europeo, S. 423–447.

→ Quesada Sánchez, Antonio José: Las negociaciones dirigidas a la formación del contrato, S. 55–107.

–: La protección jurídica de los empresarios en la contratación con condiciones generales, Cizur Menor (Navarra) 2009.

AMETIC: Las Tecnologías de la Información en España 2011, abrufbar unter: *http://ametic.es/sites/default/files//Las_Tecnologias_de_la_Informacion_2011_0.pdf* (letzter Abruf: 30.09.2016).

Aparicio Vaquero, Juan Pablo: La nueva contratación informática: Introducción al outsourcing de los sistemas de información, Granada 2002.

–: Licencias des uso no personalizadas de programas de ordenador, Granada 2004.

Ballugera Gómez, Carlos: El contrato no-contrato, Madrid 2006.

Bamberger, Heinz Georg / Roth, Herbert (Hrsg.): Kommentar zum BGB, Bd. 1, 3. Aufl., München 2012 .

Zitiert: Bamberger/Roth-*Bearbeiter.*

Bar, Christian von; Clive, Eric; Schulte-Nölke, Hans et al. (Hrsg.) : Principles, Definitions and Model Rules of European Private Law Draft Common Frame of Reference (DCFR), München 2009. *http://ec.europa.eu/justice/contract/files/european-private-law_en.pdf* (letzter Abruf: 30.09.2016).

Bartsch, Michael: Anmerkung zu BGH, Urt. v. 25.3.2010 – VII ZR 224/08, CR 2010, 777.

Baumbach, Adolf (Begr.): Handelsgesetzbuch bearbeitet von Hopt, Klaus J. et al., 36. Aufl., München 2014. Zitiert: Baumbach/Hopt/*Bearbeiter.*

– (Begr.): Zivilprozessordnung fortgef. zunächst v. Lauterbach, Wolfgang, sodann v. Albers, Jan; bearbeitet von Hartmann, Peter, 74. Aufl., München 2016.

Zitiert: Baumbach/Lauterbach/Albers/Hartmann.

Becht, Ernst: Einführung in die Praxis des Zivilprozesses, 2. Aufl., München 2002.

Bercovitz Rodríguez-Cano, Rodrigo (Hrsg.) et al.: Comentarios al CC, 4. Aufl., Cizur Menor (Navarra) 2013. Zitiert: Bercovitz Rodríguez-Cano/*Bearbeiter*, Comentarios al CC.

– (Hrsg.) et al.: Manual de Propiedad Intelectual, 6. Aufl., Valencia 2015.

Zitiert: Bercovitz Rodríguez-Cano/*Bearbeiter*, Manual de Propiedad Intelectual.

Buxmann, Peter / Diefenbach, Heiner / Hess, Thomas: Die Softwareindustrie, 2. Auflage, Berlin 2011.

Camacho Clavijo, Sandra: Partes intervenientes, formación y prueba del contrato electrónico, Madrid 2005.

Campbell-Kelly, Martin / Aspray, William: Computer: a history of the information machine, New York 1996.

Canaris, Claus-Wilhelm: Wandlungen des Schuldvertragsrechts. Tendenzen zu seiner "Materialisierung", AcP 200 (2000), 273–364.

Carrasco Perera, Ángel: Derecho de contratos, Cizur Menor (Navarra) 2010.

Cordón Moreno, Faustino et al. (Hrsg.): Ley de Enjuiciamiento Civil, 3. Aufl., Cizur Menor (Navarra) 2015.

Corripio Gil-Delgado, María Reyes: Los contratos informáticos: el deber de información precontractual, Madrid 1999.

Davara Rodríguez, Miguel Ángel: Manual de Derecho Informático, 11. Auflage, Cizur Menor (Navarra) 2015.

Delgado Echeverría, Jesús / Parra Lucán, María Ángeles: Las nulidades de los contratos: en la teoría y en la práctica, Madrid 2005.

Denck, Johannes: Die Relativität im Privatrecht, JuS 1981, 9–14.

Díez-Picazo, Luis: Fundamentos del Derecho Civil Patrimonial, Vol. 1°, Introducción teoría del contrato, 6. Aufl., Madrid 2007.

– (Hrsg.): La compraventa internacional de mercaderías: comentarios de la Convencion de Viena, Madrid 1998. Zitiert: Díez-Picazo/*Bearbeiter.*

– y Gullón, Antonio : Sistema de Derecho Civil, Vol. II, Tomo 1, El contrato en general…, 11. Aufl., Madrid 2016. Vol. II, Tomo 2, Contratos en especial…, 11. Aufl., Madrid 2015 (Reimpresión 2016).

Dreier, Thomas / Schulze, Gernot: Urheberrechtsgesetz, Kommentar, 5. Auflage, München 2015.

– / Vogel, Rupert: Software- und Computerrecht, Frankfurt a. M. 2008.

Dudenredaktion (Hrsg.): Der Duden in 12 Bänden, 26. Aufl., Berlin, Mannheim, Zürich 2013.

Eckl, Christian: Treu und Glauben im spanischen Vertragsrecht, Tübingen 2007.

Erman, Walter Alexander (Begr.): BGB, hrsg. v. Harm-Peter Westermann, 14. Aufl., Köln 2014. Zitiert: Erman-*Bearbeiter.*

Fernández Masiá, Enrique: La protección de los programas de ordenador en España, Valencia 1996.

Fikentscher, Wolfgang / Heinemann, Andreas: Schuldrecht, 10. Aufl., Berlin 2006.

Finke, Stefanie: Die Minderung der Schadensersatzpflicht im spanischen Recht, Göttingen 2005.

Fleischer, Holger: Konkurrenzprobleme um die culpa in contrahendo – Fahrlässige Irreführung versus arglistige Täuschung, AcP 200 (2000), 91–120.

Fritzemeyer, Wolfgang: Die rechtliche Einordnung von IT-Verträgen und deren Folgen: Endlich Klarheit oder doch eine „never ending story"?, NJW 2011, 2918–2922.

Funk, Axel / Wenn, Matthias: Gestaltung von Verträgen über IT-Leistungen unter den Aspekten der Haftungsbeschränkung und -vermeidung, ITRB 2004, 118–120.

Gaitán Martínez, José Alberto / Mantilla Espinosa, Fabricio (Hrsg.): La terminación del contrato, Bogotá 2007.

→ De Verda y Beamonte, José Ramón: La anulabilidad del contrato por vicios del consentimiento, S. 41–89.

García Rubio, María Paz: La responsabilidad precontractual en el derecho español, Madrid 1991.

Garrote Fernández-Díez, Ignacio : La reforma de la copia privada en la Ley de Propiedad Intelectual, Granada 2005.

Gete-Alonso y Calera, María del Carmen: La contratación en materia informática, in: Revista Jurídica La Ley, 1992, núm. 2, 1036–1058.

Gimeno Sendra, Vicente: Derecho procesal civil, Tomo I, El proceso de declaración, Parte General 4. Aufl., Madrid 2012.

Goebel, Jürgen W.: Verständigungsprobleme im Dialog zwischen Richter und EDV-Sachverständigen, CR 1987, 571–575.

Gómez Calle, Esther: Los deberes precontractuales de información, Madrid 1994.

Gómez Perals, Miguel: La cesión de uso de los programas de ordenador, Madrid 1999.

Gómez Rosendo del Toro, Antonio: El derecho de autor en la Unión Europea, Madrid 2006.

González Gozalo, Alfonso: La formación del contrato tras la Ley de servicios de la sociedad de la información y de comercio electrónico, Granada 2004.

Gorny, Peter / Kilian, Wolfgang (Hrsg.): Computer-Software und Sachmängelhaftung, Stuttgart 1985.

→ Gorny, Peter: Fehlerhafte Software – Einige Gedanken aus der Sicht der Informatik, S. 7–18.

Groß, Michael: Der Lizenzvertrag, 11. Aufl., Frankfurt a.M. 2015.

Grundmann, Stefan / Bianca, C. Massimo: EU-Kaufrechts-Richtlinie, Kommentar, Köln 2002.

Guillén Catalán, Raquel: La entrega de las llaves de los programas de ordenador: obligación esencial del contrato informático in: RdNT núm. 5 (2004–2), S. 289–293.

Haedicke, Maximilian: Rechtskauf und Rechtsmängelhaftung, Tübingen 2003.

Handkommentar Bürgerliches Gesetzbuch: (hrsg. v. Schulze, Reiner [Schriftleitung]; Dörner, Heinrich et al.) 8. Aufl., Baden-Baden 2014. Zitiert: Hk-BGB/*Bearbeiter.*

Hansen, Hans Robert / Neumann, Gustaf: Wirtschaftsinformatik 1, Grundlagen und Anwendung, 9. Aufl., Stuttgart 2005.

Hernández Rodríguez, Aurora: Los contratos de edición en Derecho internacional privado español, Granada 2002.

Hernando Collazos, Isabel: Contratos Informáticos. Derecho Informático: Legislación y práctica, San Sebastián 1995.

Hettich, Lars: Spaniens Gesetz über Allgemeine Geschäftsbedingungen, Hamburg 2007.

Heussen, Benno: Unvermeidbare Softwarefehler, CR 2004, 1–10.

Hoeren, Thomas: Die Pflicht zur Überlassung des Quellcodes – Eine liberale Lösung des BGH und ihre Folgen, CR 2004, 721–724.

–: IT-Vertragsrecht, 2. Aufl., Köln 2012.

–: Skript IT-Recht, April 2016, abrufbar unter *http://www.uni-muenster.de/Jura.itm/hoeren/materialien/Skript/Skript_IT_Stand_April.pdf* (letzter Abruf: 30.09.2016).

Hoffmann-Becking, Michael (Hrsg.): Beck'sches Formularbuch Bürgerliches, Handels- und Wirtschaftsrecht, 12. Auflage, München 2016.

Hofmann, Hasso: Einführung in die Rechts- und Staatsphilosophie, Darmstadt 2000.

Humphrey, Watts S. : Software unbundling: a personal perspective, IEEE Annals of the History of Computing, Bd. 24, Nr. 1, Jan—März 2002 Seiten 59—63.

Huzel, Erhard: Vertragsauflösung wegen Nichterfüllung im spanischen Recht, Frankfurt a.M. 1993.

Jäger, Karl-Werner / Lenzer, Joachim / Schneider, Jochen / Wißner, Bernd: Begutachtung und rechtliche Bewertung von EDV-Mängeln, Augsburg 2003.

Jauernig, Othmar (Begr.): Bürgerliches Gesetzbuch, Kommentar, 16. Auflage, München 2015, Zitiert: Jauernig-*Bearbeiter.*

Jiménez Muñoz, Francisco Javier: La usura: evolución histórica y patología de los intereses, Madrid 2010.

Joussen, Jacob: Schuldrecht I, Allgemeiner Teil, 3. Aufl., Stuttgart 2015.

Juris-Praxiskommentar BGB: hrsg. v. Herberger, Maximilian; Martinek, Michael; Rüßmann, Helmut; Weth, Stephan.

Bd. 2.1, 7. Aufl., Saarbrücken 2015.

Bd. 2.2, 7. Aufl., ebd.

Bd. 2.3, 7. Aufl., ebd.

Zitiert: jurisPK-BGB/*Bearbeiter.*

Kaser, Max : Das Römische Privatrecht I: Das altrömische, das vorklassische und klassische Recht, 2. Aufl., München 1971 Das Römische Privatrecht II: Die nachklassischen Entwicklungen 2. Aufl., München 1975.

Kaufmann, Arthur: Rechtsphilosophie, 2. Auflage, München 1997.

Kiesewetter-Köbinger, Swen: Pacta sunt servanda, JurPC Web-Dok. 100/2008, Abs. 1–139.

Koch, Harald / Magnus, Ulrich / Winkler von Mohrenfels, Peter: IPR und Rechtsvergleichung, 4. Aufl., München 2010.

König, Mark Michael: Das Computerprogramm im Recht, Köln 1991.

Krebs, Markus: Das UN-Kaufrecht ist nicht anwendbar auf Garantieverträge des Verkäufers mit den Abnehmern des Käufers, The European Legal Forum 2000, S. 16–18.

Lacruz Berdejo, José Luis : Elementos de Derecho Civil II: Derecho de obligaciones, Vol. 1°, Parte General, Teoría General del contrato, 5. Aufl., Madrid 2011. Vol. 2°, Contratos y Cuasicontratos. Delito y Cuasidelito, 5. Aufl., Madrid 2013.

Larenz, Karl: Lehrbuch des Schuldrechts, Bd. 1, Allgemeiner Teil, 14. Aufl., München 1987.

–: Lehrbuch des Schuldrechts, Bd. 2, Besonderer Teil, 2. Halbband, fortgeführt von Canaris, Claus-Wilhelm, 13. Aufl., München 1994.

Lejeune, Mathias: Anwendungsbereich des UN-Kaufrechts bei internationalen IT-Verträgen, ITRB 2011, 20–23.

Linke, Hartmut / Hau, Wolfgang : Internationales Zivilverfahrensrecht, 6. Aufl., Köln 2015.

Llamas Pombo, Eugenio (Hrsg.): Estudios de derecho de obligaciones: homenaje al profesor Mariano Alonso Pérez, Vol. 2, Madrid 2006.

→ Vattier Fuenzalida, Carlos: Nota sobre el incumplimiento y la responsabilidad contractual, S. 915–930.

Llobet i Aguado, Josep: El deber de información en la formación de los contratos, Madrid 1996.

Looschelders, Dirk: Schuldrecht, Besonderer Teil, 11. Auflage, München 2016.

López Aguilar, Juan Fernando: Derechos fundamentales y libertad negocial: sobre el espacio constitucional para la autonomía de la voluntad entre particulares, Madrid 1990.

López-Tarruella Martínez, Aurelio: Contratos internacionales de software, Valencia 2006.

Lorenz, Stephan: Haftungsausfüllung bei der culpa in contrahendo: Ende der „Minderung durch c.i.c.“?, NJW 1999, 1001–1002.

Mankowski, Peter: Werkvertragsrecht – Die Neuerungen durch § 651 BGB und der Abschied vom Werklieferungsvertrag, MDR 2003, 854–860.

Marly, Jochen: Praxishandbuch Softwarerecht, 6. Aufl., München 2014.

Marzo Portera, Ana / Marzo Portera, Icíar / Martínez Flechoso, Gonzalo: Los contratos Informáticos y Electrónicos, Barcelona 2004.

Mateu de Ros, Rafael / López-Monís Gallego, Mónica (Hrsg.): Derecho de Internet, La Ley de Servicios de la Sociedad de la Información y de Comercio Electrónico, Cizur Menor (Navarra) 2003.

→ Mateu de Ros, Rafael: Principios de la contratación electrónica en la Ley de servicios de la sociedad e la información y de comercio electrónico, S. 65–195.

→ Alonso Ureba, Alberto / Viera González, Arístides Jorge: Formación y perfección de los contratos a distancia celebrados por Internet, S. 271–385.

Medicus, Dieter: Das Bundesverfassungsgericht und die Anwaltshaftung, AnwBl. 2004, 257–263.

–: Der Grundsatz der Verhältnismäßigkeit im Privatrecht, AcP 192 (1992), 35–70.

– / **Lorenz, Stephan:** Schuldrecht II BT, 17. Aufl., München 2014.

– / **Petersen, Jens:** Bürgerliches Recht, 25. Aufl., München 2015.

Menéndez Menéndez, Aurelio (Hrsg.) et al. Comentarios a la Ley sobre Condiciones Generales de la Contratación, Madrid 2002. (Zitiert: Menéndez-Menéndez/*Bearbeiter*).

Meyer, Oliver: Aktuelle vertrags- und urheberrechtliche Aspekte der Erstellung, des Vertriebs und der Nutzung von Software, Karlsruhe 2008.

Molina Caballero, Joaquín: Implantación de aplicaciones informáticas de gestión, Madrid 2007.

Moritz, Hans-Werner: Der Softwarepflegevertrag – Abschlusszwang und Schutz vor Kündigung zur Unzeit? CR 1999, 541–545.

Müller-Hengstenberg, Claus-Dieter: Zuordnung von Softwarefehlern in Risikobereiche, CR 1989, 900–901.

– / **Kirn, Stefan:** Die technologischen und rechtlichen Zusammenhänge der Test- und Abnahmeverfahren bei IT-Projekten, CR 2008, 755–763.

Dieselben: Welche Bedeutung haben Prototyp und Pilot sowie Prototyping- und Pilotierungsphase bei IT-Projekten?, CR 2010, 8–14.

Münchener Kommentar zum Bürgerlichen Gesetzbuch : hrsg. von Rixecker, Roland; Säcker, Franz Jürgen; Oetker, Hartmut.

Bd. 2, 7. Aufl., München 2016.

Bd. 3, 6. Aufl., München 2012.

Bd. 4, 6. Aufl., München 2012.

Zitiert: MünchKomm-*Bearbeiter.*

Naus, Silke: Softwareerstellung als Projekt, Hamburg 2006.

Nickel, Carsten: Die Rechtsfolgen der culpa in contrahendo, Berlin 2004.

Oetker, Hartmut / Maultzsch, Felix: Vertragliche Schuldverhältnisse, 4. Aufl., Berlin, Heidelberg 2013.

Oliva Blázquez, Francisco: Compraventa internacional de mercaderías (Àmbito de aplicación del Convenio de Viena de 1980), Valencia 2002.

Pagador López, Javier: Condiciones generales y cláusulas contractuales predispuestas, Madrid 1999.

Palandt, Otto (Begr.): Bürgerliches Gesetzbuch, 75. Auflage, München 2016.

Zitiert: Palandt-*Bearbeiter.*

Pasquau Liaño, Miguel: La acción directa en el Derecho Español, Madrid 1989.

Paulus, Christoph: Der Konkurs des Softwarehauses, CR 1987, 651–659.

Peso Navarro, Emilio del: La contratación informática, in: Actualidad Informática Aranzadi, Revista n° 14, enero de 1995, S. 8–12.

–: Manual de Outsourcing Informático, 2. Aufl., Madrid 2003.

Pötzsch, Thorsten: Die rechtliche Einheit von Hard- und Software, CR 1989, 1063–1074.

Prats, Lorenzo (Hrsg.): Estudios en homenaje a la Profesora Teresa Puente, Vol. II, Valencia 1996.

→ De Verda y Beamonte, José Ramón: Algunas reflexiones en torno a la excusabilidad y recogniscibilidad del error en los contratos, S. 541–554.

Puig Peña, Federico: La culpabilidad y la resolución del negocio jurídico bilateral, RGLJ núm. 221, 1966, S. 9–26.

Pulido Quecedo, Manuel: Protección jurídica de los „programas de ordenador“: „llaves fuentes o de acceso a los programas“ y su titularidad, in: Actualidad Jurídica Aranzadi (Monográfico Nuevas Tecnologías), Año XIII, n° 588, 31 julio 2003, S. 14.

Radbruch, Gustav: Vorschule der Rechtsphilosophie, 2. Auflage, Göttingen 1959.

Ranieri, Filippo: Europäisches Obligationenrecht, 3. Aufl., Wien 2009.

Real Academia Española (Hrsg.): Diccionario de la lengua española, 22. Aufl., Madrid 2001.

Redeker, Helmut: IT-Recht, 5. Aufl., München 2012.

Rehbinder, Manfred / Peukert, Alexander: Urheberrecht, 17. Aufl., München 2015.

Reichert, Jörg: Vertragsfreiheit und agile Softwareentwicklung: vertragstypologische Einordnung agiler Softwareentwicklungsverträge, Saarbrücken 2013.

Reimann, Mathias / Zimmermann, Reinhard: The Oxford handbook of comparative law, Oxford 2008.

Reinicke, Dietrich / Tiedtke, Klaus: Kaufrecht, 8. Aufl., Köln, München 2009.

Reinoso Barbero, Fernando: Los principios generales del derecho en la jurisprudencia del Tribunal Supremo, Madrid 1987.

Rosenberg, Leo (Begr.): Zivilprozessrecht fortgef. v. Schwab, Karl Heinz, bearbeitet v. Gottwald, Peter, , 17. Aufl., München 2010. Zitiert: Rosenberg/Schwab/Gottwald.

Ruiz-Rico Ruiz, José Manuel / Moreno-Torres Herrera, María Luisa (Hrsg.): Conceptos básicos de Derecho Civil, Valencia 2005.

Sacco, Rodolfo: Einführung in die Rechtsvergleichung, Baden-Baden 2001.

Schaub, Beate: Das Pflichtenheft im Spiegel der Rechtsprechung, CR 1993, 329–334.

Schlechtriem, Peter / Schmidt-Kessel, Martin: Schuldrecht Allgemeiner Teil, 6. Aufl., Tübingen 2005.

Schlechtriem, Peter / Schroeter, Ulrich G.: Internationales UN-Kaufrecht, 5. Auflage, Tübingen 2013.

Schlechtriem, Peter / Schwenzer, Ingeborg H. / Bacher, Klaus (Hrsg.): Kommentar zum einheitlichen UN-Kaufrecht, 6. Aufl., München 2013. Zitiert: Schlechtriem/Schwenzer/Bacher-*Bearbeiter.*

Schmitz, Dirk: UN-Kaufrecht (CISG) und Datentransfer via Internet, MMR 2000, S. 256–260.

Schneider, Jochen: Neues zu Vorlage und Herausgabe des Quellcodes?, CR 2003, 1–9.

–: Softwareerstellung und Softwareanpassung – Wo bleibt der Dienstvertrag? CR 2003, 317–323.

– / Graf von Westphalen, Friedrich (Hrsg.): Software-Erstellungsverträge, 2. Auflage, Köln 2014.

→ Karger, Michael: Schutz und Realisierung der Software: Urheberrecht, S. 1–78.

→ Lejeune, Mathias: Internationale Softwareerstellungsverträge, S. 575–600.

→ Peter, Stephan: Softwarepflege inklusive Service-Level-Agreement, S. 849–972.

→ Redeker, Helmut: Realisierung (Kauf-/Werkvertrag), S. 319–451.

→ Schneider, Jochen: Beratung bei Projekt-Verträgen bis einschließlich Pflichtenheft, S. 193–317.

→ Witzel, Michaela: Verträge zur Anpassung, Einführung und Implementierung von Standardsoftware, S. 601–781.

Schricker, Gerhard / Loewenheim, Ulrich / Dietz, Adolf: Urheberrecht, Kommentar, 4. Aufl., München 2010. Zitiert: Schricker/Bearbeiter.

Schumacher, Rolf: Vertragsaufhebung wegen fahrlässiger Irreführung unerfahrener Vertragspartner, Bonn 1979.

Schwarzer, Bettina / Krcmar, Helmut: Wirtschaftsinformatik, Grundlagen betrieblicher Informationssysteme, 5. Auflage, Stuttgart 2014.

Schweinoch, Martin / Roas, Rudolf: Paradigmenwechsel für Projekte: Vertragstypologie der Neuerstellung von Individualsoftware, CR 2004, 326–331.

Solé Resina, Judith: Arrendamiento de obras o servicios (Perfil evolutivo y jurisprudencial), Valencia 1997.

Soler Matutes, Pere / Piattini Velthuis, Mario (Hrsg.): Manual de Gestión y Contratación Informática, Cizur Menor (Navarra) 2006.

Sommerville, Ian: Ingeniería del software, 7. Aufl., Madrid 2005.

Sonnenberger, Hans Jürgen / Autexier, Christian: Einführung in das französische Recht, 3. Auflage, (Lizenzausgabe Wissenschaftliche Buchgemeinschaft), Darmstadt 2000.

Stahlknecht, Peter / Hasenkamp, Ulrich: Einführung in die Wirtschaftsinformatik, 11. Aufl., Berlin, Heidelberg u.a. 2005.

Theisen, Frank: Rechtsfolgen eines Schadensersatzanspruchs aus culpa in contrahendo, NJW 2006, 3102–3105.

Thewalt, Stephan: Softwareerstellung als Kaufvertrag mit werkvertraglichem Einschlag, CR 2002, 1–7.

Thomas, Heinz / Putzo, Hans (Begr.): Zivilprozessordnung, Kommentar, 36. Aufl., München 2015. Zitiert: Thomas/Putzo-*Bearbeiter*.

Toribios Fuentes, Fernando / Velloso Mata, María José: Manual Práctico del Proceso Civil, Valladolid 2010.

Ullrich, Hans / Lejeune, Mathias (Hrsg.): Der Internationale Softwarevertrag, 2. Auflage, Frankfurt a.M. 2006.

→ Funk, Axel / Zeifang, Gregor: Urheberrecht, S. 48–96.

→ Leujeune, Matthias: Softwarevertragsrecht, S. 203–309.

→ ders.: Internationales Privat- und Prozessrecht, S. 310–344.

→ Mediano, Santiago: Spanien, S. 1210–1252.

Uría, Rodrigo: Derecho mercantil, 17. Aufl., Madrid 1990.

Valés Duque, Pablo: La responsabilidad precontractual, Madrid 2012.

Vaquer Aloy, Antoni / Bosch Capdevila, Esteve / Sánchez González, María Paz: Derecho europeo de los contratos: Libros II y IV del Marco Común de Referencia, Barcelona 2012.

Vendrell Cervantes, Carles: The Application of the Principles of European Contract Law by Spanish Courts, in: ZeuP 2008, S. 534–548.

Villepin, Anke de: Schadensersatzansprüche wegen gescheiterter Vertragsverhandlungen nach spanischem Recht, Münster (Westf.) 1999.

Voit, Wolfgang: Anmerkung zu BGH Urteil v. 29.9.2011 – VII ZR 87/11, NJW 2011, 3780 (3782f.).

Wandtke, Artur-Axel (Hrsg.): Urheberrecht, 5. Aufl., Berlin u.a. 2016.

Weller, Marc-Philippe: Die Vertragstreue: Vertragsbindung, Naturalerfüllungsgrundsatz, Leistungstreue, Tübingen 2009.

Yzquierdo Tolsada, Mariano (Hrsg.): Contratos, Tomo XII: Contratos sobre bienes inmateriales (I) Cizur Menor (Navarra) 2014.

→ Gómez Perals, Miguel / Fabra Valls, Modesto J., El contrato de licencia de uso de programas de ordenador, S. 529–593.

Zubiri de Salinas, Fernando: ¿Qué es la sana crítica? La valoración judicial del dictamen experto in: Jueces para la Democracia, Revista n° 50, julio 2004, S. 52–61.

Zweigert, Konrad / Kötz, Heinz: Einführung in die Rechtsvergleichung auf dem Gebiete des Privatrechts, 3. Auflage, Tübingen 1996.

A. Einleitung

I. Einführung

„...durch die speziellen Eigenschaften von Computerprogrammen – deren technischer, komplexer Charakter, dass sie von unklarer Rechtsnatur, vor allem immateriell sind – werden die Vertragsparteien dazu veranlasst, sich von den klassischen Vertragsmustern abzuwenden und ihre Beziehungen kraft ihrer Privatautonomie in einer Weise auszugestalten, die abseits der gesetzlich vorgesehenen Modelle liegt. Bisweilen kann die fehlende Rechtskenntnis der Parteien dazu führen, dass sie ihren Rechtsverhältnissen eine Qualifizierung verleihen, die nicht mit dem übereinstimmt, was das Gesetz vorsieht. Der Rechtsanwender hat dafür Sorge zu tragen, dass es zu keinen Unstimmigkeiten kommt, denn die Vertragsverhältnisse sind nicht so einzuordnen, wie das die Vertragsparteien entscheiden, sondern so, wie es das Gesetz bestimmt.“[1]

López-Tarruella Martínez, Aurelio[2]

Verträge über Software sind eine relativ junge Erscheinung, zumindest bezogen auf die nationalen Kodifikationen, die der rechtlichen Würdigung von Verträgen zugrunde zu legen sind, also in Spanien der Código Civil (CC) von 1888/89[3] und in Deutschland das Bürgerliche Gesetzbuch (BGB) von 1896/1900. Der Begriff Software kam nämlich erst 1959/60 in Gebrauch[4].

Als im Jahr 1969 das US-Justizministerium von der seinerzeit marktbeherrschenden Firma IBM verlangte, dass diese in ihren Rechnungen Hardware und Software getrennt auszuweisen habe, entschied IBM, entgegen der bisherigen Praxis Software und Hardware nicht mehr als Bündel anzubieten und dieses Bündel nicht mehr als Patent, sondern die Software als solche durch das Copyright in Verbindung mit Nutzungslizenzen schützen zu lassen[5]. Infolge dieser Entscheidung entstand eine Reihe von Unternehmen, die sich ausschließlich der Softwareentwicklung widmeten[6]. Eine wettbewerbsrechtliche Maßnahme der US-Regierung gegenüber IBM erwies sich also als Initialzündung für eine

1 Übersetzungen stammen, soweit nicht anders angegeben, vom Verfasser.
2 Contratos internacionales de software, S. 70.
3 BOE núm. 206, de 25/07/1889.
4 Campbell-Kelly / Aspray, Computer: a history of the information machine, S. 196.
5 Humphrey, Watts S., Software unbundling: a personal perspective, IEEE Annals of the History of Computing, Bd. 24, Nr. 1, Jan—März 2002, S. 59ff.
6 Buxmann et al., Die Softwareindustrie, S. 4.

aufstrebende Softwareindustrie[7]. Gab es in den USA 1965 gerade einmal 45 Firmen, die unabhängige Softwareentwicklung betrieben, waren es 1975 bereits über 1000[8]. Und im Jahr 2011 schließlich waren allein in Spanien 69.790 Personen im Bereich Softwareerstellung beschäftigt[9].

Dieser rasante Bedeutungszuwachs von Software als eigenständigem Produkt führte dazu, dass – zumindest auf europäischer Ebene – Regelungen getroffen wurden, mit denen eine weitgehende Harmonisierung im Hinblick auf die rechtliche Beurteilung von Software angestrebt wurde. Hierzu gehört zunächst das Europäische Patentübereinkommen (EPÜ) von 1973, das, was Software angeht, als Reaktion auf die oben genannte Entscheidung von IBM, Software nicht mehr patentieren zu lassen, zu verstehen ist[10]. Gem. Art. 52 Abs. 2 lit. c), Abs. 3 EPÜ sind Programme für Datenverarbeitungsanlagen „als solche" keine patentfähigen Erfindungen[11].

Die europäische Harmonisierung erstreckt sich aber nicht nur auf das Verhältnis von Software und Patentschutz, sondern auch auf die Softwareverträge selbst. So werden in der *Richtlinie 91/250/EWG des Rates vom 14. Mai 1991 über den Rechtsschutz von Computerprogrammen*[12], die inzwischen durch die *Richtlinie 2009/24/EG des Europäischen Parlaments und des Rates vom 23. April 2009 über den Rechtsschutz von Computerprogrammen*[13] novelliert wurde, bestimmte vertraglich vereinbarte Nutzungsbeschränkungen für unwirksam erklärt. Beispielsweise darf das Erstellen einer Sicherungskopie durch die zur Benutzung des Programms berechtigte Person nicht vertraglich untersagt werden, wenn das Erstellen der Kopie für die Benutzung des Programms erforderlich ist, Artikel 5 Abs. 2 der Richtlinie 91/250/EWG bzw. insofern gleichlautend Artikel 5 Abs. 2 der Richtlinie 2009/24/EG. Die Richtlinie 91/250/EWG wurde durch die Ley 16/1993 vom 23. Dezember 1993[14] in spanisches Recht umgesetzt, und

7 Vgl. Davara Rodríguez, Manual de Derecho Informático, S. 137, Fn. 1.

8 Aparicio Vaquero, Licencias de uso no personalizadas de programas de ordenador, S. 15 m.w.N.

9 AMETIC: Las Tecnologías de la Información en España 2011, S. 70. *http://ametic.es/sites/default/files//Las_Tecnologias_de_la_Informacion_2011_0.pdf.* (letzter Abruf: 30.09.2016).

10 Kiesewetter-Köbinger, Swen, Pacta sunt servanda, JurPC Web-Dok. 100/2008, Abs. 57.

11 EPÜ, 15. Auflage 2013 http://documents.epo.org/projects/babylon/eponet.nsf/0/00*E0CD7FD461C0D5C1257C060050C376/$File/EPC_15th_edition_2013_de_bookmarks.pdf* (letzter Abruf: 30.09.2016).

12 ABl. EG 1991 Nr. L 122/42.

13 ABl. EG 2009 Nr. L 111/16.

14 BOE núm. 307, de 24/12/1993, S. 36816–36819.

die Ley 16/1993 wiederum bestand fast drei Jahre lang in einer „*befremdlichen Koexistenz*“[15] neben dem alten Urheberrechtsgesetz von 1987, bis sie schließlich in die Neufassung des spanischen Urheberrechtsgesetzes von 1996, die *Ley de Propiedad Intelectual* (LPI), Art. 95–104 LPI[16], eingefügt wurde, wenn auch – wie *Garrote Fernández-Díez* meint – der Form nach „*grob und stümperhaft*“[17]. Ins deutsche Recht ist die Richtlinie 91/250/EWG durch das 2. Urheberrechtsänderungsgesetz vom 09. Juni 1993[18] umgesetzt worden, wonach die §§ 69a-69g sowie § 137d ins Urheberrechtsgesetz (UrhG) eingefügt wurden.

Bei den ins UrhG und in die LPI eingefügten Vorschriften handelt es sich in ihrem Kern um europäisches Urheberrecht, das richtlinienkonform auszulegen ist[19], so dass es insofern bei der Beurteilung spanischer oder deutscher Softwareverträge zu keinen unterschiedlichen Ergebnissen kommen dürfte. Demnach würde eine rechtsvergleichende Untersuchung des spanischen und deutschen Softwarevertragsrechts nur Formfragen betreffen[20] und keinen materiellen Erkenntnisgewinn bringen. Dem ist jedoch mitnichten so, das Gegenteil ist vielmehr richtig. Wenn auch im Hinblick auf das Produkt *Software* zu Recht von einer weitgehenden Harmonisierung des Urheberrechts innerhalb der EU die Rede ist[21], so dürfen vor allem zwei Aspekte nicht übersehen werden: (1.) Urheberrechtliche Vereinbarungen werden nicht isoliert und für sich alleine getroffen, sondern sind in der Regel Bestandteil eines Vertrages[22]. Die vorgenannten Harmonisierungen des Softwarerechts beziehen sich aber auf das Urheberrecht an sich und nicht auf das nationale Vertrags- und Obligationenrecht, das der urheberrechtlichen Nutzungseinräumung gleichsam als Fundament zugrunde liegt. Diese Problematik wird im Kap. D zu untersuchen sein. Und (2.) sind aufgrund der marktbeherrschenden Stellung der US-amerikanischen Softwareindustrie von dort aus Vertragsgestaltungen entwickelt worden wie das *license agreement*, also der Lizenzvertrag, der unten Kap. E behandelt wird und dessen Übertragung

15 Davara Rodríguez, Manual de Derecho Informático, 10. Auflage, S. 126.

16 BOE núm. 97, de 22/04/1996, S. 14369–14396.

17 Garrote Fernández-Díez, La reforma de la copia privada en la Ley de Propiedad Intelectual, S. 9, Fn. 18.

18 BGBl. I S. 910.

19 Vgl. Dreier in: Dreier / Schulze, UrhG, § 69a Rdnr. 4.

20 Wie z.B. oben in Fn. 17 angesprochen.

21 *Dt. Fst.*: Funk / Zeifang in: Ullrich / Lejeune, Der internationale Softwarevertrag, S. 51; *span. Fst.*: Gómez Rosendo del Toro, El derecho de autor en la Unión Europea, S. 57.

22 Dreier / Vogel, Software- und Computerrecht, S. 140.

in die kontinentaleuropäischen Zivilrechtsordnungen Schwierigkeiten bereitet[23]. So wurde von der spanischen Rechtswissenschaft mit Bedauern festgestellt, dass dort immer noch Muster für IT-Verträge *(contratos informáticos)* verwendet werden, die lediglich sprachliche Übersetzungen aus Ländern darstellen, die eine grundsätzlich andere Rechtsordnung als die spanische haben[24].

II. Definitionen

1. Software

Nach der internationalen Norm ISO/IEC 12207:2008 *(Systems and software engineering – Software life cycle processes)*, die von der ISO und der IEC erlassen wurde, um den Lebenszyklus von *Software* zu beschreiben (von der Entwicklung über die Pflege bis zur Stilllegung), stellt das Erzeugnis *„Software"* gemäß Definition Nr. 4.42 ein *„set of computer programs, procedures, and possibly associated documentation and data"*[25] dar. Damit übereinstimmend umfasst nach § 1 (iv) der Mustervorschriften der WIPO *(Disposiciones-tipo de la OMPI)* der Begriff „Software" zusätzlich zum Computerprogramm *(programa de ordenador)* auch die Programmbeschreibung *(descripción de programa)* und das Begleitmaterial *(documentación auxiliar)*[26]. Da sowohl Spanien als auch Deutschland Mitglieder der ISO[27], der IEC[28] und der WIPO[29] sind, können die vorgenannten Definitionen von Software länderübergreifend als verbindlich angesehen werden. Was aber ist dann unter dem Begriff *Computerprogramm* zu verstehen? In Deutschland wurden zwar erstmals ab 1985 Computerprogramme im UrhG als Unterfall der Sprachwerke aufgeführt[30], aber ohne eine Begriffsbestimmung. Die Richtlinie 91/250/EWG des Rates vom 14. Mai 1991 über den Rechtsschutz von

---

23 Vgl. Aparicio Vaquero, Licencias de uso no personalizadas de programas de ordenador, S. 13.

24 Peso Navarro, La contratación informática, in: Actualidad Informática Aranzadi nº 14, enero 1995, S. 8.

25 Siehe *https://www.iso.org/obp/ui/#iso:std:iso-iec:12207:ed-2:v1:en* (letzter Abruf: 30.09.2016).

26 *Dt. Fassung*: GRUR Int. 1978, 286, 290; *span. Fassung*: Gómez Perals, La cesión de uso de los programas de ordenador, S. 142.

27 Siehe *http://www.iso.org/iso/home/about/iso_members.htm* (letzter Abruf: 30.09.2016).

28 Siehe *http://www.iec.ch/dyn/www/f?p=103:5:0##ref=menu* (letzter Abruf: 30.09.2016).

29 Siehe *http://www.wipo.int/members/en/* (letzter Abruf: 30.09.2016).

30 Kauert in: Wandtke, Urheberrecht, S. 400.

Computerprogrammen enthält ebenfalls keine Legaldefinition dieses Begriffs[31]. Wenn in Deutschland gem. § 69a Abs. 1 UrhG in Umsetzung von Art. 1 Abs. 1 und Abs. 2 der Richtlinie 91/250/EWG festgestellt wird, dass Computerprogramme im Sinne des UrhG „Programme in jeder Gestalt, einschließlich des Entwurfsmaterials" sind, so setzt dies im Grunde eine anderweitig, und zwar von der Informatik vorgegebene Definition voraus[32].

Und im Vergleich zu anderen Rechtsordnungen hat auch der spanische Gesetzgeber schon sehr frühzeitig urheberrechtliche Regelungen über Computerprogramme getroffen[33]. Hierbei wurden die Bedenken der deutschen Bundesregierung, eine Definition könne alsbald durch die technische Entwicklung überholt sein[34], offenbar nicht geteilt. So hat der spanische Gesetzgeber in Art. 96.1 der alten *Ley 22/1987 de Propiedad Intelectual*[35] eine Begriffsbestimmung für „Computerprogramme" aufgenommen, die dann im Zusammenhang mit der Umsetzung der Richtlinie 91/250/EWG in die Ley 16/1993 übernommen und schließlich in die aktuelle *Ley de Propiedad Intelectual* eingefügt wurde[36]. Nach Art. 96.1 LPI ist unter einem Computerprogramm jede Folge von Befehlen zu verstehen, die dazu gedacht sind, mittelbar oder unmittelbar in einem informationsverarbeitenden System verwendet zu werden, um eine Funktion durchzuführen oder um ein bestimmtes Ergebnis zu erzielen. Diese Definition, die im Wesentlichen übereinstimmt mit derjenigen nach § 1 (i) der WIPO-Mustervorschriften[37], ist im spanischen Schrifttum überwiegend auf Zustimmung gestoßen[38].

---

31 Dreier / Vogel, Software- und Computerrecht, S. 42.

32 Meyer, Aktuelle vertrags- und urheberrechtliche Aspekte der Erstellung, des Vertriebs und der Nutzung von Software, S. 14.

33 Bercovitz Rodríguez-Cano/*Erdozain López,* Manual de Propiedad Intelectual, S. 225.

34 BT-Drucks. 12/4022, S. 9.

35 BOE núm. 275, de 17/11/1987, S. 34163–34176.

36 Zur Umsetzung der Richtlinie 91/250/EWG in spanisches Recht siehe oben Kap. A.I.

37 *Dt. Fassung:* GRUR Int. 1978, 286, 290; *span. Fassung*: Gómez Perals, La cesión de uso de los programas de ordenador, S. 143.

38 Bercovitz Rodríguez-Cano/*Erdozain López,* Manual de Propiedad Intelectual, S. 226; Camacho Clavijo, Partes intervinientes, formación y prueba del contrato electrónico, S. 132; Corripio Gil-Delgado, Los contratos informaticos: el deber de información precontractual, S. 38f.; Fernández Masiá, La protección de los programas de ordenador en España, S. 40f.; Hernando Collazos, Contratos Informáticos. Derecho Informático: Legislación y práctica, S. 56; Soler et al. in: Soler / Piattini, Manual de Gestión y Contratación Informática, S. 59.

2. Verträge über individuelle Software

Unter *„individueller Software"* ist eine Anwendungssoftware zu verstehen, die speziell für einen bestimmten Betrieb erstellt wurde. Die Informatik spricht dann von *Custom Software*[39]. Die deutsche Rechtslehre verwendet hierfür den Begriff *Individualsoftware*[40], die spanische Rechtslehre den Begriff *Software a medida* (=Software nach Maß)[41]. Der Begriff „individuelle Software" wird hier verwendet, um hervorzuheben, dass in diesem Rechtsvergleich spanisches und deutsches Vertragsrecht als Referenzquellen von jeweils gleichem Rang behandelt werden. Unter Berücksichtigung der Tatsache, dass die informationstechnischen Bedingtheiten von individueller Software diesem Rechtsvergleich zugrunde liegen und dass Englisch sozusagen die Muttersprache der Informatik ist, soll nachfolgend synonym für *individuelle Software* auch der Begriff *Custom Software* Verwendung finden.

Die Custom Software ist wiederum abzugrenzen von der *Packaged software*, zu Deutsch: *Standardsoftware* (auf Spanisch: *Software estándar*[42]), die auf die mehrfache Nutzung bei unterschiedlichen Anwendern hin ausgelegt ist[43]. Fließend hingegen ist der Übergang von der Custom Software zur *Customized Software*. Unter *Customizing* wird die Anpassung von Standardsoftware an spezifische Kundenwünsche verstanden[44], wobei die Anpassung entweder durch Parametrisierung oder im Wege der Ergänzungsprogrammierung erfolgt[45]. Bei der Parametrisierung werden die gewünschten Programmfunktionen – ohne dass in den eigentlichen Programmcode eingegriffen wird – durch Setzen von Parametern initialisiert, wobei alle denkbaren Programmfunktionen in der Standardsoftware

---

39 *Dt. Fst.:* Hansen / Neumann, Wirtschaftsinformatik 1, S. 165; Schwarzer / Krcmar, Wirtschaftsinformatik, S. 135; *span. Fst.:* Gómez Perals/Fabra Valls in: Yzquierdo Tolsada, Contratos, Tomo XII, S. 545; Soler et al. in: Soler / Piattini, Manual de Gestión y Contratación Informática, S. 71.

40 Marly, Praxishandbuch Softwarerecht, Rdnr. 675; Hoeren, IT-Vertragsrecht, S. 78 (Skript, S. 106).

41 López-Tarruella Martínez, Contratos internacionales de Software, S. 40; Molina Caballero, Implantación de aplicaciones informáticas de gestión, S. 221.

42 Aparicio Vaquero, Licencias de uso no personalizadas de programas de ordenador, S. 23.

43 Hansen / Neumann, Wirtschaftsinformatik 1, S. 165.

44 *Dt. Fst.:* Hoeren, IT-Vertragsrecht, S. 193 (Skript, S. 235); Karger in: Schneider / Graf v. Westphalen, Software-Erstellungsverträge, S. 15; *span. Fst.:* Soler et al. in: Soler / Piattini, Manual de Gestión y Contratación Informática, S. 72.

45 Witzel in: Schneider / Graf v. Westphalen, Software-Erstellungsverträge, S. 624, 664.

bereits vorhanden sein müssen[46]. Bei der Ergänzungsprogrammierung werden z.B. über definierte Schnittstellen zusätzliche individuelle Programme (beispielsweise in Java oder in ABAP/4 bei Produkten von SAP) angebunden[47].

Insbesondere im Fall von Ergänzungsprogrammierung zeigt sich, wie fließend der Übergang von der *Custom Software* zur *Customized Software* ist. Deshalb sollen bei der folgenden Untersuchung nicht nur Vereinbarungen über die erstmalige Softwareentwicklung als *Verträge über individuelle Software* behandelt werden, sondern auch solche, bei denen sich der Auftragnehmer dem Kunden gegenüber zu einer auf dessen spezifischen betrieblichen Bedürfnisse ausgerichteten Anpassung von Standardsoftware *(Customizing)* verpflichtet hat, wenn dadurch eine umfangreiche Individualisierung der Standardsoftware erfolgt. Aber auch die sog. IT-Projektverträge, die zumeist als komplexe Langzeitverträge gestaltet sind[48], und bei denen die Softwarefirma über die individuelle Erstellung bzw. Anpassung von Software hinaus weitere Leistungspflichten wie z.B. die Lieferung passender Hardware, die Schulung des Personals und die spätere Pflege der Software ggf. mit Wartung des betrieblichen IT-Systems übernommen hat, werden nachfolgend als Verträge über individuelle Software im erweiterten Sinne behandelt.

Verträge über individuelle Software müssen aber nicht nur die Pflichten und Ansprüche der Parteien im Hinblick auf die Erstellung bzw. Anpassung von Software regeln, sondern darüber hinaus auch Regelungen für die Einräumung bzw. Übertragung der urheberrechtlichen Nutzungsrechte zugunsten des Anwenders treffen[49]. Ein Vertrag über individuelle Software besteht also seinem rechtlichen Inhalt nach notwendigerweise aus mindestens zwei Teilen, nämlich (1.) dem Software-Erstellungs-Vertrag (*contrato de desarrollo de software)* bzw. dem Software-Anpassungs-Vertrag *(contrato de adaptación e implantación de software)*[50] sowie (2.) dem sog. Lizenzvertrag *(contrato de licencia de uso)* über die Einräumung bzw. Übertragung des urheberrechtlichen Nutzungsrechts *(derecho de uso)*[51]. Der Lizenzvertrag ist mithin unverzichtbarer Bestandteil eines

46 Stahlknecht / Hasenkamp, Einführung in die Wirtschaftsinformatik, S. 298, 307.

47 Stahlknecht / Hasenkamp, Einführung in die Wirtschaftsinformatik, S. 307.

48 Vgl. Hoeren, IT-Vertragsrecht, S. 193 (Skript, S. 236).

49 *Dt. Fst.:* Hoeren, IT-Vertragsrecht, S. 201 (Skript, S. 248); Dreier / Vogel, Software- und Computerrecht, S. 120; *span. Fst.:* López-Tarruella Martínez, Contratos internacionales de Software, S. 259; Portera / Flechoso, Los contratos Informáticos y Electrónicos, S. 26.

50 Siehe unten Kap. D.

51 Siehe unten Kap. E.

Vertrages über individuelle Software[52]. Zwar nicht rechtlich notwendiger Bestandteil des Vertrages über individuelle Software, aber in der Praxis regelmäßig mit ihm verbunden ist der Pflegevertrag *(contrato de mantenimiento informático)*. Bei diesem verpflichtet sich das Softwarehaus gegen jährliche Zahlung einer mittleren marktüblichen Pflegegebühr etwa in Höhe von 17 % des ursprünglichen Lizenzpreises in der Regel zu folgenden Leistungen: Störungsanalyse und -beseitigung mit häufig fein ausdifferenzierten *Service Level Agreements* über die organisatorische und zeitliche Abfolge der Störungsbeseitigung, die Lieferung von Updates sowie eine Hotline-Beratung[53]. Insbesondere Anbieter von hochpreisigen Softwareprodukten haben regelmäßig ein eigenes hohes wirtschaftliches Interesse daran, auf Grund des Abschlusses von Pflegeverträgen zusätzliche Einnahmequellen zu generieren[54].

III. Ausgangsfrage

Wie bereits oben Kapitel A.I angesprochen, sind die Kodifikationen, die der rechtlichen Bewertung von Verträgen zugrunde zu legen sind, in Spanien ebenso wie in Deutschland zu einer Zeit entstanden, als die Kodifikatoren noch keine Vorstellung von Software haben konnten, da es weder den Begriff noch die für Software erforderlichen programmgesteuerten elektronischen Rechenmaschinen gab (der weltweit erste voll funktionsfähige programmgesteuerte Rechenautomat wurde frühestens 1941 hergestellt[55]). Davon ausgehend, dass Gesetzgebung immer mit „*Blick auf die antizipierten möglichen Fälle*"[56] erfolgt, aber Fälle mit Software den historischen Gesetzesverfassern von BGB und CC nicht einmal denkbar waren, stellt sich die für diese Arbeit entscheidende Ausgangsfrage: Wie beurteilen Rechtsprechung und Rechtswissenschaft in Deutschland einerseits und in Spanien andererseits Verträge über individuelle Software gemäß ihrem jeweiligen nationalen Vertrags- und Obligationenrecht? Es steht zwar fest, dass den historischen Gesetzesverfassern von BGB und CC der Vertragsgegenstand Software noch unbekannt gewesen sein muss. Allerdings ist im Hinblick auf Deutschland zu bedenken, dass das hiesige Vertragsrecht weniger auf der ursprünglichen Fassung des BGB von 1896/1900 als vielmehr auf der Schuldrechtsreform von 2002 fußt. Die deutsche Vertragsrechtsordnung wurde

52 Vgl. Soler in: Soler / Piattini, Manual de Gestión y Contratación Informática, S. 603.
53 Dreier / Vogel, Software- und Computerrecht, S. 156ff.
54 Peter in: Schneider / Graf v. Westphalen, Software-Erstellungsverträge, S. 866.
55 König, Das Computerprogramm im Recht, S. 11.
56 Kaufmann, Rechtsphilosophie, S. 85.

durch das Gesetz zur Modernisierung des Schuldrechts[57], das am 01.01.2002 in Kraft getreten ist, in ihren Grundstrukturen umfassend geändert[58]. Eine vergleichbare Reform gab es für den CC bislang zwar noch nicht, allerdings wurde im Januar 2009 ein von namhaften Rechtswissenschaftlern unter der Leitung von *Díez-Picazo* erarbeiteter Gesetzesvorschlag zur Modernisierung des spanischen Vertragsrechts durch das Justizministerium veröffentlicht (PMCC), der eine Neufassung insbesondere der Art. 1088–1314 CC vorsieht[59]. Es soll deshalb bei der folgenden Untersuchung des geltenden spanischen Vertragsrechts auch der Gesetzesvorschlag von 2009 als Alternative Berücksichtigung finden.

Was nun den deutschen Gesetzgeber angeht, so wäre es zwar falsch zu behaupten, dass dieser bei der Schuldrechtsreform nicht auch an Software gedacht hätte, denn im Bereich der Fernabsatzverträge erwähnt der Gesetzgeber sie ausdrücklich, § 312 d Abs. 4, Nr. 2 BGB. Allerdings betreffen Fernabsatzverträge mit Verbrauchern typischerweise Massensoftware, Standardsoftware[60] und nicht die im Rahmen dieser Arbeit zu untersuchenden Verträge über Individualsoftware. Auch wird Software in den Gesetzesmaterialien als „sonstiger Gegenstand" beim Rechtskauf (§ 453 Abs. 1 BGB) erwähnt[61]. Allerdings passt dieser Hinweis auf Software offensichtlich nicht zu § 312 d Abs. 4, Nr. 2 BGB, denn diese Vorschrift bezieht sich auf Software, die sich auf einem versiegelten Datenträger, mithin auf einem körperlichen Gegenstand, also einer Sache i. S. v. § 90 BGB befindet, während sich § 453 Abs. 1 BGB gerade auf Gegenstände bezieht, denen die Sachqualität fehlt[62], so dass sich zwischen diesen beiden Stellen, an denen der Gesetzgeber den Begriff Software verwendet, kein sinnvoller Zusammenhang herstellen lässt. Und zum Problem der Kombination von Sach- und Dienstleistungen innerhalb eines einheitlichen komplexen Vertragsverhältnisses, zur Lieferung von Gütern mit Sonderschutzrechten (wie z. B. Patent- oder Urheberrechte), zu langfristigen Projektverträgen, also zu allen Bereichen, die üblicherweise als exemplarisch für

57 BT-Drucks. 14/6857.

58 Vgl. Fikentscher / Heinemann, Schuldrecht, Rdnr. 11; Palandt-*Sprau*, BGB, vor § 1 Rdnr. 10.

59 Siehe *http://www.mjusticia.gob.es/cs/Satellite/1292338914438* (letzter Abruf: 30.09.2016); siehe auch: Albiez Dohrmann, Derecho privado, S. 565-626.

60 Schneider in: Schneider / Graf von Westphalen, Software-Erstellungsverträge, S. 160.

61 BT-Drucks. 14/6857 zu § 453.

62 Jauernig-*Berger*, BGB, § 453 Rdnr. 11.

die moderne Vertragswelt herangezogen werden, enthält auch die Schuldrechtsreform keine Regelungen[63].

Was aber Verträge über Individualsoftware angeht, so werden im deutschen Schrifttum hinsichtlich der gesetzgeberischen Absichten völlig unterschiedliche Auffassungen vertreten[64]. Die nächstliegende Erklärung für diesen Meinungsstreit ist die, dass über die Absichten des Gesetzgebers deshalb gestritten wird, weil der Gesetzgeber bei der Schuldrechtsmodernisierung die Thematik der Verträge über Individualsoftware schlicht übersehen hat[65]. Aber die Frage, ob der Reformgesetzgeber an Verträge über individuelle Software gedacht hat, stellt sich nicht nur aus deutscher, sondern auch aus spanischer Sicht. Denn der spanische Novellierungsentwurf PMCC von 2009 sieht ausdrücklich auch nur eine Regelung von Software bei Fernabsatzverträgen mit Verbrauchern vor, Art. 1267.4 c PMCC. Was hingegen Verträge über die Erstellung von Software *(contratos de desarrollo de software)* oder solche über Anpassung von Software *(contratos de adaptación e implantación de software)* betrifft, da schweigt der Gesetzesvorschlag.

Die oben gestellte Ausgangsfrage ist demnach wie folgt zu präzisieren:

Wie beurteilen Rechtsprechung und Rechtslehre in Deutschland einerseits und in Spanien andererseits Verträge über individuelle Software gemäß ihrem jeweiligen nationalen Vertrags- und Obligationenrecht, insbesondere angesichts der Tatsache, dass in beiden Ländern die nationalen Gesetzgeber keine ausdrücklichen Vorgaben zur Beurteilung von Verträgen über individuelle Software getroffen haben?

---

63 Meyer, Aktuelle vertrags- und urheberrechtliche Aspekte der Erstellung, des Vertriebs und der Nutzung von Software, S. 95.

64 Vgl. zu dem Meinungsstreit: Marly, Praxishandbuch Softwarerecht, Rdnr. 680ff.

65 Lejeune in: Ullrich / Leujeune, Der internationale Softwarevertrag, S. 215; ebenso Dreier / Vogel, Software- und Computerrecht, S. 142.

B. Der Rechtsvergleich des sozialen Konflikts

I. Der soziale Konflikt

In der vorliegenden Arbeit sollen solche Unterschiede aufgezeigt werden, die sich ergeben, je nachdem ob ein Vertrag über individuelle Software nach spanischem oder nach deutschem Recht zu beurteilen ist. Methodisch soll so vorgegangen werden, dass bestimmte, im Rahmen eines Vertrages über individuelle Software typischerweise auftretende Konflikte dargestellt und anschließend Lösungen unter Anwendung jeweils von deutschem und spanischem Obligationenrecht vorgestellt werden, um diese schließlich miteinander zu vergleichen. Dabei ist gedanklich von solchen Fallgestaltungen auszugehen, bei denen die Vertragspartner – also die Softwarefirma einerseits und der Auftraggeber andererseits – ihren Firmensitz in dem jeweils anderen Land haben. Das *tertium comparationis* soll demgemäß – entsprechend der sog. *funktionalen Methode*[66] – der jeweilige *soziale Konflikt* sein, der in der Rechtswirklichkeit bei Verträgen über individuelle Software typischerweise in Erscheinung tritt, wenn die Vertragspartner ihren Firmensitz in dem jeweils anderen Land haben.

II. Rechtsvergleich möglich?

1. Darstellung des Problems

Ein Rechtsvergleich des im vorangegangenen Kapitel beschriebenen sozialen Konflikts ist aber nur dann möglich, wenn bei den zugrunde liegenden Fallgestaltungen die Anwendung von solchem spanischen oder deutschen Recht in Betracht kommt, das jeweils auf unterschiedlichen Rechtsgrundlagen beruht. Das wäre dann nicht der Fall, wenn bei dem vorgenannten sozialen Konflikt ausschließlich *materielles internationales Einheitsrecht* anzuwenden wäre. Dann würde es hier um einen sozialen Konflikt gehen, bei dem mangels materiellrechtlicher Unterschiede ein inhaltsbezogener Vergleich unmöglich wäre, da sowohl bei der Erörterung des spanischen als auch bei der des deutschen Rechts vorrangig das für beide Rechtsordnungen geltende Einheitsrecht herangezogen werden

66 Zu den Vorzügen dieser Methode: Koch / Magnus / Winkler von Mohrenfels, IPR und Rechtsvergleichung, S. 280; Ranieri, Europäisches Obligationenrecht, S. 1848; Zweigert / Kötz, Einführung in die Rechtsvergleichung, S. 33ff.; kritisch hingegen: Michaels, The Functional Method of Comparative Law, in: Reimann / Zimmermann, The Oxford handbook of comparative law, S. 339ff.

müsste. Der Verfasser wird im folgenden Kapitel darlegen, dass bei dem hier zu behandelnden sozialen Konflikt durchaus Fälle denkbar sind, bei denen auf nicht vereinheitlichtes nationales Recht zurückzugreifen ist, so dass ein Rechtsvergleich möglich ist.

2. Materielles Einheitsrecht: CISG

a) Einführung

Zu prüfen ist die Anwendung des *Übereinkommens der Vereinten Nationen über Verträge über den internationalen Warenkauf vom 11.04.1980*[67] (kurz: CISG), spanisch: *Convención de las Naciones Unidas sobre los contratos de compraventa internacional de mercaderías*[68]. Beim CISG handelt es sich um einen völkerrechtlichen Staatsvertrag, aus dem sich eine völkervertragliche Verpflichtung zur international einheitlichen Anwendung des Übereinkommens ergibt, vgl. Art. 7 Abs. 1 CISG. Soweit die sachliche Regelungsmaterie des CISG reicht, genießen die Regelungen des CISG Vorrang vor konkurrierenden Regelungen des nationalen Rechts, so dass letztere folglich nicht angewendet werden dürfen[69]. In der spanischen Rechtsprechung wird zwar dieser Vorrang unter Berufung auf die eigene Verfassung begründet, Art. 96 Abs. 1 S. 1 CE[70]; richtig ist jedoch, dass sich der Anwendungsvorrang aus dem CISG selbst ergibt, da das CISG nicht aufgrund nationaler Regelungen, sondern aufgrund seiner eigenen autonomen Anwendungsvoraussetzungen zu berücksichtigen ist[71]. Auch wenn die Begründungen für den Anwendungsvorrang des CISG sich unterscheiden, so ändert das nichts am Ergebnis: In Spanien gelten die Vorschriften des CISG als spanisches Recht (Art. 96 Abs. 1 S. 1 CE), und in Deutschland gelten sie als deutsches Recht[72].

b) Art. 1 Abs.1 CISG

Der sachliche Anwendungsbereich des CISG erfasst gem. Art. 1 Abs. 1 CISG ausschließlich *Kaufverträge* über *Waren*. Andere Vertragstypen unterfallen nicht dem CISG. Wird die Software also nicht dauerhaft überlassen, sondern soll die Nutzungsberechtigung des Lizenznehmers nach einem bestimmten Zeitraum

---

67 BGBl. 1989 II S. 588ff.

68 BOE núm. 26, de 30/01/1991, S. 3170–3179.

69 Schlechtriem / Schroeter, Internationales UN-Kaufrecht, Rdnr. 112.

70 SAP Madrid de 14 julio 2009, recurso de apelación núm. 61/2009, CISG-online Nr. 2087.

71 Vgl. Schlechtriem / Schroeter, Internationales UN-Kaufrecht, Rdnr. 24.

72 BGH NJW 1997, 3310; NJW 1999, 1259.

enden, so handelt es sich nicht um einen Kaufvertrag, so dass das CISG nicht anwendbar ist[73]. Auch ist das CISG nicht anzuwenden auf andere Gegenstände als Waren. Das CISG enthält jedoch keine Definition, was unter „Ware" zu verstehen ist. Was Software angeht, so wird diese von der Rechtsprechung und der überwiegenden Literatur als Ware i. S. d. Art. 1 Abs. 1 CISG qualifiziert, zumindest dann, wenn es sich um auf einem Datenträger – Festplatte, CD-ROM, USB-Stick usw. – gespeicherte Standardsoftware, mithin einen körperlichen Gegenstand handelt[74]. Während also Standardsoftware dem CISG unterfallen soll, ist dies bei Individualsoftware unklar[75].

Anknüpfungspunkt für die Einordnung als Ware ist deren Körperlichkeit. Das mag zunächst verwundern, denn der Wortsinn von „Ware" setzt nicht zwingend voraus, dass es sich bei der Ware um eine verkörperte Sache handeln muss[76]. Doch führt der Hinweis auf den Wortsinn nicht weiter, denn bei der Auslegung des CISG verbietet sich nicht nur ein Rückgriff auf das deutsche Recht[77], sondern auch auf das deutsche Sprachverständnis, denn das CISG ist in seinen Originalsprachen, also in der englischen, französischen, arabischen, chinesischen, russischen und spanischen Fassung anzuwenden, und zwar auch von den deutschen Gerichten[78]. In der spanischen Fassung wird das Wort *„mercadería"* verwendet, das ein Synonym zu *mercancía* ist, was eine bewegliche Sache bezeichnet, die Gegenstand einer Vereinbarung oder eines Kaufs wird *(„cosa mueble que se hace objeto de trato o venta")*[79]. Wenn aber die *mercadería* als eine bewegliche Sache anzusehen ist, dann muss sie zugleich körperlich sein, denn ohne Körper gibt es auch keine Bewegung.

Voraussetzung für die Anwendbarkeit des CISG ist also, dass die Ware im Zeitpunkt der Lieferung körperlich ist[80]. Die Auffassung, dass auch immaterielle

---

73 Schlechtriem / Schroeter, Internationales UN-Kaufrecht, Rdnr. 87.

74 OGH, 21.06.2005, CISG-online Nr. 1047; OLG Köln, 26.08.1994, CISG-online Nr. 132 = RIW 1994, 970, 971; Schlechtriem/Schwenzer/Bacher-*Ferrari*, Kommentar zum einheitlichen UN-Kaufrecht, Art. 1 Rdnr. 38; Schlechtriem / Schroeter, Internationales UN-Kaufrecht, Rdnr. 85; Marly, Praxishandbuch Softwarerecht, Rdnr. 1046; Díez-Picazo/*Calvo Caravaca*, La compraventa internacional de mercaderías, Art. 1, S. 48.

75 Lejeune in: Schneider / Graf von Westphalen, Software-Erstellungsverträge, S. 585.

76 Vgl. hierzu den Beispielssatz im Duden: „im Kapitalismus wird die menschliche Arbeitskraft zur Ware", Duden, Stichwort „Ware".

77 Siehe oben Kapitel B.II.2. a).

78 Reinicke / Tiedtke, Kaufrecht, Rdnr. 1148.

79 Real Academia Española, Diccionario de la lengua española, 22. Aufl., 2001, Stichworte „mercadería" und „mercancía":

80 Vgl. Reinicke / Tiedtke, Kaufrecht, Rdnr. 1151.

Leistungen vom CISG erfasst sein sollen[81], geht von dem Begriff *Ware* aus, wie er in der deutschen und damit rechtlich irrelevanten Übersetzung des CISG verwendet wird, steht somit im Widerspruch zu der Bedeutung des Begriffs *mercadería*, wie er in der spanischen und damit rechtlich relevanten Originalfassung vorkommt. Und die Auffassung, dass Software an sich nicht körperlich sei, sondern nur der jeweilige Datenträger[82], steht im Widerspruch zu den technologischen Bedingtheiten, denen Software unterliegt, denn Software ist sowohl ihrem Wesen als auch ihrer Funktion nach zwingend auf Verkörperung angewiesen[83], wobei die Verkörperung auch durch dual codierte elektronische Schaltzustände in den integrierten Schaltungen des Halbleiterspeichers erfolgen kann. Custom Software ist demnach als Ware im Sinne des CISG zu qualifizieren.

c) Art. 3 Abs. 1 CISG

Nach Art. 3 Abs. 1 CISG stehen Verträge über die Lieferung herzustellender oder zu erzeugender Ware den Kaufverträgen grundsätzlich gleich. Zu fragen wäre demnach, ob es mit dem CISG vereinbar ist, Standardsoftware und Individualsoftware unterschiedlich zu behandeln. Teilweise wird hier argumentiert, dass eine solche Unterscheidung im Anwendungsbereich des CISG falsch sei mit der Begründung, dass die Unterscheidung *„vor allem von deutschen Autoren“* vertreten werde, die der alten Rechtsprechung des BGH folgten, die ihrerseits an § 651 BGB a.F. orientiert gewesen sei[84].

Die Behauptung, die Unterscheidung von Standard- und Individualsoftware werde *„vor allem von deutschen Autoren“* vertreten, ist nicht überzeugend, das Gegenteil ist vielmehr richtig. Von deutschen Autoren vertreten wird vor allem die Gleichbehandlung von Standard- und Individualsoftware mit entsprechender Anwendung des Kaufrechts[85], während es im spanischen Schrifttum für völlig unstreitig erachtet wird, dass Verträge über die Entwicklung von Individualsoftware (*contratos de desarrollo de software a medida*) keine Kaufverträge sein können[86]. Die in Deutschland geführte Diskussion ist auch nicht, wie im

---

81 Schmitz, MMR 2000, 256, 258.

82 Lejeune in: Ullrich / Lejeune, Der internationale Softwarevertrag, S. 210.

83 Marly, Praxishandbuch Softwarerecht, Rdnr. 723 m.w.N.

84 Schlechtriem / Schroeter, Internationales UN-Kaufrecht, Rdnr. 85.

85 Schweinoch / Roas CR 2004, 326 (330f.); Mankowski MDR 2003, 854 (857); Schneider CR 2003, 1 (6); Thewalt CR 2002, 1 (4).

86 López-Tarruella Martínez, Contratos internacionales de software, S. 56; Oliva Blázquez, Compraventa internacional de mercaderías, S. 475; Soler in: Soler / Piattini, Manual de Gestión y Contratación Informática, S. 546.

oben zitierten Schrifttum behauptet wurde[87], auf § 651 BGB a.F. zurückzuführen, sondern fußt vielmehr auf der Schuldrechtsreform von 2002. Gemäß Art. 1 Abs. 4 der *Richtlinie 1999/44/EG des Europäischen Parlaments und des Rates vom 25.05.1999 zu bestimmten Aspekten des Verbrauchsgüterkaufs und der Garantien für Verbrauchsgüter*[88] sollen Verträge über die Lieferung herzustellender oder zu erzeugender Verbrauchsgüter als Kaufverträge im Sinne der Richtlinie gelten. Software, die speziell für den Nutzer ausgearbeitet wurde, fällt unter den Warenbegriff der *Richtlinie 1999/44/EG*[89]. Im Wege der Schuldrechtsreform hat der deutsche Gesetzgeber diese Richtlinie in der Weise umgesetzt, dass die Neuregelung sich nicht auf Verbrauchsgüter beschränkt, da nach dem Willen des Gesetzgebers wesentlich umfangreicher als nach bislang geltendem Recht „Verträge mit einer Herstellungsverpflichtung dem Kaufrecht zu unterstellen sind“[90]. Ganz anders in Spanien. Dort hat der Gesetzgeber die Richtlinie durch die *Ley 23/2003 de Garantías en la Venta de Bienes de Consumo*[91] wortgetreu umgesetzt, so dass sich die Gleichstellung von Kauf- und Werklieferungsverträgen (Art. 2 der Ley 23/2003) auf Verbraucherverträge beschränkt.

Die Ley 23/2003 ist zwar inzwischen durch den *Real Decreto Legislativo 1/2007 vom 16.11.2007*[92] in der Neufassung der *Ley General para la Defensa de los Consumidores y Usuarios* (LGDCU), also dem spanischen Verbraucherschutzgesetz, aufgegangen, aber im Hinblick auf die Gleichstellung von Kauf- und Werklieferungsverträgen und deren Beschränkung auf Verbraucherverträge hat sich nichts geändert (vgl. Art. 115 Abs. 1 LGDCU). Die o.g. Argumentation, dass das CISG auch für Individualsoftware gelten müsse, wenn es doch für Standardsoftware gelte[93], wird also nur dann verständlich, wenn man sich vor Augen hält, dass es sich hier um eine in der deutschen Rechtsliteratur geführte Diskussion handelt, die dem Sonderweg des deutschen Gesetzgebers bei der Umsetzung der *Richtlinie 1999/44/EG* geschuldet ist. In der spanischen Rechtsliteratur wird die Nichtanwendbarkeit des CISG für Verträge über die Erstellung von Individualsoftware auch nicht damit begründet, dass es sich bei Individualsoftware um

87 Schlechtriem / Schroeter, Internationales UN-Kaufrecht, Rdnr. 85.
88 ABl. EG 1999 Nr. L 171/12.
89 Serrano in: Grundmann / Bianca, EU-Kaufrechts-Richtlinie, Art.1 Rdnr. 33.
90 BT-Drucks. 14/6040 vom 14.05.2001, S. 268.
91 BOE núm. 165 de 11/07/2003, S. 27160–27164.
92 BOE núm. 287 de 30/11/2007, S. 49181–49215.
93 Schlechtriem / Schroeter, Internationales UN-Kaufrecht, Rdnr. 85.

keine Ware i.S.d. CISG handele, sondern vielmehr damit, dass es sich bei diesen Verträgen um keinen Kauf handele[94].

d) *Art. 3 Abs. 2 CISG*

Eine unterschiedliche Behandlung von Individualsoftware und Standardsoftware könnte aber im Zusammenhang mit dem sich aus Art.3 Abs. 2 CISG ergebenden Grundgedanken gerechtfertigt sein. Gemäß dieser Vorschrift ist das CISG auf solche Verträge nicht anwendbar, bei denen der überwiegende Teil der Pflichten der Partei, welche die Waren liefert, in der Ausführung von Arbeiten oder Dienstleistungen besteht. Diese Regelung geht auf einen Vorschlag Spaniens zurück, demzufolge das CISG für Verträge nicht anwendbar sein sollte, in denen die Verpflichtungen der Parteien substanziell anders sind als die Lieferung und Entgeltzahlung[95]. Der spanische Vorschlag wurde zwar als zu allgemein verworfen, blieb jedoch in seinen Grundgedanken prägend[96]. Demnach sollen nur solche Verträge vom CISG erfasst werden, in denen die Lieferung und Entgeltzahlung die vertragswesentlichen Elemente darstellen[97].

Das Eigentümliche des Vertrages über Individualsoftware besteht ja gerade darin, dass die Softwarefirma sowohl in der Planungs- als auch in der Realisierungsphase auf die Mitwirkung des Auftraggebers angewiesen ist. Im spanischen Handelsrecht gibt es die Rechtsfigur des *contrato de colaboración*, bei dem es zur Erfüllung des Vertragszwecks unerlässlich ist, dass die Vertragspartner zusammenarbeiten[98]. Beispiele für einen *contrato de colaboración* sind etwa der Entwicklungsvertrag (*contrato de engineering*) und der Wartungsvertrag (*asistencia técnica*)[99]. Hier ist zu beachten, dass sich Art. 3 Abs. 2 CISG gerade auf die *asistencia técnica* bezieht[100]. Wenn auch beim Wartungsvertrag gewisse Mitwirkungspflichten dem Auftraggeber auferlegt sein mögen (z.B. muss er dem Wartungspersonal den Zugang zu seiner EDV-Anlage ermöglichen), so sind beim Softwareentwicklungsvertrag die Anforderungen an die Mitwirkungspflichten

---

94 López-Tarruella Martínez, Contratos internacionales de software, S. 56; Oliva Blázquez, Compraventa internacional de mercaderías, S. 475.

95 Schlechtriem/Schwenzer/Bacher-*Ferrari*, Kommentar zum einheitlichen UN-Kaufrecht, Art. 3 Rdnr. 2.

96 Schlechtriem/Schwenzer/Bacher-*Ferrari*, a.a.O.

97 Marly, Praxishandbuch Softwarerecht, Rdnr. 686.

98 Vgl. Soler in: Soler / Piattini, Manual de Gestión y Contratación Informática, S. 576.

99 Uría, Derecho mercantil, S. 638f.

100 Díez-Picazo/*Calvo Caravaca*, La compraventa internacional de mercaderías, Art. 3, S. 70.

des Auftraggebers wesentlich höher. In der Softwareentwicklung wird zwischen dem *modelo obligacional* (Auftragsmodell) und dem *modelo cooperativo* (Kooperationsmodell) unterschieden, bei letzterem sollen Softwareentwickler und Besteller für den Erfolg des Projekts mitverantwortlich sein, und zwar so, als ob sie eine Vereinigung im Sinne gleichwertiger Partner bildeten[101]. Allein dieses Modell zeigt, wie weit Verträge über Individualsoftware von der klassischen Vorstellung eines Kaufs entfernt sind. Wenn der Auftraggeber seine Mitwirkungspflichten nicht erfüllt, kann der Softwareentwickler seine vertraglichen Verpflichtungen auch nicht erfüllen. Daraus folgt, dass zumindest beim *modelo cooperativo* kaufvertragsfremde Pflichten wie die umfangreichen Mitwirkungspflichten des Auftraggebers gegenüber den kaufvertragstypischen Pflichten wie bspw. der Zahlungsverpflichtung überwiegen, so dass das CISG nicht anwendbar ist. Allerdings ist zu berücksichtigen, dass diejenige Partei, die die Nichtanwendbarkeit des CISG behauptet, diese auch beweisen muss[102].

e) Art. 4 CISG

Die Abgrenzung des sachlichen Geltungsbereichs gem. Art. 4 CISG schließt auch Sachfragen von der Anwendung des CISG aus, die typischerweise im Zusammenhang mit Verträgen über Individualsoftware entstehen können. So will das CISG ausschließlich die Rechte und Pflichten zwischen Käufer und Verkäufer regeln (Art. 4 S. 1 CISG), nicht aber vertragliche Ansprüche gegen Dritte, wie sie etwa durch die *action directe* nach französischem Recht gewährt werden[103]. In diesem Zusammenhang verdient die *acción directa* (Art. 1597 CC) besondere Beachtung[104], die von der *action directe* nach Art. 1798 Code Civil beeinflusst wurde[105]. Demzufolge gilt das CISG auch nicht für die direkten Vergütungsansprüche der von der Softwarefirma eingesetzten Subunternehmer gegen den Auftraggeber gem. Art. 1597 CC. Genauso wenig wie die Ansprüche gegen Dritte ist im CISG geregelt, innerhalb welcher Frist der Käufer, der ordnungsgemäß

---

101 *Span. Fst.*: Soler in: Soler / Piattini, Manual de Gestión y Contratación Informática, S. 588; *dt. Fst.*: Schneider in: Jäger et al., Begutachtung und rechtliche Bewertung von EDV-Mängeln, S. 70f.

102 OGH, 8.11.2005, CISG-online Nr. 1156.

103 Krebs, The European Legal Forum 2000, 16f. zur *Cour de cassation, première chambre civile, 5 janvier 1999*, abrufbar über Datenbank von *http://www.cisg.fr/* (letzter Abruf: 30.09.2016).

104 Ausführlich hierzu siehe unten Kap. D.III.

105 Albaladejo/*Lucas Fernandez*, Comentarios al CC, Tomo XX, Vol. 2°, S. 444.

gerügt hat, seine Rechte geltend machen muss[106]. Diese Fragen sind nach dem jeweils geltenden nationalen nicht vereinheitlichten Recht zu klären.

f) Anwendung des CISG

Wenn man nun für Software-Erstellungsverträge das CISG anwendet, kann das zu absurden Ergebnissen führen: Nehmen wir den in der Praxis durchaus üblichen Fall an, dass die Softwarefirma auftragsgemäß an den Rechenanlagen des Bestellers die Installation und Konfiguration des von ihr entwickelten oder angepassten Programms durchführt. Dann dient dieses Programm gemäß dem für elektronische Rechenanlagen geltenden *Prinzip der Speicherprogrammierung* als Vorlage für eine im Hauptspeicher herzustellende Kopie[107]. Wenn man in dieser Kopie eine Verkörperung des Programms erblicken wollte, so käme man zu dem Ergebnis, dass die Verkörperung der gelieferten Ware erst in einem vom Besteller bereitgestellten Gegenstand, nämlich dessen Rechenanlage, zustande gekommen ist. Gemäß Art. 3 Abs. 1 CISG liegt kein Kaufvertrag i. S. d. CISG vor, wenn der Besteller einen wesentlichen Teil der für die Herstellung oder Erzeugung notwendigen Stoffe selbst zur Verfügung gestellt hat. Wenn man die Rechenanlage als einen solchen Stoff ansehen wollte, wäre das CISG in diesem Fall nicht anwendbar. Anders wäre womöglich zu urteilen, wenn die Softwarefirma zusätzlich noch einen Datenträger wie bspw. eine CD-ROM geliefert hätte, auf der sich eine Sicherungskopie des von ihr entwickelten Programms befindet, sofern man in dieser Sicherungskopie die eigentlich geschuldete Warenlieferung erblickt und nicht bloß ein Dokument i. S. v. Art. 34 CISG, das sich lediglich auf die eigentliche Ware bezieht. Allein diese Überlegungen zeigen, dass durch die Anwendung des CISG auf Verträge über individuelle Software mehr Fragen aufgeworfen werden, als dass sich dadurch Rechtssicherheit herstellen ließe.

g) Art. 6 CISG

Vermutlich auch deshalb wird bei Software-Erstellungsverträgen regelmäßig von den Parteien ein Passus in die Rechtswahlklausel aufgenommen, wonach die Anwendbarkeit des CISG ausdrücklich ausgeschlossen wird[108]. Dass dies gängige Praxis ist, wird nicht nur in der deutschen, sondern auch in der spanischen

106 Reinicke / Tiedtke, Kaufrecht, Rdnr. 1225.

107 Vgl. König, Das Computerprogramm im Recht, Rdnr. 290.

108 Vgl. Lejeune in: Schneider / Graf von Westphalen, Software-Erstellungsverträge, S. 586f.; s.a. EVB-IT Erstellungs-AGB Version 1.0 vom 08.07.2013 Ziff. 23.

Rechtsliteratur so gesehen[109]. Dass die Parteien gem. Art. 6 CISG die Anwendung des CISG vollständig oder teilweise ausschließen können, entspringt einem allgemeinen Prinzip des Internationalen Privatrechts, dem der materiell-rechtlichen Privatautonomie[110]. Allerdings ist es für den Ausschluss nicht ausreichend, die Geltung deutschen bzw. spanischen Rechts oder einen Gerichtsstand in Deutschland bzw. Spanien zu vereinbaren, die Parteien müssen vielmehr ausdrücklich auf den Ausschluss des CISG hinweisen[111]. Da für Gültigkeitsvoraussetzungen Art. 4 S. 2 Buchst. a) CISG eine Ausgrenzung vornimmt, beurteilt sich die Frage nach der Wirksamkeit der Ausschlussvereinbarung nach dem jeweils geltenden nationalen Recht[112].

3. Ergebnis

Verträge über individuelle Software zwischen deutschen und spanischen Vertragspartnern können demzufolge nach nationalem nicht vereinheitlichtem Obligationenrecht zu beurteilen sein, und zwar unstreitig in folgenden Fällen:

(1.) Die Überlassung der individuellen Software erfolgt nicht dauerhaft; (2.) die Überlassung erfolgt zwar dauerhaft, aber die Parteien vereinbaren ausdrücklich, dass die Anwendung des CISG teilweise oder vollständig ausgeschlossen sein soll; (3.) wenn die Parteien eine solche Vereinbarung nicht getroffen haben, dann kommt insofern nationales nicht vereinheitlichtes Recht zur Geltung, als es um Sachfragen geht, die nicht vom CISG geregelt werden. Dabei ist in dem vorliegenden sozialen Konflikt insbesondere an die direkten Ansprüche der von der Softwarefirma eingesetzten Subunternehmer gegen den Auftraggeber nach spanischem Recht zu denken[113].

Als Ergebnis ist also festzuhalten, dass ein Rechtsvergleich in dem oben beschriebenen sozialen Konflikt[114] insofern möglich ist, als die Anwendung nationalen nicht vereinheitlichten Rechts in Frage kommt.

---

109 López-Tarruella Martínez, Contratos internacionales de software, S. 315.

110 Díez-Picazo/*Calvo Caravaca*, La compraventa internacional de mercaderías, Art. 6, S. 93.

111 Lejeune, ITRB 2011, 20 (23).

112 Díez-Picazo/*Calvo Caravaca*, La compraventa internacional de mercaderías, Art. 6, S. 98.

113 Siehe unten Kap. D.III.

114 Siehe oben Kap. B.I.

III. Praktische Relevanz des Rechtsvergleichs

1. Vorüberlegungen

Aus wissenschaftstheoretischer Sicht wird der Einwand erhoben, dass es unzutreffend sei, nach der Zielsetzung und den praktischen Anwendungsmöglichkeiten der Rechtsvergleichung zu fragen, da diese Frage ihrerseits wiederum *„unzutreffende Antworten“* hervorrufe[115]. Nach Überzeugung des Verfassers jedoch widerspricht es keinesfalls dem wissenschaftlichen Anspruch der Rechtsvergleichung, wenn man die denkbaren Fälle aufzuzeigen versucht, in denen die Rechtsanwender darauf angewiesen sind, das ihnen fremde Recht anzuwenden. Denn in den Fällen, in denen die Rechtsanwältin, der Rechtsanwalt oder die Richterin, der Richter als Rechtsanwender auf das ihnen fremde Recht zurückgreifen müssen, ist es die Aufgabe der Rechtsvergleichung, ihnen die Unterschiede aufzuzeigen, die zwischen dem eigenen, vertrauten und dem fremden Recht bestehen, und zwar nicht nur im Hinblick auf das materielle Recht, sondern auch im Hinblick auf die Argumentationsmuster und Methoden der Rechtsfindung. Die praktische Relevanz des Rechtsvergleichs zeigt sich demnach immer dann, wenn die Rechtsanwender das ihnen jeweils fremde Recht anzuwenden haben. Da die vorliegende Arbeit auf Deutsch verfasst ist, richtet sie sich zuvorderst an deutsche Rechtsanwender. § 293 ZPO gibt dem deutschen Richter auf, sich von Amts wegen die für die Entscheidung des Falles erforderlichen Rechtskenntnisse zu verschaffen, wobei die Anwendung ausländischen Rechts das dort geltende Methodenverständnis und im Einzelfall auch eine systemkonforme Fortbildung einschließt[116]. Ob ein deutsches Gericht bei fehlender Gerichtsstandsvereinbarung für Klagen aus einem Software-Entwicklungsvertrag örtlich zuständig ist, hängt nach der Rechtsprechung davon ab, ob die vertraglichen Leistungen in Deutschland erbracht werden müssen oder werden, wobei es zur Feststellung des örtlichen Schwerpunkts der vertragscharakteristischen Leistung einer Abwägung von Zeitaufwand und Bedeutung der Tätigkeitsanteile bedarf, Art. 5 Nr. 1 lit. b zweiter Spiegelstrich EuGVVO a.F. (Brüssel I-VO)[117], gleichlautend mit Art. 7 Nr. 1 lit. b zweiter Spiegelstrich EuGVVO n.F. (Brüssel Ia-VO)[118]. Deutsche Gerichte haben bei Rechtsstreitigkeiten über individuelle Software insbesondere

115 Sacco, Einführung in die Rechtsvergleichung, S. 13f.

116 Linke / Hau, Internationales Zivilverfahrensrecht, S. 209f.

117 OLG München, Urt. v. 23.12.2009–20 U 3515/09, NJW-RR 2010, 789.

118 EuGVVO vom 12.12.2012, ABl. EG 2012 Nr. L 351/1.

in den nachfolgend aufgelisteten Fällen spanisches Vertrags- und Obligationenrecht anzuwenden.

2. Rechtswahlklausel (Art. 3 Rom I-VO)

Die Parteien haben das CISG ausgeschlossen (bzw. dessen sachlicher Anwendungsbereich ist nicht gegeben, weil z. B. die Überlassung der Software zeitlich begrenzt ist), und sie haben eine Rechtswahlklausel zugunsten des spanischen Rechts vereinbart (Art. 3 Rom I-VO)[119]. In der Praxis wird – in Deutschland ebenso wie in Spanien – bei internationalen Softwareverträgen überwiegend mit Allgemeinen Geschäftsbedingungen (*condiciones generales de la contratación*) bzw. vorformulierten Vertragsmustern gearbeitet, und zwar regelmäßig mit denen des Softwareanbieters[120], so dass die Rechtswahlklausel in der Praxis zumeist nicht ausgehandelt wird, sondern sich aus den Allgemeinen Geschäftsbedingungen des Auftragnehmers ergibt[121]. Die Einbeziehung von AGB wird grundsätzlich nach dem Vertragsstatut – also dem gewählten oder objektiv bestimmten Recht – beurteilt, egal ob der Vertrag nach diesem Recht wirksam zustande gekommen ist oder nicht (Art. 10 Abs 1 Rom I-VO, übereinstimmend mit der früheren Rechtslage gem. Art. 8 Abs. 1 EVÜ)[122]. Für die Beurteilung der Wirksamkeit der Rechtswahlklausel ist also das Recht maßgebend, das nach der Rechtswahlklausel angewendet werden soll[123]. Behauptet jedoch der Anwender, er habe der von der Softwarefirma eingeführten Rechtswahlklausel nicht zugestimmt und ergibt sich aus den Umständen, dass es nicht gerechtfertigt wäre, die Wirkung seines Verhaltens nach dem in Art. 10 Abs. 1 Rom I-VO bezeichneten Recht zu bestimmen, so kann sich der Anwender auf das Recht des Staates seines gewöhnlichen Aufenthalts berufen, vgl. Art. 10 Abs. 2 Rom I-VO, übereinstimmend mit Art. 8 Abs. 2 EVÜ.

---

119 ABl. EG 2008 Nr. L 177/6.

120 *Dt. Fst.:* Lejeune in: Schneider / Graf von Westphalen, Software-Erstellungsverträge, S. 583; *span. Fst.:* López-Tarruella Martínez, Contratos internacionales de software, S. 67, 429.

121 Vgl. EVB-IT Erstellungs-AGB Version 1.0 vom 08.07.2013 Ziff. 23.

122 Koch / Magnus / Winkler von Mohrenfels, IPR und Rechtsvergleichung, S. 122.

123 BGH, Urt. v. 26.10.1993 – XI ZR 42/93, BGHZ 123, 380 (383).

3. Spanische Softwarefirma ./. Deutsche Auftraggeberin

a) *Keine Rechtswahlklausel (Art. 4 Rom I-VO)*

Die Parteien haben das CISG ausgeschlossen (bzw. dessen sachlicher Anwendungsbereich ist nicht gegeben), und sie haben keine Rechtswahlklausel vereinbart, dann kommt spanisches Recht in Frage, wenn sich entweder die Hauptverwaltung der Softwarefirma oder die den Vertrag schließende Niederlassung der Softwarefirma zum Zeitpunkt des Vertragsschlusses in Spanien befindet (Art. 4 Abs. 2 i. V. m. Art. 19 Rom I-VO). Schon nach dem bis zum 17.12.2009 (vgl. Art. 28 Rom I-VO) geltenden Art. 28 Abs. 2 S. 1 EGBGB bzw. Art. 4 Abs. 2 EVÜ bestand die gesetzliche Vermutung, dass der Vertrag seine engste Verbindung mit dem Staat aufweist, in dem die Partei, welche die *charakteristische Leistung* zu erbringen hat, ihre Hauptverwaltung hat, und nunmehr kommt es auch nach Art. 4 Abs. 2 Rom I-VO auf die *charakteristische Leistung* an. Ganz gleich, unter welchem Aspekt man den Vertrag über individuelle Software betrachtet, ob im obligationenrechtlichen Sinne als Werkvertrag *(contrato de obra)* oder im urheberrechtlichen Sinne als Lizenzvertrag *(contrato de cesión* oder gleichbedeutend *contrato de licencia de uso*), regelmäßig wird die charakteristische Leistung vom Softwaregeber bzw. Lizenzgeber erbracht[124]. Insofern kann auch die zum früheren Recht vertretene Auffassung übernommen werden, wonach das Land des Lizenzgebers maßgebend ist, wenn dieser sich zu speziellen Anpassungen oder Weiterentwicklungen der Software verpflichtet hatte[125]. Dem entspricht auch die noch zur alten Gesetzeslage ergangenen Rechtsprechung, wonach die engste Verbindung zum Lizenzvertragsverhältnis in der Regel das Recht des Staates aufweist, in dem der Lizenzgeber seinen Sitz hat[126].

Zumindest bei verlagsrechtlichen Lizenzverträgen ist jedoch nach überwiegender Auffassung im Urhebervertragsrecht hinsichtlich der *charakteristischen Leistung* dann anders zu entscheiden, wenn dem Werkverwerter ein ausschließliches Nutzungsrecht eingeräumt wurde: dann soll das Recht am Sitz des Werkverwerters anzuwenden sein[127]. Diese Ansicht zum Verlagsvertrag lässt sich jedoch

---

124 *Dt. Fst.:* Marly, Praxishandbuch Softwarerecht, Rdnr. 1060f.; *span. Fst.:* López-Tarruella Martínez, Contratos internacionales de software, S. 359, 362.

125 Vgl. Lejeune in: Ullrich / Lejeune, Der internationale Softwarevertrag, S. 313f. m.w.N.

126 LG Mannheim, Beschluss v. 23.10.2009–7 O 125/09, BeckRS 2010, 14367.

127 *Dt. Fst.:* Schricker/Katzenberger, Urheberrecht, vor §§ 120ff., Rdnr. 158; Dreier in: Dreier / Schulze, UrhG, vor §§ 120ff. Rdnr. 52; *span. Fst.:* Hernández Rodríguez, Los contratos de edición en Derecho internacional privado español, S. 137; López-Tarruella Martínez, Contratos internacionales de software, S. 363.

nicht auf den Vertrag über individuelle Software übertragen, denn im Gegensatz zum Verleger, der über die urheberrechtliche Vergütungspflicht (§ 11 S. 2 UrhG) hinaus nach § 1 S. 2 VerlG auch zur Vervielfältigung und Verbreitung des Werks verpflichtet ist, trifft den Erwerber von Custom Software nur die Vergütungs-, aber keinerlei Ausübungspflicht. Was aber die *charakteristische Leistung* angeht, könnten da nicht die erheblichen Mitwirkungspflichten, die den Auftraggeber bei Verträgen über Software-Erstellung/Anpassung treffen, eine andere Sichtweise rechtfertigen? *López-Tarruella Martínez* verneint dies mit dem Argument, dass sich die Mitwirkungspflichten des Anwenders als solche nicht aus dem Vertrag ergäben, sondern dass sie vielmehr notwendig seien, damit der Anbieter seine vertraglichen Leistungspflichten erfüllen könne[128].

b) Ansprüche der Subunternehmer

Spanisches, nicht vereinheitlichtes Recht ist auch dann anzuwenden, wenn die Parteien die Anwendung des CISG vereinbart bzw. dessen Anwendung nicht ausdrücklich ausgeschlossen haben und die von der spanischen Softwarefirma nach spanischem Recht beauftragten Subunternehmer Zahlungsansprüche gegen den deutschen Auftraggeber im Wege der *acción directa* (Art. 1597 CC) erheben. Das CISG gilt nämlich nicht für die direkten Ansprüche, die dem von der Softwarefirma eingesetzten Subunternehmer gegen den Auftraggeber zustehen[129]. Diese Direktansprüche der Subunternehmer sollen unten Kap. D.III. ausführlicher behandelt werden.

4. Deutsche Softwarefirma ./. Spanische Auftraggeberin

Die Parteien haben das CISG ausgeschlossen, aber auch kein spanisches Recht vereinbart, während die deutsche Softwarefirma die Programmierung bzw. das *Customizing* an den Rechenanlagen der spanischen Bestellerin vor Ort ausführt, dann ist spanisches Recht in Bezug auf die von der Bestellerin im Falle mangelhafter Erfüllung zu treffenden Maßnahmen zu berücksichtigen (Art. 12 Abs. 2 Rom I-VO, entsprechend den Art. 10 Abs. 2 EVÜ und Art. 32 Abs. 2 EGBGB a.F.). Dies betrifft also insbesondere die Rügepflichten der Bestellerin[130]. Fraglich ist jedoch, ob nicht über die Rügepflichten hinausgehend generell das am Ort der Bestellerin geltende Vertrags- und Obligationenrecht anzuwenden ist, wenn sich aus der Gesamtheit der Umstände ergibt, dass der Vertrag eine offensichtlich

---

128 López-Tarruella Martínez, Contratos internacionales de software, S. 359.

129 Vgl. oben Kap. B.II.2.e).

130 Vgl. Koch / Magnus / Winkler v. Mohrenfels, IPR und Rechtsvergleichung, Rdnr. 42.

engere Verbindung zu dem Staat der Bestellerin als zu dem des Softwareerstellers aufweist (Art. 4 Abs. 3 Rom I-VO).

López-Tarruella Martínez, der sich noch auf den im Verhältnis zum Art. 4 Abs. 3 Rom I-VO weniger strengen Art. 4 Abs. 5 EVÜ bezieht, will danach unterscheiden, ob die beauftragte Softwarefirma lediglich zur Installation des von ihr entwickelten Programms die Räumlichkeiten der ausländischen Auftraggeberin aufsucht oder ob die Programmentwicklung vom Personal der Softwarefirma am Ort der Auftraggeberin vorgenommen wird, nur im letzteren Fall soll das Recht des Staates anzuwenden sein, in dem die Auftraggeberin ihren Sitz hat[131]. Dabei ist jedoch zu beachten, dass das zusätzliche Merkmal der „*offensichtlich*" engeren Verbindung in der EVÜ noch nicht enthalten war.

131 López-Tarruella Martínez, Contratos internacionales de software, S. 359f.

C. These

Der Verfasser vertritt folgende These: Sofern sich funktionale Unterschiede bei der rechtlichen Würdigung von Verträgen über individuelle Software nach deutschem und spanischem Recht zeigen – wobei die funktionalen Unterschiede sowohl die Anforderungen an die Geltendmachung eines Rechts als auch dessen Folgen betreffen können –, beruhen diese Unterschiede

(1.) darauf, dass bestimmte privatrechtliche Grundsätze, wie sie dem BGB und dem CC gemeinsam zugrunde liegen, von der deutschen Rechtsprechung bzw. Rechtslehre einerseits und der spanischen Rechtsprechung bzw. Rechtslehre andererseits jeweils unterschiedlich interpretiert oder gewichtet werden,

oder

(2.) darauf, dass Grundsatznormen des CC angewendet werden, für die es keine Entsprechung im BGB gibt und die auf privatrechtlichen Prämissen beruhen, die das BGB nicht teilt,

oder

(3.) darauf, dass im vorliegenden sozialen Konflikt aufgrund der bestehenden Regelungen von BGB und CC jeweils unterschiedliche Marktteilnehmer im Rahmen der Software-Erstellung privilegiert werden.

Des Weiteren wird der Verfasser darlegen, dass diese Unterschiede erst mit Hilfe der funktionalen Methode aufgedeckt werden konnten. Die vom Verfasser vertretene These bezieht sich also sowohl auf die materiell-rechtliche Erkenntnisgewinnung der Rechtsvergleichung als auch auf die ihr zugrunde liegende Methode.

Was den methodologischen Aspekt betrifft, wird vom Verfasser die These vertreten, dass im Falle funktional unterschiedlicher Lösungen nach deutschem und spanischem Recht dieser Differenzzusammenhang zwischen dem deutschen und dem spanischen Recht erst unter Berücksichtigung des sozialen Konflikts mit Hilfe der funktionalen Methode zum Vorschein gebracht werden konnte. Dieser Differenzzusammenhang würde bei einem klassischen Rechtsvergleich der Rechtsinstitute oder Rechtsnormen im Verborgenen bleiben. Ein Vergleich allein von Rechtsinstituten oder Rechtsnormen ohne Berücksichtigung eines konkreten sozialen Konflikts kann aber nicht als ein Vergleich des Rechts verstanden werden. Recht ist nämlich die Entsprechung von Sollen und Sein, das erst entsteht, wo Norm und Lebenssachverhalt, Sollen und Sein, zueinander in

Entsprechung treten[132]. Es ist deshalb nur folgerichtig, dass das methodische Grundprinzip der Rechtsvergleichung die Funktionalität sein muss[133], die unter Berücksichtigung eines konkreten sozialen Konflikts untersucht wird.

Allerdings darf das mit Hilfe der funktionalen Methode gewonnene Ergebnis nur als ein Zwischenschritt verstanden werden. Der mit Hilfe der funktionalen Methode entdeckte Differenzzusammenhang ergibt sich zunächst ja nur aufgrund des sozialen Konflikts als der verbindenden Klammer zwischen dem deutschen und dem fremden, d.h. hier dem spanischen Recht. Der Differenzzusammenhang wird somit im Lichte des sozialen Konflikts zunächst nur auf der Ebene des Seins beschrieben. Dies ist für einen Rechtsvergleich jedoch nicht ausreichend. Es ist deshalb erforderlich, dass der Differenzzusammenhang seinerseits von der ontischen auf die Ebene des Sollens transponiert wird, um auch rechtlich eingeordnet werden zu können. Andernfalls nämlich würde es sich lediglich um einen rein ontischen Vergleich handeln und nicht um einen Vergleich des Rechts im Sinne der Entsprechung von Sollen und Sein.

132 Kaufmann, Rechtsphilosophie, S. 148.
133 Vgl. Zweigert / Kötz, Einführung in die Rechtsvergleichung, S. 33.

D. Der Software-Erstellungs-/ Anpassungs-Vertrag

I. Die Softwareentwicklung

1. Modelle zur Softwareentwicklung

a) Überblick

Die seit den 1960er Jahren aufstrebende Softwareindustrie[134] geriet aufgrund steigender Fehlerquoten in den 1970er Jahren in ihre erste Krise, der dadurch begegnet wurde, dass ingenieurswissenschaftlich orientierte Vorgehensmodelle zur Softwareerstellung entwickelt wurden[135]. Vorgehensmodelle dienen demnach sowohl dem Risikomanagement als auch der Qualitätssicherung in Softwareentwicklungsprojekten[136]. Dabei lassen sich die vielfältigen Modelle zur Erstellung von Custom Software – der Übersicht halber grob vereinfacht – in drei unterschiedliche Gruppen aufteilen: die klassischen Phasenmodelle, das Prototyping und die modernen iterativen Vorgehensmodelle.

b) Klassische Phasenmodelle

Beim Phasenkonzept handelt es sich um ein Vorgehensmodell, bei dem der gesamte Prozessablauf – von der Planung über die Nutzung bis zur Pflege des IT-Projekts – in zeitlich-logische Phasen gegliedert ist. Auch wenn sich die diversen Phasenmodelle in der Anzahl und Bezeichnung der Phasen unterscheiden mögen, so weisen sie jedoch stets die folgenden fünf Phasen auf:

1. Analyse (*Análisis y definición de requerimientos*);
2. Entwurf (*Diseño del software*);
3. Implementierung (*Implementación*);
4. Einführung (*Integración*);
5. Laufender Betrieb (*Funcionamiento y mantenimiento*)[137].

---

134 Siehe oben Kap. A.I.

135 Müller-Hengstenberg / Kirn, CR 2010, S. 8, 10; Reichert, Vertragsfreiheit und agile Softwareentwicklung, S. 15.

136 Müller-Hengstenberg / Kirn, CR 2008, S. 755f.

137 *Dt. Fst.:* Schwarzer / Krcmar, Wirtschaftsinformatik, S. 144; *spanischsprachige Fst.:* Sommerville, Ingeniería del software, S. 62.

Die Idee des Phasenkonzepts ist es, dass am Ende jeder Phase eine Qualitätssicherungsprüfung steht und erst nach erfolgreichem Abschluss dieser Prüfung mit der nächstfolgenden Phase begonnen werden darf[138]. In der Analysephase wird die Ist-Situation untersucht und ein Sollkonzept erstellt, das die fachlichen Inhalte in der Sprache des Auftraggebers beschreibt, während in der Entwurfsphase das Fachkonzept in einen datenverarbeitungstechnischen Entwurf überführt wird[139]. Der Nachteil der klassischen Phasenmodelle besteht einerseits darin, dass vor allem bei innovativen Programmentwicklungen nicht mit Sicherheit festzustellen ist, dass das in der jeweiligen Phase gefundene Ergebnis zutrifft[140], zum anderen darin, dass rund 75 % der Kosten erst nach Fertigstellung des Systems in der Wartungsphase anfallen, d.h. Fehler, die in der Entwicklung gemacht wurden, sind betriebswirtschaftlich umso schwerwiegender, je später sie entdeckt werden[141].

c) Prototyping

Eine Möglichkeit, die oben beschriebenen betriebswirtschaftlichen Nachteile der klassischen Phasenmodelle zu vermeiden, ist das Prototyping. Dabei entwickelt das Softwarehaus zu Beginn des Projekts – in Umkehrung der klassischen Phasenabfolge[142] – einen oder mehrere funktionsfähige Prototypen (also kostengünstige Vorabversionen), damit sich der Kunde darüber bewusst werden kann, was genau er sich von dem Endprodukt verspricht[143]. Demnach besteht der Grundgedanke des Prototyping darin, ein ablauffähiges Muster zu entwickeln, mit dem experimentiert werden kann, so dass sich die Entwicklungszeit verkürzen lässt[144].

d) Moderne Vorgehensmodelle

Anders als das Prototyping versuchen die modernen Vorgehensmodelle die Nachteile des starren Phasenkonzepts dadurch zu überwinden, dass sie eine

138 Wißner in: Jäger et al., Begutachtung und rechtliche Bewertung von EDV-Mängeln, S. 19.

139 Schwarzer / Krcmar, Wirtschaftsinformatik, S. 144f.

140 Soler et al. in: Soler /Piattini, Manual de Gestión y Contratación Informática, S. 86.

141 Schwarzer / Krcmar, Wirtschaftsinformatik, S. 146.

142 Schneider in: Schneider / Graf von Westphalen, Software-Erstellungsverträge, S. 214.

143 *Span. Fst.:* Soler et al. in: Soler / Piattini, Manual de Gestión y Contratación Informática, S. 86f.; *dt. Fst.:* Schwarzer / Krcmar, Wirtschaftsinformatik, S. 148.

144 Stahlknecht / Hasenkamp, Einführung in die Wirtschaftsinformatik, S. 219f.

iterative Entwicklung vorgeben[145] wie z. B. das Spiralmodell[146] oder die Modelle der agilen Softwareentwicklung[147]. Dabei sind sowohl sich überlappende Entwicklungsprozesse als auch Rückkopplungsprozesse vorgesehen. Das erfordert eine konstruktive Zusammenarbeit der Vertragspartner, bei der die Intensität, in der der Auftraggeber mitzuwirken hat, weit über das hinausgeht, was von dem klassischen Phasenmodell bekannt ist[148]. Demgemäß lautet ein agiler Grundsatz „*value customer collaboration over contract negotiation*“[149], was also bedeutet, dass die Zusammenarbeit höher gewichtet wird als die Vertragsverhandlungen[150].

2. Einheitlicher Vertrag?

a) Darstellung des Problems

Von den fünf Phasen des klassischen Phasenmodells ausgehend ist zu fragen: Können die verschiedenen Phasen der Softwareentwicklung in einem einzigen Vertrag zusammengefasst werden oder ist vielmehr für jede Phase ein jeweils gesonderter Vertrag abzuschließen? Einerseits wird angeraten, zumindest für die Planungsphase und die Realisierungsphase zwei getrennte Verträge abzuschließen, die ggf. auch vertragstypologisch divergieren können (zum Beispiel die Planung als Dienstvertrag, die Realisierung als Werkvertrag)[151]; auf der anderen Seite wird aber auch für alle Phasen des klassischen Phasenmodells (also von der Analyse bis zum laufenden Betrieb) der Abschluss eines einheitlichen Vertrages anempfohlen, dessen vertragstypologische Einordnung von den Parteien entweder offengelassen[152] oder aber ausdrücklich als „einheitlicher Werkvertrag nach §§ 631ff. BGB ohne § 651 BGB“ festgelegt wird[153]. Dabei ist allerdings zu beachten, dass trotz der Privatautonomie die Vertragsverhältnisse nicht so

---

145 Soler et al. in: Soler / Piattini, Manual de Gestión y Contratación Informática, S. 87.

146 Schwarzer / Krcmar, Wirtschaftsinformatik, S. 152.

147 Reichert, Vertragsfreiheit und agile Softwareentwicklung, S. 56.

148 Vgl. Schneider in: Schneider / Graf von Westphalen, Software-Erstellungsverträge, S. 227.

149 Manifesto for Agile Software Development, online abrufbar unter *http://agilemanifesto.org/* (letzter Abruf: 30.09.2016).

150 Reichert, Vertragsfreiheit und agile Softwareentwicklung, S. 73.

151 Schneider in: Schneider / Graf von Westphalen, Software-Erstellungsverträge, S. 195.

152 Marzo Portera / Martínez Flechoso, Los contratos Informáticos y Electrónicos, S. 72ff.

153 Bartsch in: Hoffmann-Becking, M., Beck'sches Formularbuch Bürgerliches, Handels- und Wirtschaftsrecht, Kap. III.G.4, Klausel § 1 Abs. 4.

einzuordnen sind, wie das die Parteien entscheiden, sondern so, wie es das Gesetz bestimmt[154].

Um die rechtliche Einordnung der spanischen und deutschen Software-Erstellungs-/Anpassungs-Verträge vertragstypologisch miteinander vergleichen zu können, ist also vorab zu klären, ob es sowohl nach deutschem Recht als auch nach spanischem Recht möglich ist, die Vereinbarungen zur Software-Erstellung/Anpassung jeweils in einem einzigen Vertrag zusammenzufassen, und ob dies auch dann möglich ist, wenn Teile des Vertrages verschiedenen Vertragstypen (wie etwa Werk- oder Dienstvertrag) zuzuordnen sind. Das Problem, ob vertragstypologisch eine einheitliche Einordnung der vertraglichen Vereinbarungen möglich ist, stellt sich in der Praxis insbesondere dann, wenn der Anwender von der IT-Firma entweder mehrere ungleichartige Leistungen (wie etwa die Lieferung von Software und von PC-Komponenten) bezieht oder – wie im Falle des IT-Projektvertrages – gar ein Bündel an Leistungen wie z. B. die Lieferung von Hardware zusammen mit Standardsoftware, die individuell parametrisiert, angepasst und installiert wird, Schulung der Mitarbeiter, Migration der Stammdaten und zukünftige Softwarepflege und Systemwartung. Bei solchen komplexen Projekten mag es aus betriebswirtschaftlicher Sicht verlockend sein, die einzelnen Leistungen auf dem Markt vom jeweils günstigsten Anbieter zu beziehen, aus technischer ebenso wie aus rechtlicher Sicht ist es jedoch ratsam, diese Leistungen aus einer Hand zu beziehen[155].

b) *Lösung nach deutschem Recht*

Die Frage, ob es sich um einen einheitlichen Vertrag oder getrennte Verträge handelt, wird im deutschen Schrifttum im Zusammenhang mit Software-Erstellungsverträgen insbesondere dann diskutiert, wenn die IT-Firma dem Kunden über die Softwareerstellung hinaus im Rahmen eines Kaufvertrages die entsprechende Hardware liefert[156], wobei von der Prämisse ausgegangen wird, dass es den Parteien offensteht, sowohl einen einheitlichen Vertrag über Hard- und Software als auch mehrere getrennte Verträge zu schließen[157]. Wenn in einem

154 López-Tarruella Martínez, Contratos internacionales de software, S. 70.

155 *Dt. Fst.:* Dreier / Vogel, Software- und Computerrecht, S. 146; *span. Fst.:* Soler in: Soler / Piattini, Manual de Gestión y Contratación Informática, S. 328.

156 Hoeren, IT-Vertragsrecht, S. 80f. (Skript, S. 109f.); Marly, Praxishandbuch Softwarerecht, Rdnr. 866ff.; Redeker, IT-Recht, Rdnr. 681ff.; Dreier / Vogel, Software- und Computerrecht, S. 145.

157 Pötzsch, CR 1989, 1063f., 1068.

einzigen Vertrag Bestandteile mehrerer Vertragstypen zu einer Einheit verbunden sind, dann spricht die deutsche Rechtslehre von einem *gemischten Vertrag*[158]. Zur Behandlung der gemischten Verträge werden sowohl die *Absorptionstheorie* als auch die *Kombinationstheorie* vertreten: Nach ersterer Theorie ist der wichtigste Bestandteil zu suchen und die rechtliche Beurteilung entsprechend vorzunehmen, wobei die weniger wichtigen Bestandteile von dem Hauptbestandteil absorbiert werden, während nach letzterer Theorie alle miteinander gemischten Vertragstypen zur Anwendung kommen sollen[159].

Diese Behandlung als gemischter Vertrag soll jedoch für Verträge, die den Kauf von Hardware und die individuelle Erstellung bzw. Anpassung von Software betreffen, heute nicht mehr notwendig sein, wenn davon ausgegangen wird, dass gemäß § 651 S. 1 BGB auch für den Erwerb von Individualsoftware Kaufrecht Anwendung findet[160]. Auf einen solchen Erwerb von Hardware und individuell erstellter oder angepasster Software wäre mithin nur noch Kaufrecht anzuwenden. Bei ungleichartigen Leistungen, die aber demselben Vertragstyp zuzuordnen sind (wie hier beim Kauf von Hard- und Software), wäre dann die Einheitlichkeit des Vertragsgegenstandes anhand der Legaldefinition des § 93 BGB zu überprüfen. Demnach würde es darauf ankommen, ob die Leistungen etwa von Hard- und Software ein Gesamtsystem darstellten, das durch eine Trennung in seinem Wesen verändert oder zerstört würde, wobei dies nicht nach dem Parteiwillen, sondern nach der Verkehrsanschauung zu beurteilen wäre[161]. Anders wäre jedoch zu entscheiden, wenn § 651 BGB nicht für Individualsoftware gelten soll. Dafür könnte sprechen, dass § 651 BGB entsprechend der *Richtlinie 1999/44/EG*[162] richtlinienkonform auszulegen ist, und dass die Richtlinie nur den Verbraucher schützen will, der Verbraucher aber nicht Auftraggeber einer Individualsoftware ist[163]. Demgemäß würde es sich bei einem Vertrag über die Lieferung von Hardware und individuell erstellter bzw. angepasster Software weiterhin um einen Werk- oder gemischten Vertrag handeln.

Von der Rechtslehre wird vertreten, dass Verträge mit mehrfachtypischer Leistung (sog. Typenkombinationsverträge) so weit wie möglich nach der

158 Jauernig-*Stadler*, BGB, § 311 Rdnr. 30; jurisPK-BGB/*Lapp*, § 311 Rdnr. 27.

159 Fikentscher / Heinemann, Schuldrecht, Rdnr. 795; Looschelders, Schuldrecht BT, Rdnr. 12; Larenz, Lehrbuch des Schuldrechts, Bd. 2, BT, 2. Halbband, S. 44.

160 jurisPK-BGB/*Rösch*, § 631 Rdnr. 109.

161 Vgl. BGH, Urt. v. 4.11.1987 – VIII ZR 314/86, BGHZ 102, 135 (150).

162 ABl. EG 1999 Nr. L 171/12.

163 Bartsch in: Hoffmann-Becking, M., Beck'sches Formularbuch Bürgerliches, Handels- und Wirtschaftsrecht, Kap. III.G.4, Anm. 6, S. 1063.

Kombinationsmethode zu behandeln und dass Ausnahmen zugunsten der Absorptionsmethode nur dann zuzulassen seien, wenn es die Praktikabilität oder die Besonderheiten der Interessenlage notwendig machten, was z.B. für die Berechnung der Fristen wie etwa die Rügefrist nach § 377 HGB gelten solle[164]. Auch nach der Rechtsprechung soll die Frage, nach welchen Rechtsnormen ein gemischter Vertrag zu beurteilen ist, von der besonderen Gestaltung der jeweiligen Interessenlage abhängen. Überwiegt ein Vertragsbestandteil und ist er deshalb für das Wesen dieses Vertrages prägend, so ist grundsätzlich das Recht dieses Bestandteils auch für den gesamten Vertrag entscheidend[165]. Der gemischte Vertrag bildet ein einheitliches Ganzes und kann deshalb bei der rechtlichen Beurteilung nicht in seine einzelnen Bestandteile in dem Sinne zerlegt werden, dass etwa auf den Dienstvertragsanteil Dienstvertragsrecht und auf den Kaufvertragsanteil Kaufrecht anzuwenden wäre, vielmehr ist die Unterstellung unter einen einzigen Vertragstyp vorzunehmen, und zwar unter denjenigen, in dessen Bereich der Schwerpunkt des Vertrags liegt[166]. Verpflichtet sich der Anbieter, eine komplette Steuerungsanlage herzustellen, also die Software so zu programmieren und die Hardware so einzurichten, dass die Steuerung funktioniert, handelt es sich um einen einheitlich als Werkvertrag zu qualifizierenden Vertrag, und zwar unabhängig davon, ob der Kunde die Hardware zur Verfügung gestellt hat oder der Anbieter verpflichtet war, die Hardware zu beschaffen[167].

Vereinbaren die Parteien, dass der werkvertragliche Erfolg nicht nur in der Lieferung eines Gegenstandes „Software" (§ 651 BGB), sondern in der Veränderung einer Sache (nämlich der IT-Installation des Auftraggebers, vgl. dazu § 634a Abs. 1 Nr. 1 BGB) besteht, dann soll der Vertrag als einheitlicher Werkvertrag nach §§ 631ff. BGB ohne § 651 BGB zu qualifizieren sein[168]. Im Einzelfall kann es aber auch zur Würdigung des konkreten Vertrages erforderlich sein, Bestimmungen des Vertragsrechts heranzuziehen, bei dem der Schwerpunkt des Vertrages nicht liegt[169]. Anders sieht es jedoch aus, wenn es um die Bestimmung der vertraglichen Leistungspflichten geht. Grundsätzlich sollen für deren Bestimmung die Vorschriften des Vertragstyps herangezogen werden, der für den jeweiligen

164 Larenz, Lehrbuch des Schuldrechts, Bd. 2, BT, 2. Halbband, S. 44, 48f.

165 BGH, Urt. v. 29.9.1994 – I ZR 172/92, NJW 1995, 324 (326).

166 BGH, Beschluss v. 21.4.2005 – III ZR 293/04, FamRZ 2005, 1076 (1078)

167 OLG Karlsruhe, Urt. v. 14.5.1998–11 U 39/96, CR 1999, 11 (12).

168 Bartsch in: Hoffmann-Becking, M., Beck'sches Formularbuch Bürgerliches, Handels- und Wirtschaftsrecht, Kap. III.G.4, Anm. 6, S. 1063.

169 BGH, Urt. v. 29.10.1980 – VIII ZR 326/79, NJW 1981, 341 (342).

Teil des Vertrags einschlägig ist[170]. Um aber unangemessene Ergebnisse im Hinblick auf den Gesamtvertrag zu vermeiden, kann im Einzelfall von dieser Regel zugunsten der Absorptionsmethode abgewichen werden, so dass ausnahmsweise auch die einzelnen Leistungspflichten anhand des Vertragstyps bestimmt werden, der den rechtlichen und wirtschaftlichen Schwerpunkt bildet[171].

c) Lösung nach spanischem Recht

Contratos informáticos, also Verträge über Waren oder Dienstleistungen, die der Informationstechnologie entstammen[172], d.h. Verträge über Hardware ebenso wie Verträge über Software[173], werden von der spanischen Rechtslehre sowohl (1.) als *contratos típicos*[174], (2.) als *contratos atípicos* im Sinne von *contratos complejos*[175] behandelt wie auch (3.) als *contratos coligados*[176]. Auf den *contrato complejo*, der auch als *contrato mixto* bezeichnet wird[177], werden von der spanischen Lehre (entsprechend der von der deutschen Lehre vertretenen Absorptions- oder Kombinationstheorie[178]) entweder die *teoría de la absorción* oder die *teoría de la combinación* angewendet[179]. Nach erstgenannter Theorie kommt gemäß dem vorherrschenden Element des von den Parteien geschlossenen Vertrages derjenige Vertragstyp zur Anwendung, dem dieses vorherrschende Element entspricht, während nach letzterer die entsprechenden Normen der einschlägigen Vertragstypen miteinander kombiniert werden[180]. Bei den *contratos atípicos* im Sinne von *contratos complejos* stellen die einzelnen Leistungspflichten eine untrennbare Einheit dar, so dass die Nichterfüllung einer dieser Leistungen zum *incumplimiento* des gesamten Vertrages führen kann mit entsprechender

---

170 BGH, Urt. v. 9.12.1974 - VII ZR 182/73, BGHZ 63, 306 (309)

171 Reichert, Vertragsfreiheit und agile Softwareentwicklung, S. 97.

172 Portera / Flechoso, Los contratos Informáticos y Electrónicos, S. 18; Peso Navarro, La contratación informática, in: Actualidad Informática Aranzadi n° 14, enero 1995, S. 8.

173 Aparicio Vaquero, La nueva contratación informática: Introducción al outsourcing de los sistemas de información, S. 7.

174 Soler in: Soler / Piattini, Manual de Gestión y Contratación Informática, S. 581.

175 Davara Rodríguez, Manual de Derecho Informático, S. 297; Guillén Catalán, RdNT núm. 5 (2004-2), S. 289 (291).

176 Soler in: Soler / Piattini, Manual de Gestión y Contratación Informática, S. 581.

177 STS de 19 mayo 1982, RJ 1982, 2581.

178 Vgl. oben Kap. D.I.2.b).

179 Lacruz Berdejo, Elementos de Derecho Civil II, Derecho de obligaciones, Vol. 1°, S. 489.

180 Díez-Picazo / Gullón, Sistema de Derecho Civil, Vol. II, Tomo 1, S. 28.

Haftung auf Schadensersatz[181]. Von den *contratos atípicos* zu unterscheiden sind wiederum die *contratos coligados*, bei denen mehrere Verträge zu einem einzigen Geschäft zusammengebunden werden[182]. Dann wird von den miteinander verbundenen Verträgen jeder für sich gesondert vertragstypologisch eingeordnet. Die *contratos coligados* (auch *contratos conexos* genannt) lassen sich vom *contrato mixto* dadurch abgrenzen, dass bei letzterem nur *ein* Rechtsgeschäft mit einer einzigen *causa* vorliegt, während bei den *contratos coligados* mehrere *causas* gegeben sind, die in *einem* Geschäft (=Geschäft im wirtschaftlichen Sinn) zusammengefasst werden[183]. Als ein *contrato coligado* einzustufen ist der Vertrag über individuelle Software insofern, als es sich bei diesem um eine notwendige Verknüpfung von einem zivilrechtlichen Software-Erstellungsvertrag einerseits und einem urheberrechtlichen Lizenzvertrag andererseits handelt, die ggf. noch mit einem dritten Vertrag verbunden sind, nämlich einem Pflegevertrag, der dann, wie im Schrifttum vertreten wird, als Dienstvertrag einzuordnen ist[184].

Auch die Rechtsprechung stuft sowohl IT-Projektverträge[185] als auch Verträge über die Lieferung und Installierung von Software einschließlich der notwendigen logistischen Beratung[186] expressis verbis als „*contratos atípicos*" ein, wobei sie zu den *contratos atípicos* unter ausdrücklicher Berufung auf den in der deutschen Rechtslehre verwendeten Begriff der „*Gemischten Verträge*"[187] auch den *contrato mixto* zählt, bei dem die einzelnen Vertragsbestandteile, die jeweils verschiedenen Vertragstypen zuzuordnen sind, zu einer Einheit verschmelzen[188]. Nach der Rechtsprechung des *Tribunal Supremo* werden zur Bestimmung eines *contrato atípico* in erster Linie die zwingenden Gesetzesvorschriften über Obligationen und Verträge herangezogen, in zweiter Linie wegen des Grundsatzes der Privatautonomie das von den Parteien Vereinbarte und in dritter Linie die Regelungen über denjenigen Vertragstyp, der dem, was die Parteien vereinbart haben, am ähnlichsten ist[189]. Letzteres entspricht der *teoría de la aplicación analógica*, wonach derjenige Vertragstyp anzuwenden ist, der die meiste Affinität mit

181 Guillén Catalán, RdNT núm. 5 (2004-2), S. 289 (292).

182 Díez-Picazo, Fundamentos del Derecho Civil Patrimonial, Vol. 1°, S. 490f.

183 Aparicio Vaquero, La nueva contratación informática: Introducción al outsourcing de los sistemas de información, S. 78, Fn. 138.

184 Soler in: Soler / Piattini, Manual de Gestión y Contratación Informática, S. 581.

185 SAP Zaragoza de 18 junio 2004 (Sección 5ª), núm. 379/2004, FD 1°, JUR 2004/192306.

186 STS de 10 julio 2003, FD 4°, RJ 2003, 4339.

187 Vgl. oben Kap. D.I.2.b).

188 STS de 19 mayo 1982, RJ 1982, 2581.

189 STS de 30 abril 2002, FD 3°, RJ 2002, 4038.

dem Vereinbarten aufweist[190]. In seiner neueren Rechtsprechung greift der TS für die Behandlung der *contratos atípicos* auf diese Theorie zurück[191], während er die *teoría de la absorción* und die *teoría de la combinación* ausdrücklich verwirft[192].

Wenngleich die Bezeichnung *contrato atípico* von der Rechtsprechung nicht immer ausdrücklich für den IT-Projektvertrag[193] oder den Vertrag über Lieferung und Installierung von Software einschließlich Beratung[194] verwendet wird, so behandelt sie solche Verträge jedoch regelmäßig als *einen* einheitlichen Vertrag, auf den sie Werkvertragsrecht anwendet, wenn die von der IT-Firma durchzuführenden Tätigkeiten nicht nur an sich, sondern erfolgsbezogen geschuldet sind, wobei von der Rechtsprechung der Erfolg regelmäßig darin gesehen wird, dass das betriebliche IT-System des Kunden insgesamt hinreichend funktioniert[195]. Dabei behandelt die Rechtsprechung die Beratung und die Installierung seitens der Softwarefirma nicht etwa unabhängig voneinander als einen Dienstvertrag einerseits und einen Werkvertrag andererseits, sondern vielmehr als einen einzigen *contrato atípico*, bei dem die Beratung im Zusammenhang mit der werkvertraglich versprochenen Installierung zu sehen ist[196]. Demnach liegt also kein *contrato coligado* (bestehend etwa aus werk-, kauf- und dienstvertraglichen Elementen) vor, wenn die IT-Firma dem Kunden nicht nur die Lieferung einer zur Lösung der betrieblichen IT-Probleme gedachten Unternehmenssoftware einschließlich Service-Leistungen[197] oder die Installierung eines auf die betrieblichen Bedürfnisse zugeschnittenen IT-Systems verspricht[198], sondern darüber hinaus auch die Lieferung des entsprechenden technischen Zubehörs (Hardware). Dann handelt es sich vielmehr um einen einheitlichen Vertrag. Macht der Besteller die Vertragsauflösung wegen *incumplimiento* geltend, weil

190 Díez-Picazo / Gullón, Sistema de Derecho Civil, Vol. II, Tomo 1, S. 28.

191 Lacruz Berdejo, Elementos de Derecho Civil II, Derecho de obligaciones, Vol. 1°, S. 490; Aparicio Vaquero, La nueva contratación informática: Introducción al outsourcing de los sistemas de información, S. 80, Fn. 140.

192 STS de 19 mayo 1982, RJ 1982, 2581.

193 Wie in SAP Zaragoza de 18 junio 2004 (Sección 5ª), núm. 379/2004, FD 1°, JUR 2004/192506.

194 Wie in STS de 10 julio 2003, FD 4°, RJ 2003, 4339.

195 SAP Barcelona de 5 marzo 2001 (Sección 17ª), recurso de apelación núm. 568/2000, FD 2°, AC 2001, 1030; SAP Albacete de 31 julio 2000 (Sección 1ª), núm. 182/2000, FD 2°, JUR 2000/298244; SJPI Almería de 25 marzo 1996, FD 5°, JUR 2003/237754.

196 STS de 10 julio 2003, FD 4°, RJ 2003, 4339.

197 SAP Albacete de 31 julio 2000 (Sección 1ª), núm. 182/2000, FD 2°, JUR 2000/298244.

198 SAP Barcelona de 5 marzo 2001 (Sección 17ª), recurso de apelación núm. 568/2000, FD 2°, AC 2001, 1030.

die installierte Software Fehlfunktionen aufweist, trägt die IT-Firma die Beweislast dafür, dass die Lieferung der Hardware und die Installierung der Software aufgrund verschiedener Verträge erfolgte[199]; kann sie den Nachweis hierfür nicht erbringen, geht die Rechtsprechung regelmäßig davon aus, dass es sich um einen einheitlichen Vertrag handelt.

Ebenso wenig, wie der gemischte Vertrag über Lieferung von Hardware und Installierung von Software einen *contrato coligado* darstellt, ist das beim Vertrag über *Customized Software* der Fall. Die Rechtsprechung trennt hier nicht etwa zwischen der Lieferung der Standardsoftware als Kaufvertrag einerseits und der informationstechnischen Tätigkeit der Anpassung als Werk- oder Dienstvertrag andererseits, sondern behandelt den gesamten Vertrag einheitlich nach Werkvertragsrecht[200]. Aber auch dann, wenn die IT-Firma zwar das *Customizing* übernommen, aber nicht selbst die Hardware geliefert hat, sondern lediglich den Kunden im Hinblick auf das von einem Dritten zu erwerbende Zubehör beraten hat, geht die Rechtsprechung von einem einheitlichen, nach Werkvertagsrecht zu beurteilenden Vertrag aus, durch den sich die IT-Firma zu einer erfolgsbezogenen Tätigkeit, nämlich der Erstellung eines funktionierenden IT-Systems verpflichtet hat[201]. Selbst wenn man *Soler Matutes* folgen würde, der (anders als hier vom Verfasser dargestellt) die *SAP Albacete de 31 julio 2000*[202] dahingehend interpretiert, dass Werkvertragsrecht nur deshalb zur Anwendung kommt, weil das Gericht von einem *contrato típico* und nicht etwa von einem *contrato atípico* ausgeht[203], so stimmen beide Interpretationen im Ergebnis aber doch zumindest darin überein, dass die streitgegenständlichen IT-Verträge jeweils einheitlich nach Werkvertragsrecht beurteilt werden und nicht etwa noch nach Kauf- oder Dienstvertragsrecht. Der Frage, ob es sich um einen *contrato atípico* oder einen *contrato típico* handelt, kommt dann unter Berücksichtigung der von der Rechtsprechung favorisierten *teoría de la aplicación analógica*, wonach der konkrete Vertrag nach einem einheitlichen Vertragstyp zu behandeln ist, keine praktische Bedeutung mehr zu, so dass sie hier offengelassen werden kann.

---

199 SAP Girona de 15 abril 2005 (Sección 2ª), núm. 147/2005, FD 4°, JUR 2005/123003.

200 SAP La Rioja de 16 septiembre 2003 (Sección Unica), núm. 320/2003, FD 3°, AC 2003, 1599; SAP Barcelona de 25 junio 2004 (Sección 17ª), núm. 424/2004, FD [illegible]°, JUR 2004/220232.

201 SAP Valencia de 28 octubre 2002 (Sección 11ª), recurso de apelación núm. 430/2002, FD 2°, AC 2002, 1856.

202 JUR 2000/298244.

203 Soler in: Soler / Piattini, Manual de Gestión y Contratación Informática, S. 580f.

In der spanischen Rechtsprechung wird die Einheitlichkeit des Vertrages mit der Einheitlichkeit des Vertragsgegenstandes begründet, auf den sich die *aceptación*, also die Annahme des Vertrages bezogen hat[204]. Die Frage, wie die einzelnen Phasen der Softwareentwicklung vertragsrechtlich einzuordnen sind[205], lässt sich somit in Anbetracht der Rechtsprechung dahingehend beantworten, dass ein einheitlich nach Werkvertragsrecht, also erfolgsbezogen zu beurteilender Software-Erstellungsvertrag nicht nur die Phasen 1 bis 4 des klassischen Phasenmodells[206], also Analyse (*Análisis y definición de requerimientos*), Entwurf (*Diseño del software*), Implementierung (*Implementación*) und Einführung (*Integración*) umfassen kann[207], sondern darüber hinaus auch noch die Phase 5, also den laufenden Betrieb (*Funcionamiento y mantenimiento*), wie sich der *STS de 24 octubre 2002*[208] entnehmen lässt[209]. Wenn die Parteien nichts Gegenteiliges vereinbart haben, bezieht sich die werkvertragliche Pflicht der Softwarefirma zur erfolgsbezogenen Erfüllung also nicht nur auf die Planungs- und Realisierungsphase, sondern auch auf die sich anschließende Phase des *mantenimiento*[210].

Haben die Parteien aber ausdrücklich Regelungen bezogen auf eine regelmäßige Softwarepflege bzw. Wartung des IT-Systems für die Zeit nach der Softwareinstallation getroffen, dann soll es sich hierbei nicht um ein erfolgsbezogenes Versprechen im Sinne eines Werkvertrages, sondern um ein tätigkeitsbezogenes Versprechen im Sinne eines Dienstvertrages handeln, woraus *Soler Matutes* die Schlussfolgerung zieht, dass sich der einheitlich nach Werkvertragsrecht zu beurteilende Vertrag in einen Vertrag verwandelt, der sowohl werkvertrags- als auch dienstvertragsrechtliche Elemente enthält, also in einen *contrato coligado*[211]. Das ist aber richtigerweise nur dann anzunehmen, wenn die Parteien einen längerfristigen Pflegevertrag geschlossen haben, der über die Dauer von 12 Monaten hinausgeht. Es darf nämlich nicht übersehen werden, dass auch der Fall, in

---

204 SAP La Rioja de 16 septiembre 2003 (Sección Unica), núm. 320/2003, FD 3°, AC 2003, 1599.

205 Siehe oben Kap. D.I.2.a).

206 Vgl. oben Kap. D.I.1.b).

207 SAP Baleares de 17 febrero 2005 (Sección 5ª), recurso de apelación núm. 625/2004, AC 2005, 526; SAP Madrid de 14 octubre 2004 (Sección 18ª), recurso de apelación núm. 483/2003, JUR 2004/298232; SAP Barcelona de 14 enero 2002 (Sección 16ª), recurso de apelación núm. 249/2001, JUR 2002/110570.

208 RJ 2002, 8975.

209 Soler in: Soler / Piattini, Manual de Gestión y Contratación Informática, S. 570, 628.

210 Vgl. Soler in: Soler / Piattini, Manual de Gestión y Contratación Informática, S. 788.

211 Soler in: Soler / Piattini, Manual de Gestión y Contratación Informática, S. 570, 581.

dem sich die IT-Firma nicht nur zum *Customizing* einer Standardsoftware samt Schulung des Personals verpflichtet hat, sondern darüber hinaus für die Dauer von einem Jahr fortwährende Pflegeleistungen (*servicios post-implantación*) versprochen hat, von der spanischen Rechtsprechung nicht als ein *contrato coligado*, sondern als einheitlicher auf einen *concreto resultado* bezogener *contrato complejo* behandelt wird[212].

d) Vergleich und Stellungnahme

Die Frage, ob ein vertragstypologisch einheitlicher Vertrag über die Erstellung bzw. Anpassung von Software vorliegt, wird im deutschen Schrifttum insbesondere unter Abgrenzung von Kauf- und Werkvertrag für den Fall diskutiert, dass der Vertragsgegenstand auch noch die Lieferung von Hardware umfasst; darüber hinaus wird im spanischen Schrifttum diese Frage unter Abgrenzung von Werk- und Dienstvertrag für den Fall erörtert, dass sich die IT-Firma zusätzlich zur Softwareerstellung noch zu längerfristigen Pflegeleistungen verpflichtet hat. Dabei werden auf gemischte Verträge übereinstimmend in der deutschen wie in der spanischen Rechtslehre entweder die Absorptionstheorie oder die Kombinationstheorie angewendet. Ebenfalls übereinstimmend hat sich die deutsche wie die spanische Rechtsprechung weder auf die Seite der einen noch der anderen Theorie geschlagen. In beiden Ländern hat die Rechtsprechung einen dritten, weniger dogmatischen und dafür pragmatischeren Ansatz gewählt, mit dessen Hilfe die dem jeweiligen Einzelfall gebührende Billigkeit in den Mittelpunkt rückt. Dabei stellt der TS auf den Parteiwillen ab[213], während der BGH von der jeweiligen Interessenlage ausgeht[214]. Auch ist sich die Rechtsprechung beider Gerichtshöfe zu den gemischten Verträgen insofern nicht unähnlich, als entweder derjenige Vertragstyp für den gesamten Vertrag gelten soll, der dem Recht des prägenden Vertragsbestandteils entspricht[215], oder aber derjenige der dem, was die Parteien vereinbart haben, am ähnlichsten ist[216]. Zumindest stimmen diese beiden Argumentationen schon darin überein, dass sie nicht mit der Kombinationstheorie zu vereinbaren sind. Es ist also sowohl nach deutschem als

212 SAP La Rioja de 16 septiembre 2003 (Sección Unica), núm. 320/2003, FD 3°, AC 2003, 1599.

213 STS de 19 mayo 1982, RJ 1982, 2581.

214 BGH, Urt. v. 29.9.1994 – I ZR 172/92, NJW 1995, 324 (326).

215 BGH, a.a.O.

216 STS de 30 abril 2002, FD 3°, RJ 2002, 4038.

auch nach spanischem Recht denkbar, einen gemischten Vertrag einheitlich nach *einem* Vertragstyp zu behandeln.

Um einen Rechtsvergleich der einschlägigen Vertragstypen durchführen zu können, soll im Folgenden von der Prämisse ausgegangen werden, dass es sowohl nach deutschem als auch nach spanischem Recht möglich ist, den Software-Erstellungs-/Anpassungs-Vertrag, auch wenn dieser sowohl dienst- als auch werkvertragliche Elemente hat, für sich genommen jeweils vertragstypologisch einheitlich zu beurteilen. *Welcher* Vertragstyp aber von Rechtsprechung und Rechtslehre als der richtige befunden wird und welche Rechtsfolgen sich aus der vertragstypologischen Einordnung jeweils ergeben, wird ausführlich im nachfolgenden Kapitel unter der Fragestellung zu untersuchen sein, ob der Kunde Anspruch auf die Erstellung einer fehlerfrei funktionierenden Software hat.

II. Anspruch des Kunden auf funktionsfehlerfreie Software?

1. Darstellung des sozialen Konflikts

Typische Softwarefehler sind z. B. abnormale Programmabbrüche, Deadlocks, Endlosschleifen, fehlerhafte Datensicherungen, nicht funktional unterstützte Elemente der Benutzerschnittstelle, fehlerhafte Berechnungen, nicht akzeptable Systemreaktionszeiten, die Erzeugung von Dateninkonsistenzen, fehlerhafte Verwendung von Systemressourcen, Inkompatibilitäten zwischen Anwendungs- und Betriebssoftware bzw. zwischen unterschiedlichen Softwareversionen sowie fehlerhafte Adressierungen und dadurch Versuch der Veränderung geschützter Speicherbereiche[217]. Bei diesen Fehlern handelt es sich vorwiegend um sog. Fehlfunktionen *(resultados incorrectos* bzw. *bloqueos del programa)*, die wiederum vom sog. Funktionsdefizit *(falta de alguna o algunas funcionalidades en el programa)* abzugrenzen sind[218]. Bei einem Funktionsdefizit ist eine bestimmte Funktion überhaupt nicht erfolgreich implementiert[219], bei einer Fehlfunktion hingegen ist eine bestimmte Aufgabe zwar implementiert, sie liefert aber falsche Ergebnisse[220]. Das Funktionsdefizit kann also als Abweichung vom Gesollten zunächst nur normativ z.B. anhand vertraglicher Vereinbarungen, insbesondere anhand des Pflichtenhefts oder aber auch aufgrund gesetzlicher Vorschriften

217 Lenzer in: Jäger et al., Begutachtung und rechtliche Bewertung von EDV-Mängeln, S. 131f.

218 Soler in: Soler / Piattini, Manual de Gestión y Contratación Informática, S. 690f.

219 Siehe hierzu unten Kap. D.IV.2.a) dd).

220 Dreier / Vogel, Software- und Computerrecht, S. 190.

festgestellt werden, während die Fehlfunktion völlig unabhängig von normativen Betrachtungen rein empirisch nach den Methoden der Informatik erfasst werden kann. Vor allem was diese Fehlfunktionen angeht, wird sowohl in der deutschen als auch in der spanischen Rechtsliteratur unter Verweis auf Erkenntnisse der Informatik vielfach die Auffassung vertreten, dass die fehlerfreie Entwicklung von Software schon aus technischen Gründen unmöglich sei[221]. Dies wird insbesondere damit begründet, dass die menschliche Auffassungsgabe und Einsichtsfähigkeit nicht ausreiche, um komplexe Systeme in notwendigem Maße zu überschauen[222]. Die von Seiten der Informatik vertretene Grundthese, dass angesichts der Komplexität von Software deren fehlerfreie Erstellung informationstechnisch unmöglich sein soll, wird sowohl in der deutschen als auch der spanischen Rechtsliteratur im Zusammenhang mit der vertragstypologischen Einordnung von Software-Erstellungsverträgen erörtert, also im Zusammenhang mit der Frage, ob ein erfolgsbezogener oder ein tätigkeitsbezogener Vertragstyp einschlägig ist[223]. Nachfolgend wird somit zu untersuchen sein, welche Folgen sich ergeben, wenn die vertraglichen Beziehungen zwischen Softwarefirma und Anwender nach Kauf-, Werk- oder Dienstvertragsrecht zu beurteilen sind.

Dabei stellen sich folgende Fragen: Wenn die Erstellung einer fehlerfrei funktionierenden Software objektiv unmöglich sein sollte, kann dann die Softwarefirma wirksam durch Vertrag verpflichtet werden, eben eine solche zu entwickeln? Wenn nicht, welche Pflichten sollen sich dann aus dem Software-Erstellungsvertrag ergeben? Wenn doch eine fehlerfreie Erstellung möglich ist, soll es dann erforderlich sein, dass die Implementierung der Fehlfunktion der Softwarefirma als Verschulden zurechenbar sein muss? Wenn ja, kann dann der Anwender Schadensersatz wegen der fehlerhaften Software verlangen? Oder zumindest den Vertrag rückgängig machen? In diesem Kapitel soll nun von einem sozialen Konflikt ausgegangen werden, bei dem die Custom Software, die vom Anbieter

---

221 *Dt. Fst.:* Heussen, CR 2004, 1ff.; Müller-Hengstenberg, CR 1989, 900 (901); Paulus, CR 1987, 651 (659); Gorny in: Gorny / Kilian, Computer-Software und Sachmängelhaftung, S. 15; *span. Fst.:* Davara Rodríguez, Manual de Derecho Informático, S. 294, Fn. 8; Gete-Alonso y Calera, La contratación en materia informática, La Ley 1992, núm. 2, S. 1040; López-Tarruella Martínez, Contratos internacionales de software, S. 41; Peso Navarro, Manual de Outsourcing Informático, S. 118.

222 Vgl. Heussen, CR 2004, 1ff.

223 *Dt. Fst.:* Paulus, CR 1987, 651 (658f.); *span. Fst.:* Aparicio Vaquero, La nueva contratación informática: Introducción al outsourcing de los sistemas de información, S. 113, Fn. 204; Davara Rodríguez, Manual de Derecho Informático, S. 294f.

zwecks dauerhafter Überlassung für den Anwender erstellt bzw. im Wege des *Customizing* angepasst wurde, eine oder mehrere vergleichbare Fehlfunktionen wie die oben beschriebenen aufweist, die jedoch vom Anwender nicht sofort bei Entgegennahme der Software entdeckt wurden, sondern – wie in der Praxis üblich[224] – erst später im Laufe der Benutzung zum Vorschein kamen. Es ist zu unterstellen, dass es technisch möglich ist, die Fehlfunktionen nachträglich durch Änderungen an der Programmierung oder der Konfiguration zu beheben. Des Weiteren ist davon auszugehen, dass die vertraglichen Beziehungen zwischen Softwarefirma und Anwender entweder nach Kauf-, Werk- oder Dienstvertragsrecht zu beurteilen sind, wobei von der Softwarefirma über die gesetzlichen Pflichten hinaus keine verschuldensunabhängige Garantiehaftung für die Mangelfreiheit der Software übernommen wurde.

2. Lösung nach deutschem Recht

a) Schadensersatzanspruch

Unabhängig davon, ob ein Dienst-, Werk- oder Kaufvertrag vorliegt, ist zunächst einmal danach zu unterscheiden, ob der Anwender bei der Geltendmachung von Schadensersatz den Ersatz seines positiven Interesses (also des Äquivalenzinteresses) oder den seines Integritätsinteresses begehrt.

Ein auf das Integritätsinteresse gehender Schadensersatzanspruch (§§ 280 Abs. 1, 241 Abs. 2 BGB) kommt grundsätzlich sowohl für Kauf-, Werk- oder Dienstvertragsrecht in Betracht, wenn die Softwarefirma durch die Schlechterfüllung ihrer Leistungspflicht gleichzeitig eine Schutzpflicht gegenüber den Rechtsgütern oder dem sonstigen Vermögen des Anwenders verletzt hat. Als Schadensposten kommen hier z.B. der entgangene Gewinn oder ein Betriebsausfallschaden in Betracht[225]. Die Voraussetzungen für die Geltendmachung dieses Schadensersatzes sind grundsätzlich bei allen drei Vertragstypen identisch. Ausnahmen gelten jedoch fürs Kaufrecht. Für den Fall eines beiderseitigen Handelskaufs (§ 343 HGB) nämlich ist zu bedenken, dass der Käufer aus dem nicht unverzüglich gerügten Mangel keinerlei Rechte mehr geltend machen kann, also auch keine Ansprüche wegen Schlechterfüllung oder Verletzung von mit dem Mangel zusammenhängenden Nebenpflichten (§ 280 BGB)[226]. Ein beiderseitiger Handelskauf liegt vor, wenn zwei Kaufleute ein Rechtsgeschäft abschließen, das

224 Fritzemeyer, NJW 2011, 2918 (2919).
225 Vgl. Fikentscher / Heinemann, Schuldrecht, Rdnr. 504ff.
226 Baumbach/Hopt/*Hopt*, § 377 HGB, Rdnr. 48.

zum Betrieb ihres jeweiligen Handelsgewerbes gehört, § 343 Abs. 1 HGB. Das ist in dem vorliegenden sozialen Konflikt z.B. dann denkbar, wenn die Softwarefirma einem Gewerbetreibenden eine Standardsoftware für dessen Lohnbuchhaltung liefert und nach dessen Bedürfnissen anpasst[227]. Der Anwender muss dann unverzüglich nach Ablieferung der Software diese prüfen und ggf. rügen, § 377 Abs. 1 HGB. Die Rügefrist sollte zwar zwei Wochen nicht übersteigen[228], eine Rüge kann aber auch schon 10 Tage nach Lieferung als verspätet anzusehen sein[229]. Wird nach Rüge nacherfüllt, muss der Anwender im Anschluss an die Nacherfüllung erneut prüfen und ggf. rügen, da nach Beendigung der Nachbesserungsarbeiten eine erneute Rügefrist beginnt[230].

Bis auf diese Besonderheiten für den beiderseitigen Handelskauf stimmen aber, wie gesagt, Kauf-, Werk- und Dienstvertragsrecht in ihren Voraussetzungen für die Geltendmachung des einfachen Schadensersatzes (§ 280 Abs. 1 BGB) überein. Die Beweislast für die Pflichtverletzung als rechtsbegründende Tatsache trägt nach allgemeinen Regeln grundsätzlich der Anspruchsteller, hier also der Anwender. Macht der Anwender aber Schäden geltend, die ihm durch Datenverlust entstanden sind, welcher wiederum auf einer fehlerhaften Software-Implementierung seitens der Softwarefirma beruhen soll, so findet eine Beweislastumkehr zum Nachteil der Softwarefirma statt, wenn feststeht, dass eine Prüfung der Funktionsfähigkeit der Datensicherung unterblieben ist[231]. Hat also die Softwarefirma es übernommen, auf einer EDV-Anlage ein Programm zu implementieren, das eine Sicherungsroutine enthält, ist es angesichts der Selbstverständlichkeit der Datensicherung Teil ihrer Leistungspflicht, die Funktionsfähigkeit der Datensicherung zu überprüfen. Die Beweislast für das nach § 280 Abs. 1 BGB erforderliche Vertretenmüssen der Pflichtverletzung trägt nach der Beweislastregel des § 280 Abs. 1 S. 2 BGB nicht der Gläubiger, sondern der Schuldner, im vorliegenden sozialen Konflikt also die Softwarefirma. Für den Fall, dass die Parteien einen Dienstvertrag geschlossen haben, ist noch Folgendes zu beachten: Da die Pflichten des Dienstschuldners regelmäßig nur tätigkeits- und nicht erfolgsbezogen sind, kann die Pflichtverletzung nicht bereits im Ausbleiben eines Erfolges gesehen werden, so dass der Dienstgläubiger mit der Pflichtverletzung i.d.R. auch das Verschulden nachgewiesen hat[232].

---

227 Vgl. BGH, Urt. v. 22.12.1999 – VIII ZR 299/98, NJW 2000, 1415 (1416).
228 Redeker in: Schneider / Graf v. Westphalen, Software-Erstellungsverträge, S. 418
229 Marly, Praxishandbuch Softwarerecht, Rdnr. 1924 m.w.N.
230 BGH, Urt. v. 22.12.1999 – VIII ZR 299/98, NJW 2000, 1415 (1417).
231 BGH, Urt. v. 2.7.1996 – X ZR 64/94, NJW 1996, 2924 (2926).
232 Medicus / Lorenz, Schuldrecht II BT, Rdnr. 632.

Begehrt der Anwender hingegen den Ersatz seines positiven Interesses *(Schadensersatz statt der Leistung)* oder will er vom Vertrag zurücktreten, dann ist zunächst einmal zu berücksichtigen, dass es sich bei den in Rede stehenden Fehlfunktionen unzweifelhaft um Sachmängel handelt. Unter einem Mangel ist die Abweichung der Ist-Beschaffenheit der Software von der sich primär aus dem Vertrag ergebenden Soll-Beschaffenheit zu verstehen, und wenn die Soll-Ist-Abweichung hinsichtlich der faktischen Verwendungstauglichkeit der Software besteht, dann liegt ein Sachmangel vor[233]. Gemäß den Regeln der Sachmängelgewährleistung ist hier der Vorrang der Erfüllung zu beachten, denn vor Untergang des primären Leistungsanspruchs soll der Schuldner eine zweite Chance erhalten[234]. Diese zweite Chance ist im Kauf- und Werkvertragsrecht gemäß §§ 437, 634 i. V. m. 281 Abs. 1 S. 1 bzw. 323 Abs. 1 BGB im Wege der Nachfristsetzung einzuräumen, es sei denn, dass diese ausnahmsweise entbehrlich ist, §§ 440, 636 bzw. §§ 281 Abs. 2, 323 Abs. 2 BGB. Als Nacherfüllung kann der Käufer gem. § 439 Abs. 1 BGB Nachbesserung oder Nachlieferung verlangen, beim Werkvertrag besteht gem. § 635 BGB die Möglichkeit von Nachbesserung oder Neuherstellung. Außerdem ist zumindest bei Vorliegen eines Werkvertrags zu beachten, dass unter Heranziehung der zum Baurecht entwickelten Rechtsprechung zu den Sowieso-Kosten der Hersteller auch im Bereich der Software-Entwicklung im Falle einer erforderlichen Nacherfüllung einen Teil der entstehenden Kosten dem Besteller auferlegen kann, wenn dieser den Unternehmer zur Erstellung eines letztlich als mangelhaft anzusehenden Werkes veranlasst hat[235].

Der Verkäufer bzw. Unternehmer hat die Sache bzw. das Werk dem Käufer bzw. dem Besteller frei von Sachmängeln zu verschaffen, § 433 Abs. 1 S. 2 bzw. § 633 Abs. 1 BGB. Kommt er dieser Pflicht nicht nach, begeht er eine Pflichtverletzung, denn die Pflicht zur Mangelfreiheit ist Bestandteil der Erfüllungspflicht des Verkäufers bzw. Unternehmers („Erfüllungstheorie")[236]. Bei der im vorliegenden sozialen Konflikt gegebenen Schlechtleistung ist ein Rücktritt oder *Schadensersatz statt der ganzen Leistung* allerdings dann nicht möglich, wenn die Pflichtverletzung unerheblich ist, §§ 324 Abs. 5 S. 2 bzw. 281 Abs. 1 S. 3 BGB. Bei letztgenannten Vorschriften handelt es sich um solche des allgemeinen Leistungsstörungsrechts, die grundsätzlich nicht nur für Werk- und Kaufvertrag, sondern auch für den Dienstvertrag Anwendung finden. Das gilt aber nicht für die vorgenannten Regelungen zur Nacherfüllung. Im Gegensatz zum

233 Dreier / Vogel, Software- und Computerrecht, S. 189.
234 Fikentscher / Heinemann, Schuldrecht, Rdnr. 501.
235 jurisPK-BGB/*Rösch*, § 631 Rdnr. 114.
236 Fikentscher / Heinemann, Schuldrecht, Rdnr. 833, 1202.

kauf- und werkvertraglichen Gewährleistungsrecht enthält das Dienstvertragsrecht (§§ 611ff. BGB) keine Sonderregeln für den Fall, dass der Dienstschuldner die Dienste zwar erbracht, sie aber mangelhaft geleistet hat (Schlechtleistung)[237].

b) Dienstvertrag

Hinsichtlich des Dienstvertragsrechts, dessen Anwendung vor allem in der agilen Software-Entwicklung in Betracht kommt[238], ist nun in Abgrenzung zur kauf- oder werkvertraglichen Mängelgewährleistung zu untersuchen, worauf es ankommt, wenn der Dienstberechtigte wegen Schlechtleistung des Dienstverpflichteten den Ersatz seines Erfüllungsinteresses begehrt oder zumindest vom Vertrag zurücktreten möchte. Dabei lautet die entscheidende Ausgangsfrage: Kann eine vom Dienstverpflichteten erbrachte mangelhafte Dienstleistung die Erfüllung (§ 362 Abs. 1 BGB) bewirken? Für die Beantwortung dieser Frage kommt es nun darauf an, ob man objektive Anforderungen oder subjektive Anforderungen an das Niveau der geschuldeten Dienstleistung stellt. Für die Annahme subjektiver Anforderungen könnte die Auslegungsregel des § 613 S. 1 BGB sprechen, wonach der Dienstverpflichtete die Dienste im Zweifel persönlich erbringen muss. Dem könnte zu entnehmen sein, dass das Niveau der geschuldeten Tätigkeit regelmäßig anhand der persönlichen Fähigkeiten des Verpflichteten zu bemessen ist. Schöpft er diese aus, kann selbst dann keine Schlechterfüllung vorliegen, wenn von anderen Personen eine qualitativ höherwertige Leistung zu erwarten gewesen wäre, so dass durch jedwedes Tätigwerden, das der vertraglich vereinbarten Tätigkeitsart entspricht, Erfüllung i.S.d. § 362 Abs. 1 BGB eintritt[239]. Dies führt im Fall der Schlechtleistung dazu, dass der Dienstberechtigte auch keinen *Schadensersatz statt der Leistung* gem. §§ 280 Abs. 1, Abs. 3, 281 BGB verlangen kann[240].

Anders ist es jedoch, wenn man objektive statt subjektiver Standards zur Leistungsbemessung nimmt. Dann orientiert sich das Maß der geschuldeten Sorgfalt an den Fähigkeiten und Kenntnissen eines ordentlichen Berufsangehörigen, so dass es den Dienstverpflichteten nicht entlastet, wenn seine Fähigkeiten hinter diesem Maßstab zurückbleiben[241]. Für diese Auffassung spricht vor allem, dass der Dienstberechtigte nach dem Vertragsinhalt lediglich das Erfolgsrisiko tragen

237 Medicus / Lorenz, Schuldrecht II BT, Rdnr. 629.
238 Hoeren, Skript IT-Recht, S. 241.
239 Vgl. Oetker / Maultzsch, Vertragliche Schuldverhältnisse, Rdnr. 47, 60.
240 Vgl. Medicus / Lorenz, Schuldrecht II BT, Rdnr. 633.
241 Fikentscher / Heinemann, Schuldrecht, Rdnr. 1146.

soll, nicht aber noch zusätzlich das Risiko einer vertragswidrigen Tätigkeit[242]. Folgt man dieser Auffassung, dann wäre auch die Schlechtleistung als teilweise Nichterfüllung anzusehen. Im vorliegenden sozialen Konflikt wird ja davon ausgegangen, dass die Fehlfunktionen durch Änderungen an der Programmierung oder der Konfiguration behoben werden können. Solange die Dienstleistung nachgeholt werden kann, tritt auch keine Unmöglichkeit ein, die Leistungspflicht bleibt grundsätzlich bestehen[243]. Das aus Sicht der Informatik vorgetragene Argument, dass die fehlerfreie Herstellung von Software technisch unmöglich sei[244], ändert nichts daran, dass Unmöglichkeit beim Dienstvertrag noch nicht gegeben ist, solange die Leistung nachholbar ist. Denn im Gegensatz zum Verständnis der Informatik hat die Bestimmung der Unmöglichkeit im Rechtssinne vorrangig anhand von wertenden Sollenssätzen und nicht anhand von technisch-empirischen Grundsätzen zu erfolgen.

Vorausgesetzt es werden objektive Qualitätsstandards für die Bemessung der Leistung herangezogen (und keine subjektiven), dann kann durch die mangelhafte Dienstleistung auch keine Erfüllung eintreten, was zur Folge hat, dass eine teilweise Nichterfüllung vorliegt, weshalb der Dienstgläubiger weiterhin (Nach-) Erfüllung verlangen kann. Dem steht auch nicht das Argument entgegen, dass es keinen Nacherfüllungsanspruch bei mangelhaften Dienstleistungen geben könne, da das Dienstvertragsrecht anders als das Kauf- und Werkvertragsrecht einen solchen Anspruch nicht vorsehe[245]. Wenn nämlich die primär geschuldete Dienstleistung wegen ihrer Mangelhaftigkeit nicht erfüllungstauglich ist, dann bedarf es auch keines eigenen gesetzlich geregelten Anspruchs auf (Nach-)Erfüllung. Dem Rechtsgedanken des § 323 Abs. 5 S. 2 BGB lässt sich jedoch für die Geltendmachung des Nacherfüllungsanspruchs die einschränkende Bedingung entnehmen, dass der Dienstberechtigte Nacherfüllung nur verlangen kann, soweit die Pflichtverletzung mehr als nur unerheblich war[246]. War die Pflichtverletzung hingegen lediglich unerheblich, liegt trotz der mangelhaften Dienstleistung Erfüllung (§ 362 Abs. 1 BGB) vor[247].

Muss und kann aber nacherfüllt werden, dann kann der Dienstberechtigte entweder den Verzögerungsschaden gem. §§ 280 Abs. 1, 286 BGB geltend

---

242 Vgl. Oetker / Maultzsch, Vertragliche Schuldverhältnisse, Rdnr. 63.
243 Looschelders, Schuldrecht BT, Rdnr. 577.
244 Vgl. oben Kap. D.II.1.
245 Medicus / Lorenz, Schuldrecht II BT, Rdnr. 633; Looschelders, Schuldrecht BT, Rdnr. 579.
246 Oetker / Maultzsch, Vertragliche Schuldverhältnisse, Rdnr. 68.
247 Oetker / Maultzsch, ebd.

machen oder ohne Rücksicht auf das Vorliegen eines Schuldnerverzugs nach § 323 BGB den Vertrag beendigen, wobei an die Stelle des gesetzlichen Rücktrittsrechts (§§ 346ff. BGB) die Rechtsfolge einer *ex nunc* wirkenden Kündigung tritt[248]. Ist der Vertrag nach Maßgabe des § 323 BGB gekündigt, kann der Dienstberechtigte zudem gem. §§ 280 Abs. 1, 281 Abs. 1 S. 3 BGB *Schadensersatz statt der ganzen Leistung* geltend machen[249]. Ein Anspruch auf *Schadensersatz statt der Leistung* kann im vorliegenden sozialen Konflikt bei Annahme eines Dienstvertrages aber auch dann in Betracht kommen, wenn die Verpflichtung zur Implementierung der streitgegenständlichen Softwarefunktion erfolgsbezogen ist, denn einzelne Pflichten aus dem Dienstvertrag können durchaus auf Herbeiführung eines Erfolgs gerichtet sein[250]. Eine vollständige Kongruenz der Parteivereinbarungen mit den Regelungen des benannten Vertragstyps ist nämlich nicht erforderlich[251]. Unter der Annahme, dass die Durchführung des Vertrages über individuelle Software noch nicht abgeschlossen wurde und dem Anwender die weitere Leistung durch das Softwarehaus nicht mehr zuzumuten ist, kann hier auch *Schadensersatz statt der Leistung* wegen Verletzung einer Schutz- und Sorgfaltspflicht gem. § 282 BGB in Erwägung zu ziehen sein[252]. Die Verjährung von Schadensersatzansprüchen unterliegt mangels Sonderregeln für das Dienstvertragsrecht der Regelverjährung der §§ 195, 199 BGB, so dass Ersatzansprüche wegen Schlechterfüllung innerhalb von drei Jahren mit dem subjektiven Verjährungsbeginn des § 199 BGB verjähren[253].

Ebenso problematisch wie der *Schadensersatz statt der Leistung* ist auch die *Minderung*[254]. Zwar kann der Gläubiger nach § 326 Abs. 1 S. 1, 2. Halbsatz i.V.m. § 441 Abs. 3 BGB bei einer Teilleistung die Vergütung entsprechend mindern. Solange allerdings die Dienstleistung noch nachholbar ist, liegt auch keine Teilunmöglichkeit vor. Und selbst wenn die Leistung nicht mehr nachzuholen ist, weil eine irreparable Schlechtleistung vorliegt, kann nach dem ausdrücklichen Willen des Gesetzgebers die Minderung der Vergütung nicht auf § 326 Abs. 1 S. 1, 2. Halbsatz i.V.m. § 441 Abs. 3 BGB gestützt werden[255].

---

248 Oetker / Maultzsch, ebd.
249 Oetker / Maultzsch, ebd.
250 Vgl. Looschelders, Schuldrecht BT, Rdnr. 580.
251 BGH, Urt. v. 5.4.1978 – VIII ZR 42/77, BGHZ 71, 189 (191).
252 Vgl. Medicus / Lorenz, Schuldrecht II BT, Rdnr. 633.
253 Medicus / Lorenz, Schuldrecht II BT, Rdnr. 634.
254 Vgl. Medicus / Petersen, Bürgerliches Recht, Rdnr. 320.
255 BT-Drucks. 14/6040, S. 189.

Nur vereinzelt wird im Schrifttum die Auffassung vertreten, dass ein Vertrag über die Erstellung von Individualsoftware vertragstypologisch generell als Dienstvertrag (§ 611 BGB) einzuordnen sei mit dem Argument, dass angesichts der Unvermeidbarkeit von Softwarefehlern eine absolute Funktionstauglichkeit nicht verlangt werden könne, so dass das Softwarehaus lediglich dazu verpflichtet sei, ein Computerprogramm *lege artis* zu erstellen[256]. Aus dem Versprechen allein, eine Individualsoftware zu erstellen, lässt sich aber noch nichts über die rechtliche Einordnung des zugrunde liegenden Vertragsverhältnisses sagen[257]. Eine vertragstypologische Einordnung lediglich über den Vertragsgegenstand (hier also die individuelle Erstellung bzw. Anpassung von Software und deren dauerhafte Überlassung) ist also nicht machbar[258]. Die Abgrenzung zwischen Dienst- und Werkvertrag hat vielmehr anhand der vertraglich vereinbarten Risikoverteilung bezüglich der Vergütung zu erfolgen[259]. Ein Werkvertrag ist demnach gegeben, wenn der Schuldner nur bei Eintritt eines bestimmten Erfolges eine Vergütung erhalten soll; von einem Dienstvertrag hingegen ist auszugehen, wenn der Schuldner auch bei Ausbleiben des Erfolges für das bloße Tätigwerden entlohnt werden soll. Ein weiteres Indiz für das Vorliegen eines Dienstvertrages zwischen Auftraggeber und beauftragtem Programmierer ist es, wenn die Herbeiführung des Erfolgs nicht allein von diesem Programmierer, sondern von einem größeren Team abhängig sein soll[260].

Kein Kriterium für das Vorliegen eines Dienstvertrages ist es hingegen, dass eine Vergütung auf Stundenbasis vereinbart wurde, denn es ist durchaus möglich, Werkverträge in Abhängigkeit der aufgewendeten Leistung und Dienstverträge pauschal zu vergüten[261]. Auch wenn der Kunde ein monatliches pauschales Entgelt zu entrichten hat und der Vertrag auf eine bestimmte Zeitdauer angelegt ist, kann dennoch ein Werkvertrag vorliegen[262]. Umgekehrt spricht es aber nicht gegen den dienstvertraglichen Charakter, wenn durch die Tätigkeit

---

256 Paulus, CR 1987, 651 (659).

257 Vgl. LG Saarbrücken, Urt. v. 28.4.1998-6 O 434/96, CR 1999, 362.

258 Vgl. Marly, Praxishandbuch Softwarerecht, Rdnr. 666.

259 Looschelders, Schuldrecht BT, Rdnr. 543; Hk-BGB/*Schreiber*, § 611 Rdnr. 6; Münch-Komm-*Busche*, BGB, § 631 Rdnr. 17; OLG Düsseldorf, Urt. v. 18.7.1997-22 U 3/97, NJW-RR 1998, 345 (346).

260 OLG München, Urt. v. 23.4.1996-5 U 5708/95, CR 1997, 27.

261 Dreier / Vogel, Software- und Computerrecht, S. 232; OLG Karlsruhe, Urt. v. 16.8.2002-1 U 250/01, CR 2003, 95 (96).

262 BGH, Urt. v. 4.3.2010 - III ZR 79/09, NJW 2010, 1449 (1452).

des Dienstverpflichteten bestimmte Ziele erreicht werden sollen[263]. Bisweilen wird auch für die dienstvertragliche Ausgestaltung eines IT-Vertrages eine negative Leistungsbeschreibung empfohlen, in der definiert wird, was nicht zum Umfang der geschuldeten Leistung gehört, um klarzustellen, dass die Herbeiführung eines bestimmten Erfolges gerade nicht geschuldet ist[264]. Haben die Parteien aber nicht nur eine ausreichende Soll-Bestimmung, sondern darüber hinaus auch eine Mängelgewährleistung vereinbart, so spricht dies gegen die Annahme eines Dienstvertrages[265] und für die Annahme eines Kauf- oder Werkvertrages.

c) *Kauf- / Werkvertrag*

Was den Kauf- oder Werkvertrag betrifft, so ist zunächst zu beachten, dass das Sachmängelgewährleistungsrecht insgesamt im Sinne der *Richtlinie 1999/44/EG des Europäischen Parlaments und des Rates vom 25.05.1999 zu bestimmten Aspekten des Verbrauchsgüterkaufs und der Garantien für Verbrauchsgüter*[266] auszulegen ist[267]. Die *Verbrauchsgüterkauf-Richtlinie*[268] nämlich, die Vorgaben für Verträge enthält, durch die ein Unternehmer einem Verbraucher eine bewegliche Sache verkauft, wurde vom deutschen Gesetzgeber im Wege der sog. „großen Lösung" dergestalt umgesetzt, dass über den Verbrauchsgüterkauf hinaus nicht nur das gesamte Kaufrecht, sondern auch das allgemeine Leistungsstörungsrecht an die Richtlinie angepasst wurde[269], wodurch auch eine Angleichung von Kauf- und Werkvertrag erreicht werden sollte[270]. Nunmehr finden gem. § 651 S. 1 BGB auf einen Vertrag, der die Lieferung herzustellender oder zu erzeugender beweglicher Sachen zum Gegenstand hat, die Vorschriften über den Kauf Anwendung. Erklärte Absicht des Reformgesetzgebers war es, mit der Neufassung des § 651 BGB dem Art. 1 Abs. 4 der Richtlinie 1999/44/EG Rechnung zu tragen, demzufolge als Kaufverträge im Sinne der Richtlinie auch Verträge über die Lieferung herzustellender oder zu erzeugender Verbrauchsgüter gelten[271]. Damit

263 LG München I, Urt. v. 21.7.1994–7 0 9748/92, CR 1995, 33 (35); jurisPK-BGB/*Fandel/Hausch*, § 611 Rdnr. 114.
264 Funk / Wenn, ITRB 2004, 118 (119).
265 Reichert, Vertragsfreiheit und agile Softwareentwicklung, S. 269.
266 ABl. EG Nr. L 171/12.
267 Fikentscher / Heinemann, Schuldrecht, Rdnr. 832.
268 Siehe hierzu bereits oben Kap. B.II.2.c).
269 Reinicke / Tiedtke, Kaufrecht, Rdnr. 721.
270 Looschelders, Schuldrecht BT, Rdnr. 17.
271 BT-Drucks. 14/6040, S. 268.

soll bei der Herstellung und Lieferung nicht vertretbarer Sachen, auf die nach altem Recht Werkvertragsrecht anzuwenden war, nunmehr Kaufrecht zur Anwendung kommen[272]. Außerdem beschränkt sich die Richtlinie 1999/44/EG auf bewegliche Sachen, so dass Werkvertragsrecht weiterhin Anwendung findet auf die Herstellung von nicht beweglichen Sachen wie Bauwerke sowie von nichtkörperlichen Werken wie zum Beispiel die Planung eines Architekten oder die Erstellung von Gutachten[273].

Für die Einordnung als Kauf- oder Werkvertrag besteht demnach die entscheidende Weichenstellung darin, ob man die zu erstellende Software als eine bewegliche Sache einstuft oder nicht[274]. Als Sachen i.S.d. BGB gelten nur körperliche Gegenstände, § 90 BGB. Nach der vom Verfasser vertretenen Auffassung[275] ist Software – im Gegensatz zu Planungen oder Begutachtungen, bei denen eine Leistungserbringung auch in mündlicher Form denkbar erscheint – sowohl ihrem Wesen als auch ihrer Funktion nach zwingend auf Verkörperung angewiesen[276], und sei es nur, dass die Verkörperung durch dual codierte elektronische Schaltzustände in den integrierten Schaltungen des Halbleiterspeichers herbeigeführt wird. Demnach müsste auf Verträge über die individuelle Erstellung oder Anpassung von Software die Vorschrift des § 651 S. 3 BGB Anwendung finden[277], derzufolge bei der Herstellung oder Erzeugung beweglicher und zugleich nicht vertretbarer Sachen das Kaufrecht, modifiziert durch werkvertragsrechtliche Bestimmungen gilt. Diese Schlussfolgerung würde auch der Auffassung entsprechen, dass Software, die speziell für den Nutzer ausgearbeitet wurde, unter den Warenbegriff der *Richtlinie 1999/44/EG* fällt[278]. Gegen die Anwendbarkeit des § 651 BGB auf Individualsoftware spricht hingegen die richtlinienkonforme Auslegung dieser Vorschrift[279], denn die Richtlinie will den Verbraucher schützen, der Verbraucher lässt sich aber keine Individualsoftware machen[280].

---

272 Marly, Praxishandbuch Softwarerecht, Rdnr. 680.

273 BT-Drucks. 14/6040, S. 268.

274 Mankowski, MDR 2003, 854 (857); Marly, Praxishandbuch Softwarerecht, Rdnr. 718.

275 Siehe hierzu bereits oben Kap. B.II.2.b).

276 Vgl. Marly, Praxishandbuch Softwarerecht, Rdnr. 723 m.w.N.

277 Schweinoch / Roas CR 2004, 326 (330f.); Mankowski MDR 2003, 854 (857); Schneider CR 2003, 1 (6); Thewalt CR 2002, 1 (4).

278 Serrano in: Grundmann / Bianca, EU-Kaufrechts-Richtlinie, Art.1 Rdnr. 33.

279 Vgl. oben Kap. D.I.2.b).

280 Bartsch in: Hoffmann-Becking, M., Beck'sches Formularbuch Bürgerliches, Handels- und Wirtschaftsrecht, Kap. III.G.4, Anm. 6, S. 1063.

Trotz der Angleichung der Vorschriften über die Sachmängelhaftung im Kauf- und Werkvertragsrecht hat aber die Frage der vertragstypologischen Einordnung der Verträge über die Erstellung von Individualsoftware (also die Frage: Kauf- oder Werkvertrag?) keineswegs an praktischer Relevanz eingebüßt[281]. Insbesondere wirkt sich die vertragstypologische Einordnung auf die kaufmännische Untersuchungs- und Rügeobliegenheit nach § 377 HGB aus[282], die lediglich im Rahmen von Kaufverträgen besteht[283] und nicht für das Werkvertragsrecht gilt, wie sich aus dem neugefassten § 381 Abs. 2 HGB ergibt[284]. Ein weiterer Unterschied zwischen Kauf- und Werkvertrag besteht darin, dass die Vorschriften über die Abnahme nach § 640 BGB im Kaufrecht nicht gelten, sondern es hier auf die Ablieferung ankommt. Ablieferung ist eine einseitige Handlung des Verkäufers, durch die dieser die Kaufsache in Erfüllung des Kaufvertrages aus seiner Verfügungsmacht entlässt, den Gewahrsam an ihr aufgibt und gleichzeitig die Verfügungsmöglichkeit des Käufers begründet, wobei die Anforderungen davon abhängen, ob Hol-, Bring- oder Schickschuld vereinbart wurde[285].

Der bei der Erstellung von Individualsoftware für einschlägig erachtete § 651 S. 3 BGB setzt an die Stelle der Abnahme in den in Bezug genommenen werkvertraglichen Vorschriften den Gefahrübergang nach Maßgabe der §§ 446, 447 BGB[286], so dass der Gefahrübergang nicht mit Abnahme, sondern mit Übergabe oder Versendung der Software eintritt. Abnahme und Ablieferung unterscheiden sich nach der Rechtsprechung des BGH schon allein darin, dass bei einer Ablieferung – im Gegensatz zur Abnahme – ein Hinausschieben über den Zeitpunkt hinaus, in dem die Software in den Machtbereich des Erwerbers gelangt, nicht möglich ist, da dem Kaufrecht das Bestreben nach möglichst schneller Regulierung von Mängeln der Kaufsache zu Grunde liegt[287]. Haben allerdings die Parteien zusätzlich die Installation der gekauften Software auf der EDV-Anlage des Käufers oder die Einweisung des Personals des Käufers durch den Verkäufer vereinbart, so ist die Ablieferung erst mit Erbringung dieser Zusatzleistungen erfolgt[288].

Beim Werkvertrag hat der Unternehmer bis zur Abnahme des Werkes dessen Fehlerfreiheit zu beweisen, und erst wenn der Anwender die Leistung als

281 Marly, a.a.O., Rdnr. 684.
282 Siehe hierzu bereits oben Kap. D.II.2.a).
283 Fritzemeyer, NJW 2011, 2918f.
284 Mankowski, MDR 2003, 854 (859).
285 Reinicke / Tiedtke, Kaufrecht, Rdnr. 675.
286 Mankowski, MDR 2003, 854 (859).
287 BGH, Urt. v. 22.12.1999 – VIII ZR 299/98, NJW 2000, 1415 (1416).
288 BGH, Urt. v. 22.12.1999 – VIII ZR 299/98, NJW 2000, 1415 (1417).

Erfüllung (§ 363 BGB) annimmt, kehrt sich die Beweislast um[289]. Die Unterscheidung von Ablieferung und Abnahme hat aber auch wiederum Auswirkungen auf den Fälligkeitszeitpunkt des Zahlungsanspruchs und den Beginn der Fristen der Verjährung der Mängelhaftung[290]. Des Weiteren wirkt sich die vertragstypologische Einordnung auch aus auf die Frage nach der Länge der Verjährungsfristen für die Mängelhaftung, dem Prüfungsmaßstab bei einer Inhaltskontrolle von AGB insbesondere gem. § 307 Abs. 2 Nr. 2 BGB und dem werkvertraglichen Recht auf Selbstvornahme einer Mangelbeseitigung gem. § 637 BGB sowie darauf, ob der Werkunternehmer gem. § 635 Abs. 1 BGB die Art der Nacherfüllung bestimmt oder gem. § 439 Abs. 1 BGB der Käufer[291].

Der Meinungsstreit im deutschen Schrifttum, ob der Vertrag über Individualsoftware nach der Schuldrechtsreform als Werk- oder als Kaufvertrag einzuordnen sei[292], ist letztlich dem Umstand geschuldet, dass der Gesetzgeber bei der Schuldrechtsmodernisierung die Thematik der Verträge über Individualsoftware schlicht übersehen hat[293]. Auch die Rechtsprechung bietet kein einheitliches Bild. Zwischenzeitlich *„für weiteren Zündstoff gesorgt"*[294] hat der BGH, indem er in einem das private Baurecht betreffenden Fall durch Urteil vom 23.7.2009 entschied, dass Kaufrecht auf sämtliche Verträge mit einer Verpflichtung zur Lieferung herzustellender oder zu erzeugender beweglicher Sachen anzuwenden sei[295]: Daran ändere auch die Tatsache nichts, dass mitunter Planungsleistungen Vertragsgegenstand seien, die der Herstellung der Bau- und Anlagenteile vorauszugehen haben und nicht den Schwerpunkt des Vertrages bildeten. Allerdings hat ein halbes Jahr später derselbe VII. Senat entschieden, dass ein Vertrag, bei dem umfangreiche Anpassungsarbeiten an der Software der Kundin sowie die Schaffung von Schnittstellen geschuldet waren, als Werkvertrag einzuordnen ist, ohne auch nur ein einziges Mal § 651 BGB zu erwähnen[296]. Im Schrifttum wird dies als eindeutiger Beleg dafür angesehen, dass der VII. Senat in dem Urteil vom

289 Hoeren, IT-Vertragsrecht, S. 176.

290 Marly, Praxishandbuch Softwarerecht, Rdnr. 684.

291 Marly, ebd.

292 Vgl. die Darstellung bei Marly, Praxishandbuch Softwarerecht, Rdnr. 680ff.

293 Siehe hierzu bereits oben Kap. A.III; Lejeune in: Ullrich / Leujeune, Der internationale Softwarevertrag, S. 215; ebenso Dreier / Vogel, Software- und Computerrecht, S. 142.

294 Hoeren, IT-Vertragsrecht, S. 199 (Skript, S. 110, 245).

295 BGH, Urt. v. 23.7.2009 – VII ZR 151/08, NJW 2009, 2877 = CR 2009, 637.

296 BGH, Urt. v. 25.3.2010 – VII ZR 224/08, NJW 2010, 2200 m. Anm. Bartsch, CR 2010, 777.

23.7.2009 tatsächlich nur das private Baurecht und nicht etwa auch Software im Blick hatte[297]. Diese Einschätzung wird auch dadurch bestätigt, dass der BGH in einer neueren Entscheidung festgestellt hat, dass ein Webdesign-Vertrag „*ebenso wie ein Vertrag über die Erstellung oder Bearbeitung einer speziellen, auf die Bedürfnisse des Auftraggebers abgestimmten Software regelmäßig als Werkvertrag i.S. der §§ 631ff. BGB, unter Umständen auch als Werklieferungvertrag i.S. von § 651 BGB, anzusehen sein*“ dürfte[298]. Aus diesem *obiter dictum* zum Software-Erstellungs-/Anpassungs-Vertrag wird im Schrifttum die Schlussfolgerung gezogen, dass auf solche Verträge nur ausnahmsweise über § 651 S. 1 BGB Kaufrecht anzuwenden sei[299]. Dies wiederum führt zu der entscheidenden Frage: Wann soll eine solche Ausnahme vorliegen?

Zum Teil wird für die Feststellung von Regel und Ausnahme auf die Einräumung des Nutzungsrechts abgehoben: Erwirbt der Anwender umfangreiche Nutzungsrechte, soll Werkvertragsrecht Anwendung finden, erwirbt er hingegen lediglich ein einfaches Nutzungsrecht, soll Kaufrecht gelten[300]. Diese Auffassung ist nicht mit der *Richtlinie 2009/24/EG des Europäischen Parlaments und des Rates vom 23. April 2009 über den Rechtsschutz von Computerprogrammen*[301] zu vereinbaren. Nach der Rechtsprechung des EuGH ist ein „*Verkauf*“ gem. Art. 4 Abs. 2 der Richtlinie 2009/24/EG „*eine Vereinbarung, nach der eine Person ihre Eigentumsrechte an einem ihr gehörenden körperlichen oder nicht körperlichen Gegenstand gegen Zahlung eines Entgelts an eine andere Person abtritt*“, so dass auch die Vereinbarung einer urheberrechtlichen Nutzungsbeschränkung nichts daran ändern kann, dass das zugrundeliegende Geschäft als „Verkauf“ einzuordnen ist[302].

Zum Teil wird aber für die Abgrenzung von Kauf- und Werkvertrag auch auf das CISG zurückgegriffen, das einen mittelbaren Einfluss auf die Richtlinie 1999/44/EG hatte und als Vorbild für die Regelung des Art. 1 Abs. 4 dieser Richtlinie diente[303]. Dabei wird insbesondere auf die dem Art. 3 Abs. 2 CISG zugrunde liegende Wertung zurückgegriffen, derzufolge das CISG für Verträge nicht anwendbar sein soll, in denen die Verpflichtungen der Parteien substanziell

297 Fritzemeyer, NJW 2011, 2918 (2921).

298 BGH, Urt. v. 4.3.2010 – III ZR 79/09, NJW 2010, 1449 (1451).

299 Fritzemeyer, NJW 2011, 2918 (2920).

300 Redeker in: Schneider / Graf v. Westphalen, Software-Erstellungsverträge, S. 342.

301 ABl. EG 2009 Nr. L 111/16; siehe auch oben Kap. A.I.

302 EuGH, Urt. v. 3.7.2012 – C-128/11, NJW 2012, 2565 (2666).

303 Mankowski, MDR 2003, 854 (855).

anders sind als die Lieferung und Entgeltzahlung[304]. Daraus wird gefolgert, dass dann kein Kaufvertrag, sondern ein Werkvertrag vorliegen soll, wenn der Vertrag überwiegend durch andere Pflichten als die Warenlieferung gekennzeichnet ist, was z.B. dann zu verneinen sei, wenn die Kosten für die kundenspezifische Anpassung der gelieferten Standardsoftware mit einem Anteil von lediglich 27 % an den Gesamtkosten zu Buche schlagen[305]. Der BGH hingegen stufte vor der Schuldrechtsreform die vertraglich vereinbarte Anpassung von Standardsoftware als Werkvertrag ein, wenn die Anpassung oder individuelle Änderung der Software entweder die Erstellung eines individuellen Werks[306] oder eine individuelle Programmierleistung darstellten[307]. In Übereinstimmung mit dieser Rechtsprechung ordnet der BGH auch nach der Schuldrechtsreform die vertraglich vereinbarte Anpassung von Software als Werkvertrag ein, zumindest wenn diese umfangreich ist[308], wobei ihm die in der Literatur vorgenommenen Differenzierungen fremd zu sein scheinen[309]. Die Auffassung, dass die individuelle Erstellung oder Anpassung von Software regelmäßig als Werkvertrag einzuordnen ist, lässt sich auch anhand der Ergänzenden Vertragsbedingungen für die Beschaffung von Informationstechnik (EVB-IT) bestätigen, wobei die EVB-IT im Auftrag des KoopA-ADV von einer Arbeitsgruppe der öffentlichen Hand unter Federführung des Bundesministeriums des Innern entwickelt wurden[310]. Gem. Ziff. 1.1 (Vertragsgegenstand) des EVB-IT-Erstellungsvertrages Version 1.0 (vom 08.07.2013) erfolgt nämlich die Erstellung bzw. Anpassung von Software ausdrücklich auf der Grundlage eines Werkvertrages[311].

d) Sachverständigenbeweis

Der Sachverständigenbeweis ist entweder auf Antrag (§ 403 ZPO) oder nach dem Ermessen des Gerichts von Amts wegen (§ 144 Abs. 1 S. 1 ZPO) zu erheben, wobei sich im Einzelfall der Ermessensspielraum auf Null reduzieren kann, so dass

---

304 Vgl. bereits oben Kap. B.II.2.d); Schlechtriem/Schwenzer/Bacher-*Ferrari*, Art. 3 Rdnr. 2.

305 Marly, Praxishandbuch Softwarerecht, Rdnr. 688f.

306 BGH, Urt. v. 15.5.1990 – X ZR 128/88, NJW 1990, 3008; Urt. v. 10.3.1998 – X ZR 70/96, NJW 1998, 2132 (2133)

307 BGH, Urt. v. 9.10.2001 – X ZR 58/00, CR 2002, 93 (95).

308 BGH, Urt. v. 25.3.2010 – VII ZR 224/08, NJW 2010, 2200 (2201).

309 Fritzemeyer, NJW 2011, 2918 (2920)

310 Hoeren, IT-Vertragsrecht, S. 83 (Skript, S. 112).

311 Siehe *http://www.cio.bund.de/Web/DE/IT-Beschaffung/EVB-IT-und-BVB/Aktuelle_EVB-IT/aktuelle_evb_it_node.html#doc4623280body* (letzter Abruf: 30.09.2016).

ein Gutachten von Amts wegen eingeholt werden muss[312]. Davon zu unterscheiden ist das von einer Partei (auch vorprozessual[313]) eingeholte Privatgutachten. Dies stellt zwar kein Sachverständigengutachten i.S.v. §§ 402ff. ZPO dar, ist aber als substanziierter Parteivortrag auch dann zu beachten und zu würdigen, wenn die Gegenseite der Verwertung dieses Gutachtens widersprochen hat[314]. Nur ausnahmsweise kann ein Privatgutachten eine eigene Beweisaufnahme des Gerichts entbehrlich machen, wenn die Beweisfrage allein schon aufgrund dieses substanziierten Parteivortrages zuverlässig beantwortet werden kann[315]. Wenn aber das Privatgutachten dem gerichtlich eingeholten Sachverständigengutachten in einem entscheidungserheblichen Punkt widerspricht oder die Gegenseite das Privatgutachten angreift, wobei an die Qualität der Angriffe keine zu hohen Anforderungen gestellt werden dürfen, dann muss der Tatrichter entweder eine ergänzende Stellungnahme des bisherigen gerichtlichen Sachverständigen zu dem gegenteiligen Privatgutachten (§ 411 Abs. 3 ZPO) oder ein weiteres Gutachten einholen (§ 412 Abs. 1 ZPO)[316]. Das gilt entsprechend auch dann, wenn zwei einander widersprechende Privatgutachten vorliegen[317].

Kommen mehrere Sachverständige bei der Beantwortung der Beweisfrage zu entgegengesetzten Ergebnissen, dann darf das Gericht, ohne seinen Ermessensspielraum zu überschreiten, den Streit der Sachverständigen nicht dadurch entscheiden, dass es ohne einleuchtende und logische Begründung einem von ihnen den Vorrang gibt, vielmehr müssen zunächst weitere Aufklärungsmöglichkeiten genutzt werden, wenn sie sich anbieten und Erfolg versprechen[318]. Erst wenn eine weitere Begutachtung keine besseren Aufschlüsse verspricht, darf der Tatrichter ausnahmsweise die abweichende Wertung kritisch würdigen und prüfen, ob ihn die eine oder andere mehr überzeugt[319]. Will das Gericht dem oder den Gutachten nicht folgen, wird es ihm in der Regel mangels ausreichender Sachkunde nicht möglich sein, die eigene Sachkunde an die Stelle des Gutachters oder der Gutachter zu stellen, so dass für das Gericht normalerweise nur der Weg der

312 Becht, Einführung in die Praxis des Zivilprozesses, S. 204.

313 Baumbach / Lauterbach / Albers / Hartmann, ZPO, Übers. § 402 Rdnr. 21.

314 BGH, Urt. v. 24.1.2002 – III ZR 103/01, NJW 2002, 1265.

315 OLG Köln, Urt. v. 10.5.2013–20 U 30/11, VersR 2014, 492 (493).

316 BGH, Urt. v. 10.7.1999 – X ZR 121/96, MDR 2000, 349 (350); OLG Köln, Urt. v. 10.5.2013–20 U 30/11, VersR 2014, 492 (493).

317 Rosenberg / Schwab / Gottwald, Zivilprozessrecht, S. 694

318 BGH, Urt. v. 23.9.1986 – VI ZR 261/85, NJW 1987, 442.

319 BGH, Urt. v. 23.9.1986, ebd.

Neubegutachtung (§ 412 Abs. 1 ZPO) in Betracht kommt[320]. Umgekehrt darf der Richter aber auch nicht ungeprüft die Ergebnisse des Sachverständigen übernehmen, sondern muss gewissermaßen eine „*Parallelwertung*" des Gutachtens „*in der Laiensphäre*" vornehmen[321]. Aus Sicht der Parteien ist die Aussicht, ein seitens des Gerichts eingeholtes Gutachten zu erschüttern, relativ gering (unter 3 %), weshalb auch Privatgutachten in gerichtlichen Verfahren die Ausnahme darstellen (ihr Anteil liegt unter 2 %)[322].

e) Ergebnis

Zunächst war zu unterscheiden, ob es dem Anwender bei der Geltendmachung des Schadensersatzes um sein Äquivalenz- oder sein Integritätsinteresse geht. Im letzteren Fall macht es für die Voraussetzungen oder Rechtsfolgen des Schadensersatzanspruchs grundsätzlich keinen Unterschied, ob Kauf-, Werk- oder Dienstvertragsrecht zugrunde liegt. Lediglich unter Anwendung von Kaufrecht ist darauf zu achten, ob ein beiderseitiger Handelskauf vorliegt, weil dann ggf. der Schadensersatzanspruch wegen nicht fristgemäßer Rüge ausgeschlossen sein könnte[323]. Wenn aber der Anwender keinen einfachen Schadensersatz sondern *Schadensersatz statt der Leistung* begehrt oder vom Vertrag zurücktreten möchte, dann ist bei Anwendung von Kauf- oder Werkvertragsrecht zu beachten, dass dem Anbieter eine zweite Chance zur Erfüllung gewährt werden muss. Diese zweite Chance ist im Kauf- und Werkvertragsrecht gemäß §§ 437, 634 i. V. m. 281 Abs. 1 S. 1 bzw. 323 Abs. 1 BGB im Wege der Nachfristsetzung einzuräumen, es sei denn, dass diese ausnahmsweise entbehrlich sein sollte, §§ 440, 636 bzw. §§ 281 Abs. 2, 323 Abs. 2 BGB[324].

Anders hingegen beim Dienstvertrag. Hier *kann* der Dienstgläubiger zwar (Nach-)Erfüllung verlangen, wenn man der Auffassung folgt, dass objektive Qualitätsstandards für die Bemessung der Leistung heranzuziehen sind, weil dann die mangelhafte Dienstleistung keine Erfüllung bewirkt[325], allerdings *muss* – im Gegensatz zum Käufer oder Besteller – der Dienstgläubiger nicht (Nach-)Erfüllung verlangen, bevor er zurücktritt oder *Schadensersatz statt der Leistung*

---

320 Hoeren, IT-Vertragsrecht, S. 186 (Skript, S. 229).

321 Goebel, Verständigungsprobleme im Dialog zwischen Richter und EDV-Sachverständigen, CR 1987, 571 (574).

322 Hoeren, IT-Vertragsrecht, S. 186f. (Skript, S. 229).

323 Vgl. oben Kap. D.II.2.a).

324 Vgl. ebd.

325 Vgl. oben Kap. D.II.2.b).

geltend macht. Gemeinsam ist jedoch allen drei Vertragstypen, dass für den Anwender die Geltendmachung von *Schadensersatz statt der ganzen Leistung* oder Rücktritt dann ausgeschlossen ist, wenn die Pflichtverletzung des Anbieters unerheblich ist, §§ 324 Abs. 5 S. 2 bzw. 281 Abs. 1 S. 3 BGB[326].

Der Vertrag über die individuelle Erstellung oder Anpassung von Software kann grundsätzlich auch nach Dienstvertragsrecht beurteilt werden, insbesondere dann, wenn vereinbart wurde, dass der Anwender das Vergütungsrisiko tragen soll[327]. Ob er auch nach Werkvertragsrecht beurteilt werden kann, hängt vor allem davon ab, ob § 651 S. 3 BGB Anwendung auf einen solchen Vertrag finden soll. Wenn das zu bejahen wäre, was vielfach im deutschen Schrifttum vertreten wird[328], dann wäre dieser Vertrag nach Kaufrecht, modifiziert durch einige werkvertragliche Regelungen zu behandeln. Wenn allerdings, wie einer Analyse der höchstrichterlichen Rechtsprechung nach der Schuldrechtsreform zu entnehmen ist[329], § 651 BGB auf den Vertrag über Erstellung bzw. Anpassung von Software nicht zwingend anzuwenden ist, dann kann dieser Vertrag durchaus als Werkvertrag eingeordnet werden. Die Frage, ob Kauf- oder Werkvertragsrecht anzunehmen ist, hat im vorliegenden sozialen Konflikt insbesondere im Hinblick auf die bereits am Anfang dieses Kapitels erwähnte Rügeobliegenheit des Anwenders beim beiderseitigen Handelskauf erhebliche Bedeutung für die Praxis. Nach §§ 377 Abs. 2 HGB gilt die Ware grundsätzlich als genehmigt, wenn der Käufer nicht unverzüglich nach Ablieferung durch den Verkäufer rügt. Der Käufer wird dann rechtlich so behandelt, wie wenn er eine mangelfreie Ware erhalten hätte, so dass er keinerlei Ansprüche wegen Schlechterfüllung geltend machen[330] und auch nicht mehr vom Vertrag zurücktreten kann[331].

Von der seitens der Informatik vertretenen These[332] ausgehend, dass Software niemals funktionsfehlerfrei zu erstellen sei, lassen sich aus Sicht der Softwarefirma die Unterschiede zwischen den einzelnen Vertragstypen hinsichtlich des Mangelschadens wie folgt zusammenfassen: Wenn ein Kauf- oder Werkvertrag geschlossen wurde, muss die Softwarefirma zunächst weder ein Schadensersatzbegehren noch einen Rücktritt des Anwenders befürchten, sondern hat lediglich

326 Vgl. oben Kap. D.II.2.a).
327 Vgl. oben Kap. D.II.2.b).
328 Schweinoch / Roas CR 2004, 326 (330f.); Mankowski MDR 2003, 854 (857); Schneider CR 2003, 1 (6); Thewalt CR 2002, 1 (4).
329 Vgl. oben Kap. D.II.2.c).
330 Vgl. oben Kap. D.II.2.a).
331 Reinicke / Tiedtke, Kaufrecht, Rdnr. 1047.
332 Vgl. oben Kap. D.II.1.

zu erwarten, dass der Anwender erst einmal Nacherfüllung verlangt, wobei die Softwarefirma nur im Falle des Werkvertrages das Recht hat, das Mittel der Nacherfüllung (Mangelbeseitigung oder Neuherstellung) selbst zu bestimmen, § 635 Abs. 1 BGB sowie unter Heranziehung der zum Baurecht entwickelten Rechtsprechung zu den Sowieso-Kosten einen Teil der durch die Nacherfüllung entstandenen Kosten dem Besteller aufzuerlegen, wenn dieser den Unternehmer zur Erstellung eines letztlich als mangelhaft anzusehenden Werkes veranlasst hat[333]. Wenn aber ein Dienstvertrag geschlossen wurde, muss die Softwarefirma lediglich dann mit keinen weiteren Ansprüchen des Anwenders rechnen, wenn man die Bemessung der dienstvertraglichen Leistung anhand subjektiver Standards vornimmt[334]. Andernfalls, wenn also objektive Standards zugrunde gelegt werden, muss das Softwarehaus damit rechnen, dass der Anwender Ansprüche auf Schadensersatz geltend macht oder vom Vertrag zurücktritt, ohne zuvor dem Softwarehaus die Möglichkeit zur Nacherfüllung eingeräumt zu haben.

3. Lösung nach spanischem Recht

a) Überblick

Im Gegensatz zu der seit der Schuldrechtsreform im deutschen Schrifttum geführten Diskussion über die Anwendung von Kaufrecht auf die individuelle Erstellung von Software gem. § 651 S. 3 BGB[335] wird es im spanischen Schrifttum für völlig unstreitig erachtet, dass eine Einordnung des Software-Erstellungsvertrags (*contrato de desarrollo de software)* als Kaufvertrag *(contrato de compra y venta)* nicht in Frage kommt[336]. Auch wird die Nichtanwendbarkeit des Kaufrechts – anders als in der deutschen IT-Rechtsliteratur – nicht über die vermeintlich fehlende Sachqualität von Software begründet[337]. Im Gegenteil, es wird von den spanischen Autoren, die eine Anwendung des Werkvertragsrechts befürworten bzw. die des Kaufrechts verneinen, nicht einmal bezweifelt, dass es sich bei Software um eine bewegliche Sache, mithin um eine *mercancía*[338]

333 Vgl. oben Kap. D.II.2.a).
334 Vgl. oben Kap. D.II.2.b).
335 Vgl. oben Kap. D.II.2.c).
336 López-Tarruella Martínez, Contratos internacionales de software, S. 56; Oliva Blázquez, Compraventa internacional de mercaderías, S. 475; Soler in: Soler / Piattini, Manual de Gestión y Contratación Informática, S. 546.
337 Zum Meinungsstreit im dt. Schrifttum: Marly, Praxishandbuch Softwarerecht, Rdnr. 718ff.
338 Vgl. oben Kap. B.II.2.c).

bzw. ein *producto*[339] handelt. Es wird vielmehr negiert, dass der Vertrag über die Erstellung von Individualsoftware als eine *compraventa*, d. h. also als ein Kauf, angesehen werden könne[340]. Hauptargument hierfür ist, dass die käuflich (also mittels *compraventa*) erworbene *software estándar* (Standardsoftware) unabhängig von den Bedürfnissen des konkreten Anwenders erstellt wurde, wohingegen die Entwicklung der *software a medida* (Individualsoftware) im Hinblick auf die spezifischen Bedürfnisse eines konkreten Kunden erfolgte[341]. Die Diskussion im spanischen Schrifttum über die vertragstypologische Einordnung von Verträgen über *software a medida* wird folglich nicht im Zusammenhang mit dem Kaufrecht geführt, sondern auf der Grundlage der Dichotomie von erfolgsbezogenen *contratos de obras* (Werkverträge) und den tätigkeitsbezogenen *contratos de servicios* (Dienstverträge)[342]. Dabei wird teilweise bezweifelt, dass sich die *teoría del resultado*, wie sie dem Werkvertragsrecht zugrunde liegt, streng genommen auch auf IT-Verträge anwenden lässt[343].

Gete-Alonso y Calera vertritt den Standpunkt, dass Verträge zur Erstellung von Software als Dienstverträge einzuordnen seien, weil einerseits wegen der zahllosen Unwägbarkeiten bei der Softwareerstellung selbst und andererseits wegen der notwendigen Zusammenarbeit mit dem Auftraggeber während der Planungs- und Entwicklungsphase ein konkreter Erfolg von der Softwarefirma nicht versprochen werden könne[344]. Die Argumentation, dass niemand die Erstellung einer fehlerfreien Software versprechen könne, wird zwar auch von anderen spanischen Autoren geteilt[345], die aber nicht zu derselben Schlussfolgerung kommen wie *Gete-Alonso y Calera*. So schlägt *Del Peso Navarro* stattdessen vor, einen Werkvertrag mit einer offenen Zielvorgabe *(presupuesto abierto)* zu vereinbaren, während *Davara Rodríguez* vorschlägt, den Begriff des *resultado* weit auszulegen, so dass zwar nicht grundsätzlich die Einordnung von IT-Verträgen nach Werkvertragsrecht abzulehnen sei, wohl aber eine solche Erfolgsvereinbarung, welche

---

339 Aparicio Vaquero, La nueva contratación informática: Introducción al outsourcing de los sistemas de información, S. 113, Fn. 204.

340 López-Tarruella Martínez, Contratos internacionales de software, S. 56; Oliva Blázquez, Compraventa internacional de mercaderías, S. 475.

341 Soler in: Soler / Piattini, Manual de Gestión y Contratación Informática, S. 546.

342 Soler, a.a.O., S. 556.

343 Davara Rodríguez, Manual de Derecho Informático, S. 294.

344 Gete-Alonso y Calera, La contratación en materia informática, La Ley 1992, núm 2, S. 1040.

345 Peso Navarro, Emilio del, Manual de Outsourcing Informático, S. 118f.; Davara Rodríguez, Manual de Derecho Informático, S. 294ff.

auch die Fehlerfreiheit der Software umfasse. *Soler Matutes* hingegen verfolgt noch einen anderen Ansatz als *Davara Rodríguez* und *Del Peso Navarro*: Er sieht die von *Gete-Alonso y Calera* geforderte Einordnung des Software-Erstellungsvertrages als Dienstvertrag dadurch als erfüllt an, dass die Parteien zusätzlich noch einen über die Installation hinaus gehenden Pflegevertrag abschließen, der nach Dienstvertragsrecht zu beurteilen sei, während er den Erstellungsvertrag selbst als Werkvertrag einstuft[346]. Mehrheitlich wird also im spanischen Schrifttum die Auffassung vertreten, dass auf die Erstellung, Lieferung und Installation von *software a medida* Werkvertragsrecht anzuwenden ist[347].

Was die vorrangige Anwendung des Werkvertragsrechts gegenüber dem Kaufrecht anbelangt, da geht die Rechtsprechung sogar noch weiter: Wenn die IT-Firma dem Kunden nicht nur die Lieferung bestimmter PC- oder anderer Hardware-Komponenten verspricht, die dieser für sein betriebliches IT-System benötigt, sondern darüber hinaus auch (1.) die Lieferung einer zur Lösung der betrieblichen IT-Probleme gedachten Unternehmenssoftware einschließlich Service-Leistungen[348] verspricht oder (2.) die Installierung eines auf die betrieblichen Bedürfnisse des Kunden zugeschnittenen IT-Systems[349] oder (3.) das *Customizing* einer noch zu erwerbenden Standardsoftware aufgrund eines von den Parteien erarbeiteten Pflichtenhefts[350] (ggf. verbunden mit der Schulung des Personals[351]), dann wendet die Rechtsprechung auch auf die Lieferung der Hardware nicht Kaufrecht sondern Werkvertragsrecht an[352]. Obschon jede der drei vorgenannten Vertragsgestaltungen auch eine Verpflichtung zum Geben *(obligación de dar)* enthält, wie sie für den Kaufvertrag charakteristisch ist, sieht die Rechtsprechung den vertraglichen Schwerpunkt in der Verpflichtung zur Herstellung

---

346 Soler in: Soler / Piattini, Manual de Gestión y Contratación Informática, S. 561.

347 Gómez Perals, La cesión de uso de los programas de ordenador, S. 163, Fn. 85; López-Tarruella Martínez, Contratos internacionales de software, S. 390; Aparicio Vaquero, La nueva contratación informática: Introducción al outsourcing de los sistemas de información, S. 113; Soler in: Soler / Piattini, Manual de Gestión y Contratación Informática, S. 563.

348 SAP Albacete de 31 julio2000 (Sección 1ª), núm. 182/2000, FD 2°, JUR 2000/298244.

349 SAP Barcelona de 5 marzo 2001 (Sección 17ª), recurso de apelación núm. 568/2000, FD 2°, AC 2001, 1030.

350 SAP Barcelona de 25 junio 2004 (Sección 17ª), núm. 424/2004, FD 1°, JUR 2004/220232.

351 SAP La Rioja de 16 septiembre 2003 (Sección Unica), núm. 320/2003, FD 3°, AC 2003, 1599.

352 Vgl. oben Kap. D.I.2.c).

(*obligación de hacer*)[353], und diese ist nicht etwa wie bei einem Dienstvertrag als eine Tätigkeit unabhängig von einem Erfolg geschuldet[354], sondern vielmehr erfolgsbezogen in dem Sinne, dass ein *concreto resultado* herbeizuführen ist. Und in allen drei vorgenannten Fallgestaltungen besteht der werkvertragliche Erfolg in einem ausreichend funktionierenden IT-System[355] bzw. in der Kompatibilität der gelieferten Hardware mit dem IT-System. Von einem Erfolgsversprechen der Softwarefirma ist demnach immer dann auszugehen, wenn diese entweder ausdrücklich die Verantwortung für die Installation der Software übernommen hat, oder in dem Fall, wenn sie über die Installation hinaus noch die Lieferung der Hardware versprochen hat[356]. Damit erübrigt sich für den vorliegenden sozialen Konflikt eine Erörterung des spanischen Kaufrechts. Die folgende Untersuchung der vertragstypologischen Einordnung hat sich vielmehr auf das Werk- und Dienstvertragsrecht zu konzentrieren.

b) Werkvertrag

aa) Anwendbarkeit von Werkvertragsrecht

Von einer *compraventa de cosa futura*, d. h. dem Kauf einer zukünftigen Sache, unterscheidet sich der *contrato de arrendamiento de obra* (Art. 1544 CC), also der Werkvertrag, allein schon dadurch, dass der Verkäufer einer zukünftigen Sache nicht für die Existenz dieser Sache zu sorgen hat, er lediglich verpflichtet ist, die Sache dem Käufer zu übergeben, wenn sie denn existiert, wohingegen der *contratista*, also der Werkunternehmer, dafür Sorge zu tragen hat, dass das von ihm zu erstellende Werk zur Existenz gelangt[357]. Ein im Rahmen dieser Untersuchung bedeutsamer Unterschied zwischen Kauf- und Werkvertrag besteht auch darin, dass der vom Werkunternehmer eingesetzte Subunternehmer im Wege der *acción directa* gem. Art. 1597 CC Direktansprüche gegen den Besteller geltend machen kann[358], während ein vom Verkäufer eingesetzter Subunternehmer keinen vergleichbaren Direktanspruch gegen den Käufer hat. Eine weitere Besonderheit des Werkvertragsrechts wird dann relevant, wenn die Parteien die Herstellung des Werkes in einzelnen Abschnitten

---

353 SAP La Rioja de 16 septiembre 2003 (Sección Unica), núm. 320/2003, FD 3°, AC 2003, 1599.

354 SAP Barcelona de 5 marzo 2001 (Sección 17ª), recurso de apelación núm. 568/2000, FD 2°, AC 2001, 1030.

355 Vgl. oben Kap. D.I.2.c).

356 Soler in: Soler / Piattini, Manual de Gestión y Contratación Informática, S. 690.

357 Solé Resina, Arrendamiento de obras o servicios, S. 97f.

358 Vgl. hierzu ausführlich unten Kap. D.III.

mit entsprechender abschnittsweiser Bezahlung vereinbart haben. Dann gilt gem. Art. 1592 Satz 2 CC die Bezahlung als *aprobación,* also als Genehmigung der Teilleistung, wenn der Besteller nicht ausdrücklich unter Vorbehalt gezahlt hat[359]. Diese stillschweigende Anerkennung *(tácita aceptación)* der Teilleistung durch den zahlenden Kunden[360] kann nach der Rechtsprechung auch bei Werkverträgen über die Erstellung und Installation von Software eine Rolle spielen[361]. Generell ist ein *arrendamiento de obra* ein Vertrag, durch den sich der Werkunternehmer dem Besteller gegenüber verpflichtet, diesem den Erfolg einer bestimmten Aktivität zu einem *precio cierto* zu verschaffen[362], wobei es einerseits ausreichend ist, dass der *precio cierto* bei Vertragsschluss zwar nicht als Festpreis feststeht, aber zumindest bestimmbar (*determinable*) ist[363], und es andererseits auch nicht erforderlich ist, dass sich der Erfolg in einem solchen Werk manifestiert, an dem der Werkunternehmer ein Zurückbehaltungsrecht geltend machen könnte[364]. Das vom Unternehmer zu erstellende Werk kann sowohl körperlicher als auch unkörperlicher Art sein[365]. Demnach genügt es also für das Vorliegen eines Werkvertrages, dass die Parteien zu einem zumindest bestimmbaren Preis eine erfolgsbezogene Tätigkeit vereinbart haben. In der Praxis wird bei Software-Erstellungsverträgen sowohl ein Festpreis vereinbart als auch gleichzeitig die Möglichkeit von Preissteigerungen für den Fall festgelegt, dass der Kunde während der Entwicklung der Software noch Erweiterungen oder Ergänzungen wünscht, wobei sich die Bestimmbarkeit der Preissteigerungen aus den im Vertrag festgesetzten Stundensätzen ergibt[366].

Nach der Rechtsprechung ist von einem Werkvertrag auszugehen, wenn ein *precio cierto* vereinbart wurde, und wenn die IT-Firma

(1.) die vollständige Informatisierung des Betriebes oder zumindest die Installierung eines kompletten IT-Systems einschließlich der Lieferung der entsprechenden Hardware versprochen hat[367], oder

359 Albaladejo/*Lucas Fernandez*, Comentarios al CC, Tomo XX, Vol. 2°, S. 379.
360 Soler in: Soler / Piattini, Manual de Gestión y Contratación Informática, S. 688.
361 SAP Baleares de 17 febrero 2005 (Sección 5ª), núm. 64/2005, FD 2°, AC 2005, 526.
362 Albaladejo/*Lucas Fernandez*, Comentarios al CC, Tomo XX, Vol. 1°, S. 111.
363 SAP Madrid de 14 octubre 2004 (Sección 18ª), recurso de apelación núm. 483/2003, FD 2°, JUR 2004/298232.
364 Solé Resina, Arrendamiento de obras o servicios, S. 144f.
365 Solé Resina, a.a.O., S. 84.
366 Soler in: Soler / Piattini, Manual de Gestión y Contratación Informática, S. 635.
367 STS de 24 octubre 2002, RJ 2002, 8975; SAP Barcelona de 5 marzo 2001 (Sección 17ª), recurso de apelación núm. 568/2000, FD 2°, AC 2001, 1030; SJPI Almería de 25 marzo 1996 (núm. 3), JUR 2003/237754.

(2.) wenn sie die Lieferung einer zur Lösung der betrieblichen IT-Probleme gedachten Unternehmenssoftware einschließlich Service-Leistungen versprochen hat[368], oder

(3.) wenn sie sich zum *Customizing* von Standardsoftware aufgrund eines von den Parteien erarbeiteten Pflichtenhefts *(análisis de requerimientos* bzw. *„plan de implantación")* verpflichtet hat[369], bzw. wenn sie das *Customizing* von Standardsoftware übernommen und den Kunden im Hinblick auf die von einem Dritten zu erwerbende Hardware beraten hat[370].

Wobei die Rechtsprechung jedes Mal davon ausgeht, dass die von der IT-Firma versprochenen Tätigkeiten, also die vollständige Informatisierung bzw. die Lieferung der Unternehmenssoftware einschließlich Service-Leistungen bzw. das *Customizing* der Standardsoftware und die Beratung hinsichtlich der Hardware sowie die Lieferung der Hardware einen *concreto resultado* mit einschließen, nämlich die Funktionsfähigkeit des betrieblichen IT-Systems[371].

Folglich wird die Funktionsfähigkeit des IT-Systems von der Rechtsprechung als der eigentliche Vertragsgegenstand angesehen[372]. Bei Verträgen über *Customizing* kann es sich sowohl dann um einen Werkvertrag handeln, wenn die Anpassung der Standardsoftware im Wege der Ergänzungsprogrammierung *(programación para modificar el programa estándar y adaptarlo a las necesidades de la demandante)* erfolgt[373], als auch dann, wenn sie mittels Parametrisierung erfolgt[374].

---

368 SAP Barcelona de 14 enero 2002 (Sección 16ª), recurso de apelación núm. 249/2001, FD 1°, JUR 2002/110570; SAP Albacete de 31 julio2000 (Sección 1ª), núm. 182/2000, FD 2°, JUR 2000/298244; SAP Lleida de 21 octubre 2003 (Sección 2ª), núm. 449/2003, FD 2°, JUR 2003/259742.

369 SAP La Rioja de 16 septiembre 2003 (Sección Unica), núm. 320/2003, FD 3° AC 2003, 1599; SAP Barcelona de 25 junio 2004 (Sección 17ª), núm. 424/2004, FD 1°, JUR 2004/220232.

370 SAP Valencia de 28 octubre 2002 (Sección 11ª), recurso de apelación núm. 430/2002, FD 2°, AC 2002, 1856.

371 Vgl. Soler in: Soler / Piattini, Manual de Gestión y Contratación Informática, S. 748.

372 SJPI Almería de 25 marzo 1996 (núm. 3), FD 5°, JUR 2003/237754.

373 SAP La Rioja de 16 septiembre 2003 (Sección Unica), núm. 320/2003, FD 3°, AC 2003, 1599.

374 SAP Barcelona de 25 junio 2004 (Sección 17ª), núm. 424/2004, FD 1°, JUR 2004/220232.

bb) Subsanación

Gelingt es der Softwarefirma nicht, den werkvertraglich vereinbarten Erfolg herbeizuführen, ist sie, auch ohne dass dies von den Parteien ausdrücklich vereinbart wurde, in der Phase des *mantenimiento* (Phase 5 des klassischen Phasenmodells[375]) zur *subsanación*, also zur Fehlerbeseitigung verpflichtet, wie sich der *STS de 24 octubre 2002*[376] entnehmen lässt[377]. Es ist deshalb empfehlenswert, dass der Anwender nach Entdeckung der Fehlfunktion zunächst die *subsanación* und / oder die teilweise Rückerstattung der von ihm gezahlten Vergütung verlangt[378]. Solange die *subsanación* noch möglich ist, also ein *leve incumplimiento* vorliegt, und der Anwender noch nicht bezahlt hat, kann er auch die von ihm zu zahlende Vergütung entsprechend mindern[379]. Wenngleich die Minderung nicht ausdrücklich im CC geregelt ist, so wird sie vom TS aus dem Grundsatz von *buena fe* (Art. 1258 CC) insbesondere für den Fall hergeleitet, dass eine Auflösung des Vertrages nicht möglich ist, weil die vom Unternehmer zu verantwortenden Fehler nicht schwerwiegend genug sind[380]. Zu beachten ist noch, dass es für die Geltendmachung der *subsanación* keine gesetzlich vorgeschriebene Frist gibt.

Hat die IT-Firma fast zwei Jahre lang erfolglos versucht, eine funktionsfähige Anwendungssoftware zu erstellen, kann sie sich ihrer Verpflichtung zur Herbeiführung des werkvertraglichen Erfolges nicht mit der Einlassung entziehen, dass von den Parteien vereinbart worden sei, die Software nach der Methode „Versuch und Irrtum" *(„prueba – error")* zu entwickeln[381]. Der *cumplimiento*, also die Erfüllung des Werkvertrages, erfolgt mit der Herbeiführung des *concreto resultado*, der wiederum regelmäßig in der Funktionsfähigkeit des bereits vorhandenen oder noch zu installierenden IT-Systems des Kunden besteht. Hat die Softwarefirma weder selbst die für ein funktionierendes IT-System erforderliche Hardware geliefert[382] noch hinsichtlich der von einem Dritten zu erwerbenden

375 Vgl. oben Kap. D.I.1.b).

376 RJ 2002, 8975.

377 Soler in: Soler / Piattini, Manual de Gestión y Contratación Informática, S. 570, 628.

378 Soler, a.a.O., S. 706.

379 SAP Girona de 15 abril 2005 (Sección 2ª), núm 147/2005, FD 5°, JUR 2005/123003; SAP Madrid de 14 octubre 2004 (Sección 18ª), núm. 638/2004, FD 2°, JUR 2004/298232.

380 STS de 12 junio 1998, FD 5°, RJ 1998, 4130.

381 SAP Barcelona de 14 enero 2002 (Sección 16ª), recurso de apelación núm. 249/2001, FD 2°, núm. 4°, JUR 2002/110570.

382 Wie in den Fällen von SAP Barcelona de 5 marzo 2001 (Sección 17ª), recurso de apelación núm. 568/2000, FD 2°, AC 2001, 1030; SAP Albacete de 31 julio2000 (Sección 1ª), núm. 182/2000, FD 2°, JUR 2000/298244.

Hardware den Kunden beraten[383], dann wird sie ausnahmsweise von ihrer Erfüllungspflicht befreit, wenn die Installation der von ihr erstellten *software a medida* nicht etwa wegen eines Programmierfehlers fehlgeschlagen ist, sondern nachweislich deshalb, weil das vom Kunden zur Verfügung gestellte Festplattenlaufwerk *(disco duro)* schadhaft war[384]. Wenn die Parteien die Installation eines auf die betrieblichen Bedürfnisse des Kunden abgestimmten IT-Systems vereinbart haben und dieses System an Fehlfunktionen leidet, durch die der Betrieb des Kunden lahmgelegt wird, dann hat die IT-Firma ihre werkvertragliche Erfüllungspflicht nicht erfüllt, so dass es sich dabei nicht bloß um einen *leve incumplimiento*, sondern um einen wahrhaften *incumplimiento* handelt, der zur Vertragsauflösung berechtigt[385]. Ob ein zur Vertragsauflösung berechtigender *incumplimiento* anzunehmen ist, hängt nicht etwa von der absoluten Anzahl der Softwarefehler und dem darin enthaltenen relativen Anteil von besonders schweren Fehlern ab, entscheidend ist vielmehr, dass das IT-System nicht funktioniert und dass die berechtigten Erwartungen des Gläubigers an die Ziele des Vertrages erschüttert sind[386].

Bei Verträgen über *Customizing* kann auch dann ein *incumplimiento* vorliegen, wenn der Sachverständige feststellt, dass nicht nur die von der IT-Firma im Wege der Anpassung erstellte Software an Fehlfunktionen leidet, sondern bereits die von der IT-Firma gelieferte und für die Anpassung verwendete Standardsoftware Fehlfunktionen aufweist[387]. Ein *incumplimiento* ist des Weiteren dann gegeben, wenn die von der IT-Firma installierte Software im Großen und Ganzen funktioniert, aber im Hinblick auf die Datensicherung eine Fehlfunktion gegeben ist, die dem Umstand geschuldet ist, dass die Software nicht mit dem Betriebssystem der Hardware kompatibel ist, die der Auftraggeber in seinem Unternehmen verwendet[388].

Weigert sich die Softwarefirma, die *subsanación* vorzunehmen, kann der Kunde diese auch gerichtlich einklagen. Er kann dann gem. Art. 1098 CC i.V.m.

383 Wie im Fall von SAP Valencia de 28 octubre 2002 (Sección 11ª), recurso de apelación núm. 430/2002, FD 2°, AC 2002, 1856.

384 SAP Asturias de 13 junio 2002 (Sección 5ª), núm. 268/2002, FD 3°, JUR 2002/202110.

385 SAP Barcelona de 5 marzo 2001 (Sección 17ª), recurso de apelación núm. 568/2000, AC 2001, 1030.

386 SAP Madrid de 12 abril 2005 (Sección 19ª), núm. 160/2005, JUR 2005/106406.

387 SAP Barcelona de 16 julio 2004 (Seccíon 11ª), recurso de apelación núm. 231/2003, FD 1°, JUR 2004/218006.

388 SAP Barcelona de 2 junio 2004 (Sección 1ª), núm. 466/2004, FD 3°, JUR 2004/206239.

Art. 1124 CC die Erfüllung des Vertrages (mittels *subsanación*) und hilfsweise die Auflösung des Vertrages beantragen, falls die Erfüllung nicht möglich ist[389]. Dabei darf die Unmöglichkeit der Erfüllung nicht im absoluten Sinne verstanden werden, sondern vielmehr in dem Sinne, dass durch das Verhalten des Schuldners, der die Erfüllung fortwährend hinauszögert, die vertragliche Zielsetzung des Gläubigers erschüttert wird[390]. Hat der Kunde bereits einen Vollstreckungstitel erlangt und kommt die Softwarefirma ihrer Verpflichtung zur *subsanación* nicht innerhalb einer vom Gericht festgesetzten Frist nach, kann der Kunde auch gem. Art. 706 LEC beantragen, dass ein Dritter auf Kosten der Softwarefirma die *subsanación* vornehmen soll[391]. Die *subsanación* bzw. der gleichbedeutende *mantenimiento correctivo* sind mithin als ein Bestandteil des *cumplimiento*, also als ein Bestandteil der vertraglichen Erfüllungspflicht zu verstehen[392]. Das bedeutet zugleich, dass die Verpflichtung der Softwarefirma zur *subsanación* nicht nur dann in Betracht kommen kann, wenn fehlerhaft erfüllt wurde (*cumplimiento defectuoso*), sondern auch dann, wenn nicht erfüllt wurde, wenn also ein *incumplimiento contractual* vorliegt. Die *subsanación* darf deshalb nicht verwechselt werden mit dem *saneamiento por vicios ocultos*, dessen Anwendung durch das Vorliegen eines *pleno incumplimiento*, d.h. also eines *incumplimiento total*, ausgeschlossen ist[393], was nach der Rechtsprechung dann der Fall ist, wenn es sich bei dem gelieferten Gegenstand um ein für den Erwerber untaugliches Objekt im Sinne eines *aliud pro alio* handelt[394]. Dabei ist zu beachten, dass die Lieferung eines untauglichen Objekts im Sinne eines *aliud pro alio* nicht nur dann einen *incumplimiento* darstellt, wenn ein Kaufvertrag vorliegt, sondern auch dann, wenn es sich um einen Werkvertrag handelt[395].

---

389 Soler in: Soler / Piattini, Manual de Gestión y Contratación Informática, S. 701.

390 Lacruz Berdejo, Elementos de Derecho Civil II, Derecho de obligaciones, Vol. 1°, S. 199.

391 Soler in: Soler / Piattini, Manual de Gestión y Contratación Informática, S. 701.

392 Vgl. López-Tarruella Martínez, Contratos internacionales de software, S. 391; Soler in: Soler / Piattini, Manual de Gestión y Contratación Informática, S. 628.

393 Lacruz Berdejo, Elementos de Derecho Civil II, Derecho de obligaciones, Vol. 2°, S. 48; Moreno-Torres Herrera in: Ruiz-Rico Ruiz / Moreno-Torres Herrera, Conceptos básicos de Derecho Civil, S. 261.

394 STS de 12 julio 1995, FD 8°, RJ 1995, 4735; STS de 15 noviembre 2005, RJ 2005, 7629.

395 STS de 22 febrero 1997, FD 4°, RJ 1997, 1189.

cc) *Saneamiento*

Beim *saneamiento por vicios ocultos* handelt es sich um ein Rechtsmittel des Käufers zur Rückgängigmachung des Vertrages bzw. zur Herabsetzung des Kaufpreises, das voraussetzt, dass die Kaufsache zwar für sich genommen nicht völlig unbrauchbar ist, dass sie aber nicht ganz den Erwartungen des Käufers entspricht[396]. Der *saneamiento por vicios ocultos*, der im CC nur für den Kaufvertrag (Art. 1461, 1474.2, 1484ff. CC) und für die *arrendamientos de fincas rústicas y urbanas* geregelt ist (Art. 1553 CC), ist innerhalb von sechs Monaten nach Ablieferung der Vertragssache geltend zu machen, Art. 1490 CC. Diese Frist gilt wohlgemerkt nur für die Geltendmachung des *saneamiento*, nicht aber für die der *subsanación*.

Dass der *saneamiento* aber auf alle Entgeltverträge, die ein Geben beinhalten, Anwendung finden soll, wie im spanischen Schrifttum teilweise vertreten wird[397], dass also der *saneamiento* generell auf Werkverträge anzuwenden ist, wird von der Gegenmeinung unter Berufung auf die Rechtsprechung des *Tribunal Supremo* und die Regelungen des CC zum Werkvertrag bestritten[398]. Nach der *STS de 30 septiembre 1978*[399] ist die *obligación de sanear* nicht mit dem Werkvertragsrecht zu vereinbaren, und nach der *STS de 7 diciembre 1996*[400] dürfen im Hinblick auf den im CC geregelten *saneamiento* die Regelungen zum Kaufvertrag einerseits und die Regelungen zum Werkvertrag andererseits nicht miteinander vermengt werden. Zwar handelt es sich auch beim Werkvertrag um einen *contrato de arrendamiento* (Art. 1544 CC). Es lässt sich aber aus der für *arrendamientos de fincas rústicas y urbanas* geltenden Vorschrift des Art. 1553 CC, die auf den für Kaufverträge geltenden *saneamiento* verweist, nicht ableiten, dass es einen allgemein für jeden *contrato de arrendamiento* geltenden *saneamiento* geben muss. Die gesetzliche Verpflichtung zum *saneamiento* beim *contrato de arrendamiento* gilt vielmehr ausschließlich für Verträge, die Grundstücke betreffen, und nicht für solche, die sich auf Software beziehen[401]. Mithin gilt die Verpflichtung zum *saneamiento* im Bereich des Werkvertragsrechts allenfalls für den Bauunternehmer, jedoch gilt sie keinesfalls für den Softwareentwickler.

---

396 Díez-Picazo / Gullón, Sistema de Derecho Civil, Vol. II, Tomo 2, S. 48.

397 Lacruz Berdejo, Elementos de Derecho Civil II, Derecho de obligaciones, Vol. 2°, S. 41.

398 Soler in: Soler / Piattini, Manual de Gestión y Contratación Informática, S. 696f.

399 RJ 1978, 2863.

400 RJ 1996, 9196, FD 2°

401 Soler in: Soler / Piattini, Manual de Gestión y Contratación Informática, S. 696.

Aber im vorliegenden sozialen Konflikt, in dem es um Fehlfunktionen der von der IT-Firma erstellten bzw. angepassten Software geht, müssten auch dann, wenn man die Anwendung des *saneamiento* grundsätzlich auf alle Werkverträge befürworten würde, die Voraussetzungen für einen *saneamiento* vorliegend zu verneinen sein, denn aufgrund der Fehlfunktionen werden ja im Gegensatz zu den Funktionsdefiziten nicht bloß die vertraglichen Erwartungen des Anwenders enttäuscht, die Fehlfunktionen betreffen vielmehr die Brauchbarkeit der Software an und für sich. Handelt es sich also, wie im vorliegenden sozialen Konflikt zu unterstellen ist, bei der nicht funktionierenden Software um ein für den Erwerber untaugliches Objekt, dann liegt hier gemäß der Doktrin von *aliud pro alio* nicht bloß ein *cumplimiento defectuoso*, sondern ein *pleno incumplimiento* vor[402], der mit der Anwendung des *saneamiento* nicht zu vereinbaren ist. Bezogen auf die Rechtsmittel des Anwenders folgt aus dem *incumplimiento total* zwar einschränkend, dass der Anwender den *saneamiento* nicht geltend machen kann, positiv hingegen folgt, dass der Anwender ggf. die *acción resolutoria* gem. Art. 1124 CC, also die Auflösungsklage, und kumulativ noch Klage auf Schadensersatz erheben kann[403]. Dies soll unten[404] untersucht werden.

c) Dienstvertrag

Der Dienstvertrag, der ebenso wie der Werkvertrag dem CC zufolge ein *contrato de arrendamiento* ist, kommt gleichfalls nur dann zustande, wenn sich die Parteien über einen *precio cierto* geeinigt haben (Art. 1544 CC). Die Einigung ist vom Kläger zu beweisen, was dann besonders schwierig sein kann, wenn es bereits vor dem streitigen Vertragsschluss freundschaftliche Beziehungen zwischen den Parteien gab[405]. Auch wenn ursprünglich von Art. 1544 CC ausgehend der *arrendamiento de obras o servicios* von der früheren spanischen Rechtswissenschaft als *ein* Vertragstyp begriffen wurde, hat nunmehr insbesondere unter Einfluss der deutschen Rechtslehre auch die spanische Doktrin Kriterien zur Abgrenzung des Dienstvertrages vom Werkvertrag entwickelt[406]. Obschon jede Tätigkeit auf die Erreichung eines Erfolgs gerichtet ist, so unterscheidet sich der *contrato de arrendamiento de servicios,* also der Dienstvertrag, nach der spanischen Lehre vom Werkvertrag dadurch, dass der Dienstverpflichtete nur

---

402 Vgl. STS de 10 julio 2003, FD 6°, RJ 2003, 4339.

403 López-Tarruella Martínez, Contratos internacionales de software, S. 391.

404 Kap. D.II.3.d).

405 SAP Burgos de 23 febrero 2005 (Sección 2ª), núm. 72/2005, JUR 2005/117902.

406 Solé Resina, Arrendamiento de obras o servicios, S. 142.

verspricht, seine Tätigkeit zur Erreichung des Erfolgs zu leisten, nicht aber den Erfolg an sich, wohingegen der Werkunternehmer das Erreichen des Erfolgs verspricht[407] (*teoría del resultado*). Mit dieser Definition stimmt auch die Rechtsprechung des *Tribunal Supremo* zum Dienstvertrag überein, wonach ein solcher vorliegt, wenn eine Tätigkeit an sich, unabhängig von einem Erfolg geschuldet ist[408]. Das hat Auswirkungen auf die Beweislast bezüglich des *incumplimiento*. Während beim Werkvertrag der Besteller nicht beweisen muss, dass der Werkunternehmer den *incumplimiento* zu vertreten hat, da der Beweis bereits in dem Ausbleiben des vereinbarten Erfolgs begründet ist (Art. 1183 CC)[409], obliegt es dem Dienstgläubiger, für die Geltendmachung des *incumplimiento* darzulegen und zu beweisen, dass der Dienstschuldner nicht mit der erforderlichen Sorgfalt bei der Ausführung des Vertrages gehandelt hat[410].

Für die vertragstypologische Einordnung des Software-Erstellungsvertrages als Dienstvertrag könnte zum einen sprechen, dass nicht nur die bloße Tätigkeit, sondern auch die Herstellung einer Sache durchaus Gegenstand eines Dienstvertrages sein kann[411], zum anderen die im Schrifttum vertretene Auffassung, dass im Hinblick auf die Mitwirkungspflichten des Kunden bei *contratos informáticos* die Anwendung der *teoría del resultado* auf solche Verträge zu einer unangemessenen Benachteiligung der IT-Firma führe, da die IT-Firma rechtlich allein für den Erfolg einzustehen habe, während dieser doch tatsächlich auch von dem Verhalten des Kunden abhänge, was insbesondere für Software-Erstellungsverträge gelte[412]. Des Weiteren lässt sich für die vertragstypologische Einordnung als Dienstvertrag auch eine normative Begründung anführen. Gem. Art. 9 núm. 3 lit. b) des *RDLeg 3/2011, de 14 de noviembre*, durch den der *Texto Refundido de la Ley de Contratos del Sector Público* verabschiedet wurde[413], werden Verträge der öffentlichen Verwaltung über die Beschaffung von individuell erstellter Software (*contratos de adquisición de programas de ordenador desarrollados a medida*) ausdrücklich als Dienstverträge (*contratos de servicios*) angesehen. Wenn aber Software-Erstellungsverträge der Privatwirtschaft mit der öffentlichen Hand

---

407 Albaladejo/*Lucas Fernandez*, Comentarios al CC, Tomo XX, Vol. 1°, S. 95.

408 STS de 25 mayo 1998, RJ 1998, 3999; STS de 8 octubre 2001, RJ 2001, 7548.

409 Lacruz Berdejo, Elementos de Derecho Civil II, Derecho de obligaciones, Vol 1°, S. 172.

410 Soler in: Soler / Piattini, Manual de Gestión y Contratación Informática, S. 555.

411 Solé Resina, Arrendamiento de obras o servicios, S. 145.

412 Davara Rodríguez, Manual de Derecho Informático, S. 295f.

413 BOE núm. 276, de 16/11/2011.

nach dem Willen des Gesetzgebers als Dienstverträge anzusehen sind, wieso sollte das dann nicht auch für Verträge innerhalb der Privatwirtschaft gelten?

d) Acción resolutoria

aa) Voraussetzungen

Die *acción resolutoria* (Auflösungsklage) kann grundsätzlich bei allen synallagmatischen Verträgen wegen *incumplimiento* einer synallagmatischen Verpflichtung erhoben werden, wobei hiermit – wie im deutschen Recht – solche Verträge gemeint sind, bei denen jeder der Vertragspartner zugleich Gläubiger wie Schuldner ist und jeweils seine Verpflichtung um der anderen willen eingegangen ist[414]. Zum einen muss also ein synallagmatischer Vertrag vorliegen, weshalb die Auflösungsklage nicht nur für den Kauf-, sondern auch für den Werk- und den Dienstvertrag in Betracht kommt, zum anderen muss sich der *incumplimiento* auf eine synallagmatische Verpflichtung beziehen, also auf eine solche, die als Äquivalent der anderen Verpflichtung gewollt war[415]. Dieses doppelte Erfordernis eines Synallagma wird als „spanische Spezialität" gegenüber dem französischen Vorbild der Vertragsauflösung (Art. 1184 Code Civil) angesehen, da es dort nur auf die *contrats synallagmatiques* ankommt[416].

Über den Wortlaut hinausgehend verlangt die spanische Rechtslehre traditionellerweise als subjektives Element, dass die Nichterfüllung dem Schuldner als *culpabilidad* zurechenbar ist[417], wobei sie sich auf die frühere ständige Rechtsprechung des *Tribunal Supremo* berufen kann, wonach für die Vertragsauflösung bezüglich des Schuldners eine absichtliche Erfüllungsverweigerung (*voluntad deliberadamente rebelde al cumplimiento de lo convenido)* erforderlich war[418]. Hingegen verzichtet die neuere Rechtsprechung seit 1983 weitgehend auf dieses Willenselement, insbesondere deshalb, weil die absichtliche Erfüllungsverweigerung ja erfordern würde, dass der Schuldner mit *dolo* gehandelt haben müsste[419]. Der *dolo* (Vorsatz) ist aber nicht Voraussetzung für die Haftung wegen

414 Huzel, Vertragsauflösung wegen Nichterfüllung im spanischen Recht, S. 22f.; Lacruz Berdejo, Elementos de Derecho Civil II, Derecho de obligaciones, Vol. 1°, S. 190f.

415 STS de 18 noviembre, FD 4°, RJ 1994, 8843.

416 Huzel, Vertragsauflösung wegen Nichterfüllung im spanischen Recht, S. 31.

417 Puig Peña, La culpabilidad y la resolución del negocio jurídico bilateral, RGLJ 1966, S. 14.

418 Vgl. Huzel, Vertragsauflösung wegen Nichterfüllung im spanischen Recht, S. 42 m.w.N.

419 STS de 18 noviembre 1983, RJ 1983, 6488; STS de 10 marzo 2001, FD 1°, RJ 2001, 5965.

incumplimiento, sondern führt vielmehr im Falle des *incumplimiento* zu einer verschärften Haftung (Art. 1107 CC)[420], so dass es nach neuerer Rechtsprechung nicht mehr zwingend darauf ankommen soll, dass seitens des Schuldners eine absichtliche Erfüllungsverweigerung vorliegt[421]. Dem *Tribunal Supremo* zufolge ist nunmehr der *incumplimiento* anhand äußerer Fakten festzustellen[422].

Auch wenn nach der modernen Rechtsprechung eine *voluntad dolosa de incumplir* nicht mehr zwingend erforderlich sein mag[423], um die *acción resolutoria* erheben zu dürfen, prüft der *Tribunal Supremo* die instanzgerichtlichen Urteile auch bei Softwareverträgen bisweilen noch danach, ob vom Tatrichter eine *voluntad deliberadamente rebelde al cumplimiento de lo convenido* seitens des Schuldners festgestellt wurde[424]. Demgemäß wird auch in den Berufungsurteilen der Provinzialgerichte uneinheitlich mit diesem Merkmal verfahren. Einerseits wird bisweilen noch auf die *voluntad deliberadamente rebelde* des Schuldners als Voraussetzung für die Auflösungsklage Bezug genommen[425], andererseits wird dieses Merkmal aber auch unter Berufung auf die Rechtsprechung des TS ausdrücklich verworfen[426].

Dass die Nichterfüllung schwerwiegend (*grave*) sein muss, verlangt die Rechtsprechung[427] in Übereinstimmung mit der neueren Rechtslehre[428]. Ist jedoch der *incumplimiento* nicht schwerwiegend, wenn es sich also lediglich um einen *leve incumplimiento* handelt, dann kann der Anwender anstelle der Vertragsauflösung die Minderung der von ihm zu zahlenden Vergütung geltend machen[429]. Wenn die vom Anbieter auf die betrieblichen Bedürfnisse angepasste Unternehmenssoftware einzelne Fehlfunktionen wie z.B. von der Art aufweist, dass die Daten

---

420 Vgl. Díez-Picazo / Gullón, Sistema de Derecho Civil, Vol. II, Tomo 1, S. 204.

421 STS de 15 marzo 2001, FD 4°, RJ 2001, 5980.

422 STS de 31 julio 2002, FD 8°, RJ 2002, 8435.

423 Bercovitz Rodríguez-Cano/*Bercovitz Álvarez*, Comentarios al CC, Art. 1124 n° 1.3, S. 1547.

424 STS de 10 julio 2003, FD 6°, RJ 2003, 4339.

425 SAP Lleida de 10 enero 2001 (Sección 2ª), recurso de apelación núm. 352/2000, FD 2°, AC 2001, 57.

426 SAP Zaragoza de 18 junio 2004 (Sección 5ª), núm. 379/2004, FD 2°, JUR 2004/192506.

427 STS de 18 noviembre 1994, FD 4°, RJ 1994, 8843.

428 Bercovitz Rodríguez-Cano/*Bercovitz Álvarez*, Comentarios al CC, Art. 1124, n° 1 3, S. 1546f.; Soler in: Soler / Piattini, Manual de Gestión y Contratación Informática, S. 730; Albaladejo/*Montés Penadés*, Comentarios al CC, Tomo XV, Vol. 1°, S. 1230; Lacruz Berdejo, Elementos de Derecho Civil II, Derecho de obligaciones, Vol. 1°, S. 194f.; Carrasco Perera, Derecho de contratos, S. 1122f.

429 Vgl. oben Kap. D.II.3.b) bb).

für die Preise und Kosten der Waren, die der Anwender in seinem Sortiment führt, falsch konvertiert werden, ansonsten die Software aber durchaus funktioniert, dann ist das nicht ausreichend für die Auflösung des Vertrages[430]. Das gilt entsprechend auch dann, wenn die Anpassung der Standardsoftware im Großen und Ganzen erfolgreich war, aber letzte Details noch nicht gelöst sind[431].

Egal ob ein *incumplimiento total*, ein *cumplimiento defectuoso* oder ein *cumplimiento parcial* vorliegt, in allen drei Fällen wird die *acción resolutoria* vor allem dann gewährt, wenn die Nichterfüllung dermaßen schwerwiegend ist, dass die berechtigten Erwartungen des Vertragspartners erschüttert sind (*frustrando las legítimas expectativas*), was insbesondere dann der Fall ist, wenn das von ihm in Aussicht genommene ökonomische Ziel erschüttert ist (*frustrado la finalidad económica)*[432]. Demnach verfolgt auch die Rechtsprechung nunmehr weitgehend einen an objektiven Merkmalen orientierten Ansatz[433]. Die neuere Rechtsprechung, die den *incumplimiento* vor allem mit Hilfe der objektiv zu wertenden Erwartungen des Gläubigers und nicht notwendigerweise mit den subjektiven Absichten des Schuldners festzustellen versucht, entspricht auch mehr dem Sinn und Zweck der Auflösungsklage, die ja nicht darauf ausgerichtet ist, den nicht erfüllenden Schuldner zu bestrafen, sondern vielmehr darauf, die rechtmäßigen Interessen des Gläubigers zu schützen[434]. Dabei ist zu beachten, dass den subjektiven Absichten des Schuldners insbesondere dann keine Bedeutung zukommt, wenn es sich um einen *incumplimiento total* und nicht bloß um einen *cumplimiento parcial* oder *defectuoso* handelt. Wenn nämlich die gelieferte Software so sehr von der vertraglich vereinbarten abweicht, dass diese für den Kunden völlig untauglich ist, liegt gemäß der Doktrin von *aliud pro alio* nicht bloß ein *cumplimiento defectuoso*, sondern ein *incumplimiento total* vor, so dass der Kunde die *acción resolutoria* erheben kann, ohne dass es darauf ankommt, dass seitens

---

430 SAP Valencia de 10 marzo 2001 (Sección 9ª), núm. 177/2001, FD 4°, JUR 2001/151664.

431 SAP Lleida de 10 enero 2001 (Sección 2ª), recurso de apelación núm. 352/2000, FD 2°, AC 2001, 57.

432 STS de 10 marzo 2001, FD 1°, RJ 2001, 5965; STS de 31 mayo 1985, RJ 1985, 2837; Bercovitz Rodríguez-Cano/*Bercovitz Álvarez*, Comentarios al CC, Art. 1124 n° 1.3, S. 1547.

433 García Pérez in: Albiez Dohrmann, Derecho privado, S. 338; Palazón Garrido in: Albiez Dohrmann, Derecho privado, S. 428.

434 Lacruz Berdejo, Elementos de Derecho Civil II, Derecho de obligaciones, Vol. 1°, S. 195.

der Softwarefirma zusätzlich noch eine *voluntad deliberadamente rebelde al cumplimiento de lo convenido* vorliegt[435].

Sehr problematisch erscheint aus Sicht der spanischen Lehre die bereits am Anfang dieses Kapitels angesprochene Frage, ob die *culpa* des nicht erfüllenden Schuldners für die *acción resolutoria* erforderlich sein soll oder nicht[436]. So wird im aktuellen spanischen Schrifttum die Frage aufgeworfen, warum es für die Geltendmachung des *incumplimiento* nicht nur bei einer Schadensersatzklage, sondern darüber hinaus auch bei der Auflösungsklage auf die *culpa* des Schuldners ankommen soll, wenn doch der Wortlaut des CC dafür spricht, dass die *culpa* nur für die Pflicht zum Schadensersatz, nicht aber für die Vertragsauflösung Bedeutung haben soll[437]. Eine Antwort auf diese kontrovers behandelte Frage kann jedoch im Rahmen des vorliegenden sozialen Konflikts dahin gestellt bleiben. Zumindest für das Werkvertragsrecht (im Gegensatz zum Dienstvertragsrecht) kann nämlich dieser Frage aus praktischer Sicht keine erhebliche Relevanz zukommen. Der den *incumplimiento* geltend machende Besteller muss ja schließlich nicht beweisen, dass der Unternehmer mit *culpa* gehandelt hat; vielmehr ist der hierfür notwendige Beweis bereits durch das Ausbleiben des vereinbarten Erfolgs gegeben (Art. 1183 CC)[438].

Relevant wird die Problematik der *culpa* hingegen dann, wenn ein Fall von *imposibilidad sobrevenida fortuita*, also ein Fall unvermeidbarer Unmöglichkeit vorliegt. Zum Teil wird vertreten, dass in diesem Fall die *resolución* möglich sein soll[439], was folgerichtig ist, wenn davon ausgegangen wird, dass die *culpa* des Schuldners für die Geltendmachung der *resolución* nicht erforderlich ist. Fest steht zwar, dass die zur Vertragsaufhebung berechtigende *imposibilidad sobrevenida* auch auf den Werkvertrag anwendbar ist[440], umstritten ist jedoch, ob sich dies aus Art. 1124 CC[441] oder vielmehr aus Art. 1595 Abs. 3 CC ergibt[442]. Besteht

---

435 STS de 10 julio 2003, FD 6°, RJ 2003, 4339.

436 Bercovitz Rodríguez-Cano/*Bercovitz Álvarez*, Comentarios al CC, Art. 1124 n° 1.5, S. 1547.

437 Vgl. García Pérez in: Albiez Dohrmann, Derecho privado, S. 334 m.w.N.

438 Vgl. oben Kap. D.II.3.c).

439 Bercovitz Rodríguez-Cano/*Bercovitz Álvarez*, Comentarios al CC, Art. 1124 n° 1.5, S. 1548.

440 Lacruz Berdejo, Elementos de Derecho Civil II, Derecho de obligaciones, Vol. 2°, S. 194.

441 Soler in: Soler / Piattini, Manual de Gestión y Contratación Informática, S. 736.

442 Bercovitz Rodríguez-Cano/*Rodríguez Morata*, Comentarios al CC, Art. 1595 n° 3, S. 2129.

die Unmöglichkeit unabhängig vom Willen des Unternehmers, kann dieser gem. Art. 1595 CC den Wert erstattet bekommen, den das Werk im Verhältnis zur vereinbarten Vergütung hat. Im Rahmen des vorliegenden sozialen Konflikts ist ein Fall von *imposibilidad sobrevenida* dann denkbar, wenn der Kunde zur Verwirklichung eines IT-Projekts zwei IT-Firmen beauftragt hat, bei denen es sich um zwei Hauptunternehmer und nicht um Haupt- und Subunternehmer[443] handelt, und die Schlechterfüllung der einen Firma der anderen Firma die vertragsgemäße Erfüllung unmöglich macht, so dass wegen *imposibilidad sobrevenida* der Vertrag zwischen dem Kunden und der erfüllungsbereiten Firma im Wege der *resolución* rückgängig gemacht werden kann[444]. Die *resolución* wiederum hat zur Folge, dass sowohl die geleistete Sache als auch das geleistete Geld zuzüglich Zinsen zurückzugewähren sind[445]. Während die IT-Firma die Vergütung zuzüglich Zinsen zurückzuzahlen hat, hat der Kunde alles, was er von der IT-Firma erhalten hat, einschließlich Pflichtenheft oder Prototyp, zurückzugeben[446]. Die Rückgängigmachung des Vertrages nach Art. 1595 CC erscheint also für die Softwarefirma wirtschaftlich interessanter, da sie hier auch Aussicht auf anteilmäßigen Wertersatz hat. Aber gegen die Anwendbarkeit von Art. 1595 CC spricht vor allem, dass diese Regelung nur für Verträge gilt, die *intuitu personae* geschlossen wurden[447]. Demnach müsste es dem Kunden gerade auf die Person des Programmierers und dessen höchstpersönliche Leistung ankommen und nicht auf die Softwarefirma als Vertragspartner, um Art. 1595 CC anwenden zu können.

bb) Geltendmachung

Die Geltendmachung der Vertragsauflösung setzt dem Wortlaut des Art. 1124 S. 1 CC nach voraus, dass die gegnerische Partei, hier also die Softwarefirma, eine ihr obliegende wechselbezügliche Verbindlichkeit nicht erfüllt hat. Aktiv legitimiert ist demnach nur diejenige Partei, die der Gegenpartei Nichterfüllung vorwirft[448], hier also der Anwender. Dieser hat im Falle eines schwerwiegenden *incumplimiento*, zu dem ggf. auch die Schlechterfüllung gehört, die Wahl zwischen Geltendmachung der *resolución* und dem Verlangen nach *subsanación* (Nachbesserung). Dass aber der Anwender vor Geltendmachung der *resolución*

---

443 Vgl. hierzu unten Kap. D.III.

444 Soler in: Soler / Piattini, Manual de Gestión y Contratación Informática, S. 735f.

445 STS de 20 julio 2001, RJ 2001, 8403; STS de 23 enero 1999, RJ 1999, 419.

446 Soler in: Soler / Piattini, Manual de Gestión y Contratación Informática, S. 731.

447 Soler, a.a.O., S. 736.

448 STS de 6 octubre 2000, FD 2°, RJ 2000, 9902.

vorrangig *subsanación* von der Softwarefirma zu verlangen hat, kann dem CC nicht entnommen werden. Es ist vielmehr umgekehrt, d.h., außergerichtlich kann der Gläubiger die *resolución* unmittelbar geltend machen, ohne dass er zuvor dem Schuldner eine Frist zur (Nach-)Erfüllung eingeräumt haben muss[449]. Demgemäß empfiehlt *Soler Matutes* im Interesse des Kunden, dass dieser in der Klageschrift zuvorderst die Auflösung des Vertrages und nur hilfsweise die *subsanación* verlangen soll[450].

Zur Herbeiführung der Vertragsauflösung wegen Nichterfüllung ist eine gerichtliche Entscheidung nur dann erforderlich, wenn sich die Parteien über das Auflösungsbegehren uneinig sind[451]. Der Anwender kann mithin gem. Art. 1124 Abs. 2 CC wählen zwischen der Erfüllung und der Auflösung des Vertrages, und er kann in beiden Fällen (*en ambos casos*), also sowohl neben der Auflösung als auch neben der Erfüllung, noch Schadensersatz und Zinsen *(resarcimiento de daños y abono de intereses)* beanspruchen, wobei für diesen Anspruch auf Schadensersatz keine über Art. 1100ff. CC hinausgehenden Anforderungen zu stellen sind[452]. Der Anwender kann zwar die Erfüllung und die Auflösung verlangen, diese aber nicht gleichzeitig, da das eine Begehren dem anderen zuwider laufen würde[453]. Da aber nach Art. 71.3 LEC zwei *acciones* nicht in *einem* Rechtsstreit erhoben werden können, wenn die Wahl der einen *acción* die andere unwirksam macht, empfiehlt *Soler Matutes*, gem. Art. 71.4 LEC das Klagebegehren dergestalt zu formulieren, dass vorrangig der *cumplimiento* und subsidiär die *resolución* beantragt wird bzw. umgekehrt zuvorderst die *resolución* und hilfsweise der *cumplimiento*[454]. Dabei ist grundsätzlich zu beachten, dass der Kläger unmissverständlich klarzustellen hat, welcher der Haupt- und welcher der Hilfsantrag ist[455]. Gibt das Gericht zwar dem Hilfsantrag statt, während es den Hauptantrag ablehnt, dann kann der Kläger gegen diese Entscheidung Berufung einlegen[456].

---

449 Bercovitz Rodríguez-Cano/*Bercovitz Álvarez*, Comentarios al CC, Art. 1124 n° 1.6, S. 1548.

450 Soler in: Soler / Piattini, Manual de Gestión y Contratación Informática, S. 706

451 STS de 15 julio 2002, FD 2°, RJ 2002, 7178; STS de 6 octubre 2000, FD 2°, RJ 2000, 9902.

452 Bercovitz Rodríguez-Cano/*Bercovitz Álvarez*, Comentarios al CC, Art. 1124 n° 2, S. 1548.

453 Lacruz Berdejo, Elementos de Derecho Civil II, Derecho de obligaciones, Vol. 1°, S. 198f.

454 Soler in: Soler / Piattini, Manual de Gestión y Contratación Informática, S. 734

455 SAP Valencia de 17 septiembre 2012 (Sección 8ª), JUR 2012/371819.

456 STS de 25 marzo 2013, RJ 2013, 4596.

Und im umgekehrten Fall, wenn also das Gericht erster Instanz dem Hauptantrag stattgibt, dieses Urteil aber im Berufungsverfahren aufgehoben wird, hat das Berufungsgericht über den Hilfsantrag in der Sache zu entscheiden[457]. Hat jedoch der Anwender zunächst ausschließlich die *acción resolutoria* erhoben (ohne hilfsweise die Erfüllung beantragt zu haben), kann er gem. der römischen Rechtsregel „*una via electa non datur recursus ad alteram*" nicht anschließend noch auf Erfüllung klagen[458]. Der umgekehrte Weg, wenn der Gläubiger zunächst Erfüllung wählt und nach Klageerhebung noch Auflösung begehrt, ist allerdings möglich, wie sich aus dem Wortlaut des Art. 1124 Abs. 2 S. 2 CC ergibt[459]. Sowohl die Klage auf *cumplimiento* als auch die auf *resolución* sind gem. der allgemeinen Verjährungsvorschrift des Art. 1964 CC binnen 15 Jahren zu erheben[460].

Des Weiteren ist zu beachten, dass wenn die Vertragsauflösung vor Gericht geltend gemacht wird, dies unbedingt im Wege der Klage *(demanda)* oder der Widerklage *(reconvención)* erfolgen muss, da die bloße Erhebung einer Einrede *(excepción)* für die Herbeiführung der Vertragsauflösung nicht ausreichend ist[461]. Macht die Softwarefirma im vorliegenden sozialen Konflikt Vergütungsansprüche geltend, ist es jedoch ausreichend, wenn der Anwender die *excepción de incumplimiento* erhebt, um das Zahlungsbegehren der Softwarefirma abzuwehren. Die *excepción de incumplimiento* kann entweder in der Variante der *exceptio non adimpleti contractus* erhoben werden, wenn ein *incumplimiento* vorliegt, oder in der Variante der *exceptio non rite adimpleti contractus*, wenn ein *cumplimiento defectuoso* gegeben ist[462].

cc) Schadensersatz

Da es sich bei den Verträgen über individuelle Software regelmäßig um *contratos complejos* handelt[463], bei denen verschiedenartige Leistungspflichten eine untrennbare Einheit darstellen, kann die Nichterfüllung einer einzelnen Leistung zum *incumplimiento* des gesamten Vertrages führen mit entsprechender

---

457 STS de 9 junio 2011, FD 2°, RJ 2011, 4518.

458 STS de 18 noviembre 1983, RJ 1983, 6488.

459 Huzel, Vertragsauflösung wegen Nichterfüllung im spanischen Recht, S. 58.

460 Lacruz Berdejo, Elementos de Derecho Civil II, Derecho de obligaciones, Vol. 1°, S. 198.

461 STS de 6 octubre 2000, FD 2°, RJ 2000, 9902.

462 Bercovitz Rodríguez-Cano/*Bercovitz Álvarez*, Comentarios al CC, Art. 1124 n° 1.6, S. 1548; Lacruz Berdejo, Elementos de Derecho Civil II, Derecho de obligaciones, Vol. 1°, S. 192.

463 Vgl. oben Kap. D.I.2.c).

Haftung auf Schadensersatz[464]. Im Falle einer von der Softwarefirma verschuldeten Schlechterfüllung (*cumplimiento defectuoso*) kann der Anwender entweder die auf tatsächliche Reparatur gehende *pretensión de corrección de la prestación* geltend machen, sofern diese wirtschaftlich möglich ist, oder alternativ die wertmäßige Entschädigung in Geld verlangen[465]. Er hat also die Wahl, ob er die *reparación* oder ob er Geldersatz will. Solange die Reparatur *in natura* möglich ist, kann er einen diesbezüglichen Hauptantrag stellen und die Entschädigung in Geld hilfsweise geltend machen[466]. Da wegen der römischen Rechtsregel „*nemo ad factum cogi potest*" der Unternehmer nicht zur Herstellung des Werks gezwungen werden kann, transformiert sich im Falle der Erfüllungsverweigerung die Hauptleistungspflicht in eine Verpflichtung zur Leistung von Geldersatz[467]. Dass der Anwender entweder Reparatur der Software oder Geldersatz verlangen kann, gilt jedoch nur für den Fall, dass die Softwarefirma ein Verschulden trifft. Liegt kein Verschulden vor, bleibt dem Anwender ggf. die Geltendmachung der *resolución*.

Was den Umfang des Schadensersatzanspruchs aus Art. 1124 CC angeht, so ist dieser nicht von vornherein auf das positive oder das negative Interesse festgelegt. Abhängig davon, wie schwerwiegend der *incumplimiento* ist oder auf welche Art von Leistung er sich bezieht (Sachen, Dienste, Geld), oder je nachdem, ob der Kläger seinerseits die Leistung erbracht hat, kann der Schadensersatzanspruch auf das positive oder das negative Interesse gehen[468]. Das Begriffspaar *resarcimiento de daños y abono de intereses*, das als ein Pleonasmus zu verstehen ist, hat eine einheitliche Bedeutung, nämlich Ersatz des eingetretenen Schadens[469]. Voraussetzung für die Ersatzfähigkeit des Schadens ist nicht nur, dass dieser kausal auf dem *incumplimiento* bzw. *cumplimiento defectuoso* beruht, sondern auch, dass es bei Ausführung ihrer vertraglichen Leistungen für die gutgläubige Softwarefirma nicht vorhersehbar war, dass es zu dem Schaden kommen würde, Art. 1107 Abs. 1 CC. Rechtsprechung und Literatur zufolge kommen für ein Schadensersatzbegehren des Anwenders gegenüber der IT-Firma in Verbindung

464 Guillén Catalán, RdNT núm. 5 (2004-2), S. 289 (292).

465 Lacruz Berdejo, Elementos de Derecho Civil II, Derecho de obligaciones, Vol. 1°, S. 209f.

466 Lacruz Berdejo, Elementos de Derecho Civil II, Derecho de obligaciones, Vol. 2°, S. 187.

467 STS de 12 diciembre 1990, FD 2°, RJ 1990, 9999.

468 Lacruz Berdejo, Elementos de Derecho Civil II, Derecho de obligaciones, Vol. 1°, S. 201.

469 Huzel, Vertragsauflösung wegen Nichterfüllung im spanischen Recht, S. 61f.

mit einer Auflösungsklage folgende Posten in Betracht: Die unnützen Lohnkosten für die Arbeitszeit des eigenen Personals im Hinblick auf die Zusammenarbeit mit der IT-Firma bei der Entwicklung des Projekts[470], die Kosten für die Reparatur der Anwendungssoftware bzw. die Reparatur der Parametrisierung, mit der die Bestellerin eine Drittfirma beauftragt hat[471], oder die Kosten für den Erwerb einer Nutzungslizenz für ein alternatives Programm[472] oder der entgangene Gewinn z.B. durch den Verlust von Kunden wegen nicht durchführbarer Aufträge[473]. Dabei bestehen für die Geltendmachung des entgangenen Gewinns *(lucro cesante)* strenge Anforderungen. Es ist nicht ausreichend, dass der Geschädigte mögliche Gewinnerwartungen vorträgt, die nicht gesichert sind, der Geschädigte muss vielmehr beweisen, dass es sich um Gewinne handelt, die der Realität entsprechen[474].

e) Sachverständigenbeweis

Behauptet die Softwarefirma, dass die Fehlfunktionen der von ihr auf dem betrieblichen IT-System installierten Software darauf beruhten, dass das IT-System schon vorher von einem Virus befallen gewesen sei, kann sie dem Vorwurf des *incumplimiento* nur dadurch entgegentreten, dass sie mittels eines Sachverständigengutachtens *(dictamen de peritos)* den Beweis dafür antritt, dass die Fehlfunktionen weder die Folge der von ihr vorgenommenen Installation noch der von ihr vorgenommenen Programmierung sind[475]. Nach Art. 335 LEC können, falls technische Kenntnisse zur Würdigung von für den Rechtsstreit relevanten Tatsachen erforderlich sind, die Parteien entweder selbst ein Gutachten von Sachverständigen in den Prozess einbringen oder beantragen, dass ein Gutachten von einem Sachverständigen abgegeben wird, der vom Gericht zu bestimmen ist. Die *recusación* (Ablehnung) eines Sachverständigen ist nur möglich, wenn dieser vom Gericht bestellt wurde, Art. 343 i.V.m. Art.124 LEC. Allerdings ist die *tacha* (Zurückweisung) eines von der Gegenpartei beauftragten Sachverständigen

---

470 SAP Barcelona de 14 enero 2002 (Sección 16ª), recurso núm. 249/2001, FD 4°, JUR 2002/110570,

471 SAP Madrid de 14 octubre 2004 (Sección 18ª), núm. 638/2004, FD 2°, JUR 2004/298232; SAP Barcelona de 25 junio 2004 (Sección 17ª), núm. 424/2004, FD 2°, JUR 2004/220232.

472 STS de 17 mayo 2003, RJ 2003, 3817.

473 Soler in: Soler / Piattini, Manual de Gestión y Contratación Informática, S. 732.

474 SAP Madrid de 12 abril 2005 (Sección 19ª), núm. 160/2005, FD 3° núm. 4°, JUR 2005/106406.

475 SAP Valencia de 24 julio 2002 (Sección 6ª), núm. 551/2002, FD 3°, JUR 2002/247139.

gem. Art. 343 LEC möglich, wenn beispielsweise zwischen diesem und der Gegenpartei oder deren Rechtsanwalt verwandtschaftliche oder freundschaftliche Beziehungen bestehen, Art. 343.1 núm. 1° und núm. 4° LEC. Die *tacha* hat unmittelbar nach Kenntnisnahme des Gutachtens zu erfolgen, weshalb eine erst in der zweiten Instanz vorgetragene *tacha* als verspätet anzusehen und somit unwirksam ist[476].

Nach Art. 348 LEC hat das Gericht die Sachverständigengutachten gemäß den Regeln der *sana crítica* zu würdigen. Gemeinhin werden die Regeln der *sana crítica* dahingehend verstanden, dass die Gerichte bei der Würdigung der Sachverständigengutachten frei sind, denn die Sachverständigen sind nicht Teil der gerichtlichen Entscheidung, sondern erhellen nur für den Richter den Fall, so dass dieser in seiner Entscheidung auch zu anderen Schlussfolgerungen kommen kann als die Sachverständigen[477]. Dass die Richter und Gerichte in ihrer Würdigung der Sachverständigengutachten frei sein müssen, ergibt sich logischerweise schon daraus, dass die seit dem Jahr 2000 geltende *Ley de Enjuiciamiento Civil*[478] auf dem dualen Prinzip von privat beauftragten und gerichtlich bestellten Sachverständigen beruht, die miteinander um die Wahrheitsfindung konkurrieren[479]. Liegen mehrere Sachverständigengutachten vor, die sich aber inhaltlich widersprechen, so entscheiden die Richter und Gerichte frei und uneingeschränkt, wobei sie unter Berücksichtigung der Logik den Gesichtspunkt übernehmen, der nach ihrer freien Überzeugung der nächstliegende ist[480]. Demgemäß lässt der TS eine Anfechtung der gerichtlichen Würdigung des Sachverständigengutachtens im Wege der Revision dann zu, wenn diese in einer ungesetzlichen, absurden, willkürlichen, irrationalen oder unlogischen Weise vollzogen wurde[481]. Im Übrigen folgt aus den Regeln der *sana crítica*, dass der Richter bzw. das Gericht bei der Würdigung der Tatsachen nicht an die von den Sachverständigen gezogenen Schlussfolgerungen gebunden sind[482].

---

476 Gimeno Sendra, Derecho procesal civil, Tomo I, El proceso de declaración, S. 491.

477 Zubiri de Salinas, ¿Qué es la sana crítica? La valoración judicial del dictamen experto in: Jueces para la Democracia, Revista n° 50, julio 2004, S. 53.

478 BOE núm. 7 de 08/01/2000.

479 SAP Zaragoza de 18 junio 2004 (Sección 5ª), núm. 379/2004, FD 5°, JUR 2004/192506.

480 STS de 29 mayo 2014, RJ 2014, 2835.

481 STS de 18 julio 2011, RJ 2011, 5221.

482 STS de 30 junio 2011, RJ 2011, 5845.

f) Ergebnis

Aus spanischer Sicht ist als Ergebnis festzuhalten, dass der Vertrag über Custom Software oder Customized Software regelmäßig als einheitlich nach Werkvertragsrecht einzuordnender Vertrag aufgefasst wird, und zwar insbesondere dann, wenn die Anpassung oder Erstellung der Software im Rahmen eines umfassenden IT-Projekts erfolgt oder der Anbieter über die Erstellung oder Anpassung hinaus weitere Service-Leistungen versprochen hat wie etwa die Schulung des Personals oder die entsprechende Lieferung von Hardware-Komponenten. Dabei schuldet die IT-Firma einen *concreto resultado*, der in der hinreichenden Funktionsfähigkeit des betrieblichen IT-Systems besteht. An dieser Verpflichtung ändert sich auch dann nichts, wenn die Parteien vereinbart haben, die Software nach der Methode „Versuch und Irrtum" zu entwickeln[483]. Die werkvertragliche Verpflichtung zur erfolgsbezogenen Leistung erstreckt sich aber auch auf die übrigen vertraglich vereinbarten Leistungspflichten, die über die Erstellung bzw. Anpassung der Software hinausgehen, wie z.B. die Lieferung von Hardware oder die diesbezügliche Beratung[484].

Treten nun Fehlfunktionen auf, kann der Kunde zunächst die Fehlerbeseitigung im Wege der *subsanación* verlangen, für deren Geltendmachung es keine gesetzlich vorgeschriebene Frist gibt. In dem Fall, dass die ökonomische Zielsetzung des Kunden aufgrund der Fehlfunktionen erschüttert ist, kann dieser auch die Auflösung des Vertrages und, falls ein Verschulden der Softwarefirma gegeben ist, zusätzlich noch Schadensersatz geltend machen, und zwar unabhängig davon, ob es sich bei dem zugrunde liegenden Vertrag um einen Werk- oder einen Dienstvertrag handelt[485]. Der Anspruch des Anwenders auf Nachbesserung sowie der Anspruch auf Vertragsauflösung stehen in keinem zwingenden Rangverhältnis zueinander. Die Auflösungsklage ist binnen 15-Jahres-Frist zu erheben. Ob der Anwender den Ersatz seines positiven oder den seines negativen Interesses geltend machen kann, hängt vom Einzelfall ab.

4. Vergleich und Stellungnahme

a) Folgen der vertragstypologischen Einordnung

Zumindest aus deutscher Sicht kann die vertragstypologische Einordnung des Software-Erstellungs-/Anpassungs-Vertrages Bedeutung für die Inhaltskontrolle

483 Vgl. oben Kap. D.II.3.b) bb).
484 Vgl. oben Kap. D.II.3.b) aa).
485 Vgl. oben Kap. D.II.3.d).

Allgemeiner Geschäftsbedingungen haben, weil erst nach der Einordnung des Vertrags festgestellt werden kann, ob eine Klausel mit der Natur des Vertrages unvereinbar ist (§ 307 Abs. 2 Nr. 2 BGB)[486]. Dabei ist allerdings zu beachten, dass Software-Erstellungsverträge typischerweise nicht in Form von Allgemeinen Geschäftsbedingungen konzipiert werden, sondern aufgrund der Vielfalt notwendiger Einzelregelungen sehr komplex und einzelfallbezogen sind[487]. Und aus spanischer Sicht ist zu berücksichtigen, dass die einzige Vorschrift, die Anhaltspunkte für eine Inhaltskontrolle von AGB-Klauseln bei Geschäften zwischen Unternehmern bietet, nämlich Art. 8.1 LCGC[488], nach Einschätzung der spanischen Rechtslehre eine völlig unnütze Norm ist[489], weil sie nichts über die Inhaltskontrolle von AGB-Klauseln zwischen Unternehmern aussagt, sondern das, was sie regelt, bereits in Art. 6.3 CC angeordnet wird, wonach Handlungen, die den Gebots- und Verbotsnormen zuwiderlaufen, grundsätzlich nichtig sind. Jedenfalls ergibt sich daraus keine Bedeutung für die vertragstypologische Einordnung. Praktische Auswirkungen hingegen nicht nur nach deutschem, sondern auch nach spanischem Recht hat die vertragstypologische Einordnung vor allem im Hinblick auf das Haftungsrisiko des Anbieters, dabei insbesondere im Hinblick auf die Anforderungen an die Beweisführung durch den Kunden[490].

Die Softwarefirma ist als Werkunternehmerin gem. § 633 Abs. 1 BGB verpflichtet, dem Besteller eine Software zu verschaffen, die frei von Sach- und Rechtsmängeln ist. Die Erstellung einer nicht fehlerfreien Software stellt regelmäßig eine objektive Pflichtverletzung dar, es sei denn, die Parteien haben einen Haftungsausschluss vereinbart[491]. Bis zur Abnahme der Software hat die Softwarefirma einerseits darzulegen und zu beweisen, dass diese nicht mit Mängeln behaftet ist und die erbrachte Leistung nicht hinter den vertraglich geschuldeten zurückbleibt, sowie andererseits den Nachweis zu führen, dass sich der Besteller treuwidrig verhält, wenn sich dieser auf einen Mangel oder die Unvollständigkeit

486 Vgl. oben Kap. D.I.2.b).

487 Hoeren, IT-Vertragsrecht, S. 335 (Skript, S. 407); Soler in: Soler / Piattini, Manual de Gestión y Contratación Informática, S. 579f.

488 Vgl. Hettich, Spaniens Gesetz über Allgemeine Geschäftsbedingungen, S. 172.

489 Albiez Dohrmann, La protección jurídica de los empresarios en la contratación con condiciones generales, S. 157; Menéndez-Menéndez/*José María Miquel*, Comentarios a la Ley sobre Condiciones Generales de la Contratación, Art. 8, S. 433; Pagador López, Condiciones generales y cláusulas contractuales predispuestas, S. 222.

490 *Dt. Fst.:* Funk / Wenn, ITRB 2004, 118 (119); *span. Fst.:* Soler in: Soler / Piattini, Manual de Gestión y Contratación Informática, S. 555.

491 OLG Düsseldorf, Urt. v. 9.12.1994–17 U 106/94, CR 1995, 269.

der erbrachten gegenüber der geschuldeten Werkleistung beruft, während tatsächlich der Mangel oder die Unvollständigkeit der Software nur unerheblich seien[492]. Da sich aber im vorliegenden sozialen Konflikt die Softwarefehler erst nach einiger Zeit der Benutzung herausstellten[493], ist davon auszugehen, dass die Abnahme der Software bereits erfolgt ist. Nach der Abnahme trägt der Anwender die Beweislast für die Pflichtverletzung der Softwarefirma, die wiederum in der Erstellung oder Anpassung einer mangelhaften Software besteht. Für den Fall, dass die Parteien einen Dienstvertrag geschlossen haben, kann die Pflichtverletzung nicht bereits im Ausbleiben eines Erfolges gesehen werden, so dass der Dienstgläubiger mit der Pflichtverletzung i.d.R. auch das Verschulden nachgewiesen hat[494]. Und nach spanischem Recht gilt Folgendes: Während beim Werkvertrag der Besteller nicht beweisen muss, dass der Werkunternehmer den *incumplimiento* zu vertreten hat, da der Beweis bereits in dem Ausbleiben des vereinbarten Erfolgs begründet ist, obliegt es dem Dienstgläubiger, für die Geltendmachung des *incumplimiento* darzulegen und zu beweisen, dass der Dienstschuldner nicht mit der erforderlichen Sorgfalt bei der Ausführung des Vertrages gehandelt hat[495].

Während also Ausgangspunkt nach deutschem Recht die *Pflichtverletzung* ist, stellt nach spanischem Recht der *incumplimiento* den Ausgangspunkt dar. Dabei ist zu beachten, dass die beiden Merkmale nicht identisch sind. Eine Pflichtverletzung bedeutet ein Zurückbleiben hinter dem Pflichtenprogramm des Schuldverhältnisses[496], die Pflichtverletzung wird also objektiv bestimmt[497]. Für Software besonders wichtig ist, dass es hinsichtlich der Pflichtverletzung keine Bagatell-Grenze für unerhebliche Mängel gibt[498], sondern vielmehr auch dann eine Pflichtverletzung vorliegt, wenn die Software unerhebliche Mängel aufweist. Die Erheblichkeit der Mängel spielt nur für den Rücktritt und den *Schadensersatz statt der ganzen Leistung* eine Rolle (§§ 281 Abs. 1 S. 3, 323 Abs. 5 S. 2 BGB). Während die Pflichtverletzung damit als der Grundtatbestand des neuen Leistungsstörungsrechts erscheint[499], fehlt es für das Merkmal des *incumplimiento* an

492 Hoeren, IT-Vertragsrecht, S. 218 (Skript, S. 267).
493 Vgl. oben Kap. D.II.1.
494 Vgl. oben Kap. D.II.2.a).
495 Vgl. oben Kap. D.II.3.c).
496 BT-Drucks. 14/6040, S. 134.
497 Fikentscher / Heinemann, Schuldrecht, Rdnr. 368.
498 Schneider, CR 2003, 1 (5).
499 Jauernig-*Stadler*, BGB, vor § 275 BGB Rdnr. 6; Medicus / Petersen, Bürgerliches Recht, Rdnr. 236.

einer einheitlichen Definition[500]. Die dem Kunden im Falle eines *incumplimiento* zur Verfügung stehenden Rechtsmittel hängen zum einen davon ab, welchen Grad der *incumplimiento* aufweist[501], zum anderen kommt es nach traditionellen Auffassung (wenngleich im aktuellen Schrifttum kontrovers diskutiert) für die *acción resolutoria* auch noch auf die *culpa* des nicht erfüllenden Schuldners an[502]. Hierin besteht ein grundsätzlicher Unterschied zur Pflichtverletzung, die objektiv festzustellen ist. Die Voraussetzungen, die an einen *incumplimiento* zu stellen sind, unterscheiden sich, je nachdem ob der Kläger Erfüllung, Schadensersatz oder die Vertragsauflösung begehrt. Wenngleich der Gläubiger im Falle eines vom Schuldner zu vertretenden *incumplimiento* immer Erfüllung und / oder Schadensersatz (Art. 1124 Abs. 2 CC) fordern kann, so ist die Möglichkeit, die Auflösung des Vertrages zu verlangen, eingeschränkt[503]. Dass für die Vertragsauflösung strengere Anforderungen an den *incumplimiento* gestellt werden, liegt daran, dass die Auflösung des Vertrages wegen *incumplimiento* von der spanischen Lehre als eng auszulegende Ausnahme zu dem Grundsatz „*pacta sunt servanda*" verstanden wird[504].

Wenn auch im Falle der *acción resolutoria* das Erfordernis der *culpa* keine Entsprechung im BGB hat, so ist jedoch das Erfordernis eines *incumplimiento grave* funktional vergleichbar mit dem Erfordernis einer erheblichen Pflichtverletzung im Falle des Rücktritts und des *Schadensersatzes statt der ganzen Leistung*. Darüber hinaus ist beim *incumplimiento* der Umfang des zu leistenden Schadensersatzes gem. Art. 1107 CC auch noch davon abhängig, ob der Schuldner gutgläubig (*deudor de buena fe*) war, weil er dann nicht für solche Schäden haftet, die für ihn nicht vorhersehbar waren[505]. Das ist insbesondere dann der Fall, wenn er den Schadenseintritt nicht verhindern konnte[506]. Eine entsprechende Norm kennt das BGB zwar nicht, als eine zumindest funktional ähnliche Norm kann

500 García Pérez in: Albiez Dohrmann, Derecho privado, S. 332.

501 López-Tarruella Martínez, Contratos internacionales de software, S. 391.

502 Vgl. Bercovitz Rodríguez-Cano/*Bercovitz Álvarez*, Comentarios al CC, Art. 1124 n° 1.5, S. 1547.

503 Quesada Sánchez in: Ruiz-Rico / Moreno-Torres, Conceptos básicos de Derecho Civil, S. 173.

504 Lacruz Berdejo, Elementos de Derecho Civil II, Derecho de obligaciones, Vol. 1°, S. 194.

505 Lacruz Berdejo, Elementos de Derecho Civil II, Derecho de obligaciones, Vol. 1°, S. 207.

506 STS de 24 febrero 1993, RJ 1993, 1253, FD 5°

aber § 254 Abs. 2 BGB betrachtet werden[507], wonach der Schuldner den Einwand des Mitverschuldens erheben kann.

Die deutsche Rechtsprechung geht bei der Bestimmung der Leistungspflichten regelmäßig nicht nach der Absorptionsmethode vor[508], während die spanische Rechtsprechung oftmals auch solche Leistungspflichten der Softwarefirma als erfolgsbezogen behandelt, die über die werkvertragliche Pflicht zur Erstellung bzw. Anpassung der Software hinausgehen, wie z.B. die Lieferung von Hardware oder die diesbezügliche Beratung[509]. Dabei handelt es sich um Leistungspflichten, die für sich betrachtet nach Dienstvertragsrecht bzw. Kaufrecht zu beurteilen wären, aber aufgrund des einheitlichen werkvertraglichen Erfolgsversprechens, nämlich der Funktionsfähigkeit des betrieblichen IT-Systems, entgegen der kauf- oder dienstvertragsrechtlichen Regelungen als erfolgsbezogene Leistungspflichten i.S.d. Werkvertragrechts verstanden werden. Nach deutschem Recht hingegen werden insbesondere im Falle der Beendigung eines gemischten Vertrages die Bestimmungen des Vertragstyps herangezogen, bei dem der rechtliche Schwerpunkt liegt, und nur ausnahmsweise werden sie auch zur Bestimmung der Leistungspflichten herangezogen[510].

b) Recht der Softwarefirma auf Nachbesserung

Die Diskussion im deutschen Schrifttum, ob auf die individuelle Erstellung von Software gem. § 651 S. 3 BGB Kaufrecht statt Werkvertragsrecht angewendet werden soll, findet im spanischen Schrifttum nicht statt[511]. Aber egal, ob man nach deutschem Recht Werkvertrags- oder Kaufrecht anwendet, muss in jedem Fall die Softwarefirma zunächst weder ein Schadensersatzbegehren noch einen Rücktritt des Anwenders befürchten, sondern lediglich erwarten, dass der Anwender erst einmal Nacherfüllung verlangt, wobei jedoch nur im Falle des Werkvertrages die Softwarefirma das Recht hat, das Mittel der Nacherfüllung (Mangelbeseitigung oder Neuherstellung) selbst zu bestimmen (§ 635 Abs. 1 BGB) sowie unter Heranziehung der zum Baurecht entwickelten Rechtsprechung zu den Sowieso-Kosten einen Teil der durch die Nacherfüllung entstandenen

507 Vgl. Ranieri, Europäisches Obligationenrecht, S. 795.
508 Vgl. oben Kap. D.I.2.b).
509 Vgl. oben Kap. D.II.3.b) aa).
510 Reichert, Vertragsfreiheit und agile Softwareentwicklung, S. 99.
511 Vgl. oben Kap. D.II.3.a).

Kosten dem Besteller aufzuerlegen, wenn dieser den Unternehmer zur Erstellung eines letztlich als mangelhaft anzusehenden Werkes veranlasst hat[512].

Anders hingegen nach spanischem Recht. Hier besteht kein Rangverhältnis zwischen dem Anspruch des Anwenders auf Nachbesserung und dem Anspruch auf Vertragsauflösung. Wenn die ökonomische Zielsetzung des Anwenders als erschüttert anzusehen ist, muss die Softwarefirma damit rechnen, dass der Anwender die Auflösung des Vertrages unmittelbar außergerichtlich geltend macht, ohne dass dieser gesetzlich dazu verpflichtet wäre, zuvor die Fehlerbeseitigung im Wege der *subsanación* verlangt zu haben[513]. Aus spanischer Sicht wird durch die Fristeinräumung zur (Nach-)Erfüllung die Position des Anwenders im Hinblick auf die Auflösung des Vertrages nur insofern gestärkt, als dieser durch die Fristsetzung die eigene Erfüllungsbereitschaft zum Ausdruck bringt[514]. Für die Auflösungsklage wird es nämlich als Voraussetzung angesehen, dass der Auflösungsgläubiger, der noch nicht erfüllt hat, gleichzeitig mit Geltendmachung der Auflösung auch seine Erfüllungsbereitschaft kundtut[515]. Und was das Auflösungsbegehren anbelangt, unterscheidet das spanische Recht auch nicht danach, ob es sich um einen Dienst- oder einen Werkvertrag handelt. Die Voraussetzungen für die Auflösungsklage sind nämlich für beide Vertragstypen identisch. Das trifft wiederum nicht fürs deutsche Recht zu. Hier sieht es nämlich ganz anders aus, wenn es sich nicht um einen Werkvertrag, sondern um einen Dienstvertrag handelt. Im Falle eines Dienstvertrages kann sich die Softwarefirma nicht darauf verlassen, dass der Anwender zunächst Nacherfüllung geltend macht, bevor er vom Vertrag zurücktreten darf.

Davon ausgehend, dass sich die Softwarefirma betriebswirtschaftlich günstiger stellt, wenn sie einen zweiten Erfüllungsversuch unternehmen darf anstatt den Vertrag rückgängig machen zu müssen, scheinen aus Sicht der Softwarefirma sowohl der Dienstvertrag nach deutschem Recht als auch der Werkvertrag nach spanischem Recht risikoreicher zu sein als der Werkvertrag nach deutschem Recht. Im Falle des deutschen Dienstvertrages ist dieses Problem auch nicht dadurch zu umgehen, dass die Parteien Mängelgewährleistung verabreden, denn eine solche Vereinbarung würde gegen die Annahme eines Dienstvertrages[516]

512 Vgl. oben Kap. D.II.2.a).

513 Vgl. oben Kap. D.II.3.d) bb).

514 Bercovitz Rodríguez-Cano/*Bercovitz Álvarez*, Comentarios al CC, Art. 1124 n° 1.6, S. 1548.

515 Lacruz Berdejo, Elementos de Derecho Civil II, Derecho de obligaciones, Vol 1°, S. 198.

516 Reichert, Vertragsfreiheit und agile Softwareentwicklung, S. 269.

und für die Annahme eines Kauf- oder Werkvertrages sprechen[517]. Für den spanischen Werkvertrag hingegen bietet sich eine Lösung an. Hier wäre es im Interesse der Softwarefirma ratsam, wenn die Parteien eine vertragliche Auflösungsklausel vereinbarten, durch die Art. 1124 CC abbedungen wird, denn die gesetzlichen Bestimmungen zur *acción resolutoria* sind nicht zwingend[518], sondern können von den Parteien durch übereinstimmende Willenserklärungen ausgeschlossen werden[519]. Die Parteien können jedoch nicht nur negativ Art. 1124 CC abbedingen, sondern auch positiv eine ausdrückliche Auflösungsklausel vereinbaren, in der die Bedingungen der Vertragsauflösung im Sinne eines *pacto comisorio expreso* festgelegt werden[520], so dass die Partei, die nicht für den Bedingungseintritt verantwortlich ist, die vertragsgemäße *acción resolutoria* erheben kann[521]. Dies entspricht auch der *lex commissoria*[522], der römisch-rechtlichen Grundlage der *acción resolutoria*[523], derzufolge seinerzeit die Parteien einen Rücktrittsvorbehalt vereinbaren konnten[524]. Um der Softwarefirma eine Chance zur Nachbesserung zu geben, wäre es deshalb interessengerecht, wenn die Parteien eine Klausel vereinbarten, wonach die Vertragsauflösung wegen *incumplimiento* an die Bedingung geknüpft ist, dass der Anwender zuvor die Mangelhaftigkeit der Software gegenüber dem Anbieter gerügt und diesen erfolglos zur *subsanación* aufgefordert hat. Was die Rügepflichten anbelangt[525], ist noch zu beachten, dass diese nach Art. 12 Abs. 2 Rom I-VO gemäß dem tatsächlichen und nicht etwa gemäß dem rechtlichen Erfüllungsort gelten[526].

c) Sachverständigenbeweis

Der Sachverständigenbeweis stellt sich für die Beurteilung der teilweise komplexen technischen Detailfragen als das wichtigste Beweismittel dar[527]. Was allerdings die richterliche Würdigung der Sachverständigengutachten anbelangt,

517 Vgl. oben Kap. D.II.2.b).
518 Huzel, Vertragsauflösung wegen Nichterfüllung im spanischen Recht, S. 104.
519 Albaladejo/*Montés Penadés,* Comentarios al CC, Tomo XV, Vol. 1°, S. 1197.
520 Bercovitz Rodríguez-Cano/*Bercovitz Álvarez,* Comentarios al CC, Art. 1124 n° 1.2, S. 1546.
521 STS de 21 diciembre 1989, FD 1°, RJ 1989, 8863.
522 Huzel, Vertragsauflösung wegen Nichterfüllung im spanischen Recht, S. 29.
523 Albaladejo/*Montés Penadés,* Comentarios al CC, Tomo XV, Vol. 1°, S. 1177.
524 Kaser, Das römische Privatrecht I, S. 561.
525 Vgl. oben Kap. B.III.4.
526 Koch / Magnus / Winkler v. Mohrenfels, IPR und Rechtsvergleichung, Rdnr. 42.
527 Hoeren, IT-Vertragsrecht, S. 184 (Skript, S. 225).

bestehen erhebliche Unterschiede zwischen dem deutschen und dem spanischen Recht. Liegen einander widersprechende Privatgutachten vor, muss nach deutschem Recht, solange noch Aufklärungsbedarf besteht, das Gericht das Gutachten eines Sachverständigen einholen, bevor es zu einem Urteil gelangen kann[528], während nach spanischem Recht der Richter eine freie Würdigung der sich widersprechenden Gutachten gemäß der *sana crítica* vorzunehmen hat[529]. Will der Tatrichter einem der Gutachten den Vorzug geben, dann kann er das nach der Rechtsprechung des BGH nur dann tun, wenn eine weitere Begutachtung keine bessere Aufklärung verspricht und er logisch und nachvollziehbar begründet, warum das eine Gutachten ihn mehr überzeugt als das andere[530], während es nach der Rechtsprechung des TS auf eine Erschöpfung der Aufklärungsmöglichkeiten nicht ankommt, sondern es vielmehr ausreichend ist, dass der Tatrichter seine freie Würdigung der verschiedenen Gutachten in einer weder ungesetzlichen, absurden, willkürlichen, irrationalen noch unlogischen Weise vollzieht[531].

Während also bei einem Privatgutachten, das dem gerichtlich eingeholten Sachverständigengutachten widerspricht, der Tatrichter nach deutschem Recht regelmäßig entweder eine ergänzende Stellungnahme des bisherigen gerichtlichen Sachverständigen zu dem gegenteiligen Privatgutachten (§ 411 Abs. 3 ZPO) oder ein weiteres Gutachten einholen (§ 412 Abs. 1 ZPO) muss[532], beruht die seit dem Jahr 2000 geltende Zivilprozessordnung, die *Ley de Enjuiciamiento Civil*, auf dem dualen Prinzip von privat beauftragten und gerichtlich bestellten Sachverständigen, die miteinander um die Wahrheitsfindung konkurrieren[533]. Dabei ist zu beachten, dass die Kosten für ein privates Sachverständigengutachten nach deutschem Recht grundsätzlich nicht erstattet werden können[534], es sei denn, dass die Partei ohne ein solches Gutachten ihrer Substantiierungslast nicht genügen könnte[535], wohingegen es für die Erstattungsfähigkeit eines von der Klägerin in Auftrag gegebenen Gutachtens nach spanischem Recht ausreichend sein

528 Vgl. oben Kap. D.II.2.d).
529 Vgl. oben Kap. D.II.3.e).
530 BGH, Urt. v. 23.9.1986 – VI ZR 261/85, NJW 1987, 442.
531 Vgl. STS de 18 julio 2011, RJ 2011, 5221.
532 Vgl. oben Kap. D.II.2.d).
533 SAP Zaragoza de 18 junio 2004 (Sección 5ª), núm. 379/2004, FD 5°, JUR 2004/192506.
534 OLG München, Beschl. v. 31.10.1986–11 W 1282/86, GRUR 1987, 33.
535 Hoeren, IT-Vertragsrecht, S. 188 (Skript, S. 230).

kann, wenn es vernünftig erscheint, dass sich die Klägerin vor Klageerhebung die Meinung eines Sachverständigen einholt[536].

Kommt somit nach deutschem Recht dem gerichtlich bestellten Sachverständigen eine herausragende Rolle zu, ist dies nach spanischem Recht nicht so. Nach spanischem Recht hingegen hat die freie tatrichterliche Würdigung mehr Gewicht als nach deutschem Recht, da diese nur insofern eingeschränkt ist, als sie nicht in ungesetzlicher, absurder, willkürlicher, irrationaler oder unlogischer Weise vollzogen werden darf, wohingegen nach deutschem Recht der Tatrichter nur dann einander widersprechende Gutachten kritisch würdigen darf, wenn von einem zusätzlichen Gutachten keine weiteren tatsächlichen Aufklärungsmöglichkeiten zu erwarten sind. Auf den Punkt gebracht: Die Rollengewichtung zwischen Gutachter einerseits und Tatrichter andererseits ist nach deutschem und spanischem Recht höchst unterschiedlich geregelt, denn der gerichtlich bestellte Sachverständige hat nach deutschem Recht erheblich mehr Gewicht als nach spanischem Recht, wohingegen dem Tatrichter nach spanischem Recht erheblich mehr Gewicht zukommt als nach deutschem Recht. Aus Sicht der spanischen Rechtslehre fungiert der Sachverständige als *„juez del hecho"*, also als Richter des Sachverhalts, während dem Tatrichter die Aufgabe zukommt, der *„perito de peritos"*, also der Sachverständige der Sachverständigen zu sein[537]. Somit lässt sich unter Berücksichtigung der praktischen Rollengewichtung von Tatrichter und Sachverständigen abschließend feststellen, dass in Erkenntnisverfahren wegen Softwarefehlern sowohl nach deutschem als auch nach spanischem Prozessrecht den Sachverständigen eine gewichtige Bedeutung zukommt, dass aber den entscheidenden Faktor für den Ausgang des Rechtsstreits nach deutschem Recht das Gutachten des gerichtlich bestellten Sachverständigen und nach spanischem Recht die tatrichterliche Würdigung der miteinander konkurrierenden Gutachten darstellt.

In dem praktischen Ausgangsfall, wie er dieser Arbeit gedanklich zugrunde liegt, dass nämlich in einem Rechtsstreit über individuelle Software von einem deutschen Gericht spanisches Recht anzuwenden ist[538], sind allerdings die spanischen Regelungen zum Sachverständigenbeweis nicht zwingend zu beachten. Denn die Maßgeblichkeit des Forumsrechts (in diesem Fall also des deutschen Rechts) sowohl für das Beweisverfahren als auch für das Beweismaß und die Beweiswürdigung präjudiziert die Kompetenz der *lex fori*, über die Zulässigkeit

536 SAP Barcelona de 14 enero 2002 (Sección 16ª), recurso núm. 249/2001, FD 4°, JUR 2002/110570.

537 Gimeno Sendra, Derecho procesal civil, Tomo I, El proceso de declaración, S. 494.

538 Vgl. oben Kap. B.III.1.

eines Beweismittels im Allgemeinen zu befinden und sich für eine bestimmte Verfahrensart zu entscheiden[539].

III. Ansprüche der Subunternehmer gegen den Besteller

1. Darstellung des sozialen Konflikts

Insbesondere bei umfangreichen Entwicklungsverträgen (wie z.B. einem Vertrag über die Erstellung einer neuartigen Custom Software für ein größeres Unternehmen) greift oftmals der Auftragnehmer zur Herbeiführung des gegenüber dem Auftraggeber vertraglich geschuldeten Erfolges auf die Unterstützung von Subunternehmern zurück[540]. Zum Teil wird aber auch für Verträge zur Überlassung von Individualsoftware im Unternehmensverkehr empfohlen, die Parteien sollten vereinbaren, dass die Beauftragung eines Subunternehmers durch die Softwarefirma nicht gestattet ist[541]. Von einer solchen vertraglichen Vereinbarung ist im vorliegenden sozialen Konflikt nicht auszugehen. Es ist vielmehr der Fall anzunehmen, dass die vom Anwender beauftragte Softwarefirma ihrerseits für die Erstellung einzelner Module der Software oder für andere Teilleistungen innerhalb des IT-Projekts einen Subunternehmer beauftragt hat, ohne dass der Auftraggeber davon in Kenntnis gesetzt wurde, geschweige denn, dass zwischen ihm und dem Subunternehmer ein Vertrag geschlossen wurde. Des Weiteren ist anzunehmen, dass sich der Auftraggeber weigert, die von der Softwarefirma verlangte Vergütung zu zahlen, etwa weil Streit darüber besteht, ob die Softwarefirma vertragsgemäß erfüllt hat. Wenn nun die Softwarefirma auch nicht den Subunternehmer vergüten will oder mangels Liquidität gar nicht kann, z.B. weil die erwarteten Einnahmen aus dem Geschäft mit dem Auftraggeber aufgrund des laufenden Rechtsstreits (noch) nicht generiert werden konnten, dann stellt sich aus Sicht des Subunternehmers die Frage, ob er womöglich Ansprüche auf Vergütung auch direkt gegen den Auftraggeber erheben kann.

---

539 Linke / Hau, Internationales Zivilverfahrensrecht, Rdnr. 10.14, m.w.N.

540 *Span. Fst.:* Soler in: Soler / Piattini, Manual de Gestión y Contratación Informática, S. 328; *dt. Fst.:* Redeker, IT-Recht, Rdnr. 487.

541 Marly, Praxishandbuch Softwarerecht, CD-ROM, § 14 des Mustervertrages Nr. VI, Überlassung von Individualsoftware im Unternehmensverkehr mit Quellcodeüberlassung.

2. Lösung nach deutschem Recht

Einen direkten Vergütungsanspruch des Subunternehmers gegen den Auftraggeber des Hauptunternehmers sieht das BGB nicht vor. Die Rechtswirkungen des Schuldverhältnisses sind grundsätzlich auf die an ihm Beteiligten beschränkt (Zweiparteienverhältnis), so dass die Rechtsstellung dritter Personen durch das Schuldverhältnis nicht berührt wird[542]. Dies gilt allerdings nur für das die Leistungspflichten betreffende Schuldverhältnis nach § 241 Abs. 1 BGB, nicht jedoch für das die weiteren Verhaltenspflichten betreffende Schuldverhältnis nach § 241 Abs. 2 BGB, das auch zu Personen entstehen kann, die nicht selbst Vertragspartei werden sollen (§ 311 Abs. 3 S. 1 BGB). In diesem Zusammenhang kann auch das besondere wirtschaftliche Eigeninteresse eines Dritten am Vertragsschluss zu berücksichtigen sein[543]. Im vorliegenden sozialen Konflikt geht es aber nicht um vorvertragliche Schutzpflichten, sondern um eine vertragliche Hauptleistungspflicht, nämlich die werkvertragliche Vergütung. Auch ein Vertrag zugunsten Dritter gem. § 328 BGB kommt vorliegend nicht in Betracht, da ja davon auszugehen ist, dass der Auftraggeber von der Existenz eines Subunternehmers keine Kenntnisse hatte, folglich diesem auch kein eigenes Recht einräumen konnte, selbst wenn er zu einer solchen Vereinbarung bereit gewesen wäre. Letztlich kommt hier ein Vergütungsanspruch des Subunternehmers gegen den Besteller nur aus abgetretenem Recht im Wege der Zession durch den Hauptunternehmer in Betracht (§ 398 BGB).

3. Lösung nach spanischem Recht

Nach Art. 1597 CC kann derjenige, der durch Leistung von Arbeit und Material für einen Werkunternehmer *(contratista)* zur Erstellung eines Werks beigetragen hat, für welches Werkunternehmer und Besteller *(dueño de obra = comitente)* einen Festpreis vereinbart haben *(obra ajustada alzadamente)*, direkt gegen den Besteller in Höhe des Betrages vorgehen, den dieser dem Werkunternehmer schuldet. Diese *acción directa* ist als eine gesetzlich normierte Ausnahme vom Prinzip der Relativität der Vertragsverhältnisse (Art. 1257 CC) zu verstehen[544]. Sinn und Zweck der *acción directa*, die aus dem Grundsatz *„el deudor de mi deudor es también deudor mío“*[545] abgeleitet wird, ist es, eine ungerechtfertigte

542 Jauernig-*Mansel*, BGB, § 241 Rdnr. 4.

543 Joussen, Schuldrecht I AT, Rdnr. 109.

544 STS de 6 junio 2000, FD 2°, RJ 2000, 4402; STS de 2 julio 1997, FD 3°, RJ 1997, 5474.

545 Deutsch: „Der Schuldner meines Schuldners ist auch mein Schuldner“

Bereicherung *(enriquecimiento injusto)* zu verhindern[546]. Aktiv legitimiert sind grundsätzlich alle an der Erstellung eines Werks beteiligten Subunternehmer[547]. Da es nach dem Wortlaut des Art. 1597 CC auf die Vereinbarung eines Festpreises ankommt, wird im Schrifttum die Auffassung vertreten, dass Werkleistungen, die abhängig vom Zeitaufwand der Softwarefirma vergütet werden sollen, nicht vom Anwendungsbereich des Art. 1597 CC erfasst seien[548]. Als französisches Vorbild für Art. 1597 CC wird traditionellerweise Art. 1798 Code Civil genannt[549], der sich allerdings insofern von der spanischen Regelung ganz erheblich unterscheidet, als er dem Wortlaut nach für handwerklich erstellte Werke von Bauhandwerkern und Zimmerleuten gilt und nicht wie die spanische Regelung auch die durch geistige Arbeit erschaffenen Werke von Ingenieuren umfasst[550]. Demnach wäre Art. 1798 Code Civil im vorliegenden sozialen Konflikt auch nicht einschlägig. Bei Art. 1597 CC handelt es sich rechtsvergleichend betrachtet mithin um eine Besonderheit des spanischen Privatrechts. Es ist deshalb eine naheliegende Erklärung, dass Art. 1597 CC gar keine historischen Vorbilder hat[551].

Nach der Rechtsprechung des TS handelt es sich bei dem Anspruch aus Art. 1597 CC trotz der quantitativen Beschränkungen, die sich aus der Bezugnahme auf den Anspruch des Hauptunternehmers gegen den Besteller ergeben, nicht um einen Ersatz-, sondern um einen direkten Anspruch des Subunternehmers gegen den Besteller, so dass es für die Statthaftigkeit der *acción directa* nicht erforderlich ist, dass der Subunternehmer zuvor erfolglos versucht hat, seine Ansprüche gegenüber dem Hauptunternehmer geltend zu machen[552]. Aktiv legitimiert ist nicht nur der Subunternehmer des Hauptunternehmers, sondern auch der Subunternehmer des Subunternehmers[553]. Somit kann der Subunternehmer gleichzeitig sowohl gegen seinen Vertragspartner (z.B. den Hauptunternehmer oder den übergeordneten Subunternehmer) als auch gegen den Besteller im Wege der *acción directa* vorgehen[554].

---

546 STS de 11 octubre 1994, FD 3°, RJ 1994, 7479.
547 Vgl. STS de 2 julio 1997, FD 1°, RJ 1997, 5474.
548 Soler in: Soler / Piattini, Manual de Gestión y Contratación Informática, S. 333.
549 Albaladejo/*Lucas Fernandez*, Comentarios al CC, Tomo XX, Vol. 2°, S. 444.
550 Pasquau Liaño, La acción directa en el Derecho Español, S. 31.
551 Pasquau Liaño, a.a.O., S. 29 m.w.N.
552 STS de 16 marzo 1998, FD 1°, RJ 1998, 1570.
553 Lacruz Berdejo, Elementos de Derecho Civil II, Derecho de obligaciones, Vol. 2°, S. 195.
554 STS de 11 octubre 1994, FD 3°, RJ 1994, 7479.

Die *acción directa* ist wiederum abzugrenzen von der *cesión de contrato*, die dann in Betracht kommt, wenn der Hauptunternehmer den ausführenden Unternehmer nicht nur dazu beauftragt hat, einzelne Leistungen für bestimmte Software-Module durchzuführen, sondern diesem die gesamte Durchführung des IT-Projekts übertragen hat. Eine solche Vereinbarung kann nur dann als wirksam betrachtet werden, wenn auch der Kunde der Zession zugestimmt hat[555], denn für die Wirksamkeit einer *cesión contractual* sind die Willenserklärungen aller drei Parteien erforderlich[556]. Außerdem ist die *acción directa* abzugrenzen von der *acción subrogatoria* nach Art. 1111, 1. Halbsatz CC. Nach dieser Vorschrift kann der Gläubiger alle Rechte und Ansprüche seines Schuldners mit Ausnahme der höchstpersönlichen Rechte gegen dessen Schuldner geltend machen. Der Gläubiger der *acción subrogatoria* handelt also anstelle und im Namen des Hauptgläubigers, wenn diesem Untätigkeit bei der Geltendmachung seiner Forderung vorzuwerfen ist[557]. Wenngleich die traditionelle Rechtslehre in Anlehnung an die frühere Rechtsprechung die *acción directa* lediglich als Anpassung der *acción subrogatoria* an die Bedingungen des Werkvertragsrechts begreift[558] und auch heute noch im Schrifttum z.T. vertreten wird, dass die Unterschiede zwischen beiden Rechtsinstituten gering seien[559], so darf jedoch keinesfalls der entscheidende Unterschied übersehen werden, wie er von der aktuellen Rechtsprechung und Lehre betont wird: bei der *acción subrogatoria* macht der Gläubiger im Gegensatz zur *acción directa* keinen eigenen Anspruch, sondern den seinem Schuldner gegenüber dessen Schuldner *(„debitor debitoris“)* zustehenden Anspruch geltend[560].

Die Regelung des Art. 1597 CC ist auf sämtliche Verträge über die Erstellung oder Anpassung von Software anzuwenden[561]. Hat der Beklagte *(dueño de obra = comitente)* bereits an den Hauptunternehmer *(contratista principal)* gezahlt, wofür der Beklagte auch beweisbelastet ist[562], so ist die *acción directa*

---

555 Soler in: Soler / Piattini, Manual de Gestión y Contratación Informática, S. 333f.

556 STS de 9 diciembre 1997, FD 3°, RJ 1997, 8967.

557 Bercovitz Rodríguez-Cano/*Álvarez Olalla,* Comentarios al CC, Art. 1111 n° 3.1, S. 1528.

558 Albaladejo/*Lucas Fernández,* Comentarios al CC, Tomo XX, Vol. 2°, S. 445f.

559 Pasquau Liaño, La acción directa en el Derecho Español, S. 29f. m.w.N.

560 Bercovitz Rodríguez-Cano/*Álvarez Olalla,* Comentarios al CC, Art. 1111 n° 3.2, S. 1529; STS de 9 mayo 2012, FD 4°, RJ 2012, 6338.

561 Soler in: Soler / Piattini, Manual de Gestión y Contratación Informática, S. 331.

562 STS de 6 junio 2000, FD 2°, RJ 2000, 4402; Bercovitz Rodríguez-Cano/*Rodríguez Morata,* Comentarios al CC, Art. 1597 n° 1.3, S. 2133.

ebenso abzuweisen wie in dem Fall, dass der Kläger *(subcontratista)* nicht nachweisen kann, dass der Beklagte in Bezug auf die streitgegenständliche Software zu Beginn des Prozesses Schuldner des Hauptunternehmers gewesen ist[563]. Letzteres kann im Rahmen des vorliegenden sozialen Konflikts insbesondere dann relevant werden, wenn der Besteller wegen Verletzung vorvertraglicher Aufklärungspflichten seitens des Hauptunternehmers den Vertrag über individuelle Software im Wege der *acción de la anulabilidad* (Art. 1300ff. CC) angefochten hat[564]. Die Nichtigkeitsklage wirkt nämlich *ex tunc*[565], d.h., der Vertrag wird so behandelt, als habe er niemals existiert[566]. Macht also der Besteller die relative Nichtigkeit des Vertrages über individuelle Software geltend, indem er nachweisen kann, dass der Hauptunternehmer ihn nicht über die Eigenschaften der zu erstellenden Software aufgeklärt hat[567], dann hat die *accíon directa* des Subunternehmers gegen den Hauptunternehmer keine Aussicht auf Erfolg[568]. Zu beachten ist noch, dass es im Falle der *anulabilidad (=nulidad relativa)* im Gegensatz zur *nulidad absoluta* regelmäßig eines Klageantrags (nicht erforderlich im Fall vorsätzlicher Täuschung[569]) und stets einer gerichtlichen Entscheidung bedarf, um die Nichtigkeit herbeizuführen[570].

Des Weiteren kann der Besteller dem Subunternehmer gegenüber sowohl diejenigen Einreden entgegenhalten, die ihm ggf. selbst gegen den Subunternehmer zustehen würden (wie z.B im Falle von Nicht- oder Schlechterfüllung die *excepción de incumplimiento*[571]), als auch diejenigen Einreden, die der Hauptunternehmer seinerseits aus dem Vertragsverhältnis zum Subunternehmer hat, denn der Besteller wird von der Rechtslehre als ein Bürge *(garante)* des Hauptunternehmers (Art. 1853 CC) betrachtet[572].

563 Vgl. Albaladejo/*Lucas Fernández*, Comentarios al CC, Tomo XX, Vol. 2°, S. 45[illegible].

564 Vgl. Soler in: Soler / Piattini, Manual de Gestión y Contratación Informática, S. 335.

565 Vgl. unten Kap. D.IV.3.b).

566 Quesada Sánchez in: Ruiz-Rico Ruiz / Moreno-Torres Herrera, Conceptos básicos de Derecho Civil, S. 174f.

567 Vgl. hierzu ausführlich unten Kap. D.IV.

568 Vgl. Soler in: Soler / Piattini, Manual de Gestión y Contratación Informática, S. 335.

569 Vgl. STS de 27 noviembre 1998, RJ 1998, 9324.

570 Quesada Sánchez in: Ruiz-Rico / Moreno-Torres, Conceptos básicos de Derecho Civil, S. 175.

571 Vgl. hierzu oben Kap. D.II.3.d) bb).

572 Bercovitz Rodríguez-Cano/*Rodríguez Morata*, Comentarios al CC, Art. 1597 nº 1.4, S. 2133.

4. Vergleich und Stellungnahme

Einen der *acción directa* aus Art. 1597 CC entsprechenden Anspruch kennt das BGB nicht. Die systematische Bedeutung der *acción directa* besteht im Kern darin, dass der Grundsatz der Relativität von Forderungen, wie er dem Privatrecht zugrunde liegt[573], von ihr durchbrochen wird, und zwar in doppelter Hinsicht. Denn nicht nur der Direktanspruch an sich stellt eine Durchbrechung der prinzipiellen Relativität dar, sondern auch die diesen Anspruch hemmende Einrede. Zum einen nämlich kann der Direktgläubiger nach Art. 1597 CC einen Anspruch auf Vergütung gegen den Besteller geltend machen, obwohl die beiden keinen Vertrag miteinander geschlossen haben, und zum anderen kann der Besteller dem Direktgläubiger Einreden aus fremdem Recht, also dem Recht des Hauptunternehmers, entgegenhalten. Dabei geht es nicht nur um die *excepción de incumplimiento*, sondern auch um die *excepción de la anulabilidad*. Wenn nach der Rechtsprechung des *Tribunal Supremo* der Irrende im Fall von vorsätzlicher Täuschung (*dolo = engaño malicioso*) die Nichtigkeit des Vertrages wegen fehlerhafter Willensbildung im Wege der Einrede geltend machen kann[574], dann entspricht das dem Grundsatz der Relativität. Hingegen stellt es eine Durchbrechung des Relativitätsprinzips dar, wenn diese Einrede auch vom Besteller dem Direktanspruch des Subunternehmers entgegengehalten werden kann, sofern der Subunternehmer frei von dem Vorwurf vorsätzlicher Täuschung ist. Auf diese Weise kommt der *anulabilidad* nämlich eine absolute Wirkung zu, wie sie eigentlich nur für die *nulidad* vorgesehen ist[575].

Auch das BGB kennt Ausnahmen vom Grundsatz der Relativität im Privatrecht. Beim echten Vertrag zugunsten Dritter (§ 328 Abs. 1 BGB) hat der Dritte ebenso wie der Direktgläubiger nach Art. 1597 CC einen Anspruch gegen den Versprechenden, obwohl er mit diesem keinen Vertrag geschlossen hat. Und auch Einreden aus fremdem Recht kennt das BGB, als da wären z.B. die Einreden des Bürgen (§ 768 Abs. 1 S. 1 BGB), des Hypothekenbestellers (§ 1137 Abs. 1 S. 1 BGB) und des Verpfänders (§ 1211 Abs. 1 S. 1 BGB). Dennoch unterscheiden sich die im BGB normierten Durchbrechungen vom Grundsatz der Relativität hinsichtlich ihrer privatrechtlichen Wurzeln ganz erheblich von der *acción directa* nach Art. 1597 CC. Denn wie sich beim echten Vertrag zugunsten Dritter zeigt, den auch das spanische Recht kennt (Art. 1257 Abs. 2 CC, *estipulación*

---

573 *Span. Fst.:* Lacruz Berdejo, Elementos de Derecho Civil II, Derecho de obligaciones, Vol. 1°, S. 5f.; *dt. Fst.:* Larenz, Lehrbuch des Schuldrechts, Bd. 1, AT, S. 15ff.

574 STS de 27 noviembre 1998, RJ 1998, 9324; STS de 13 octubre 1989, RJ 1989, 6916.

575 Vgl. hierzu unten Kap. D.V.3.c) bb).

en beneficio de tercero[576]), kann die prinzipielle Relativität des Forderungsrechts durch das Prinzip der Vertragsfreiheit verändert bzw. erweitert werden[577]. Die Vertragsfreiheit als Erweiterung der Relativität des Forderungsrechts ist aber gerade nicht die Grundlage für die *acción directa*, denn im Gegensatz zum Versprechenden und Versprechensempfänger beim Vertrag zugunsten Dritter haben der Besteller und der Hauptunternehmer keinen Vertrag zugunsten des Subunternehmers geschlossen. Und was die Einreden des Sicherungsgebers aus fremden Recht (§§ 768, 1137, 1211 BGB) anbelangt, so ergeben sich diese zwangsläufig aus dem wirtschaftlichen Zweck der Sicherung fremder Schuld[578], was aber im Verhältnis zwischen Besteller und Hauptunternehmer gerade nicht der Fall ist. Der Besteller will nicht für die Schuld des Hauptunternehmers gegenüber einem Subunternehmer einstehen, von dessen Existenz er ja noch nicht einmal etwas wissen muss. Dass bezüglich der Einreden aus fremdem Recht zwischen dem Besteller und dem Bürgen eine Analogie bestehen soll, wie es die spanische Rechtslehre annimmt[579], kann also nicht nachvollzogen werden.

Damit will der Verfasser jedoch die Billigkeit von Einreden des Bestellers aus fremdem Recht gegen den Direktanspruch des Subunternehmers keinesfalls in Abrede gestellt wissen. Dass die Beziehungen der Vertragspartner zu Dritten grundsätzlich keine Bedeutung für das Vertragsverhältnis haben sollen, wenn die Einbeziehung Dritter nicht dem beiderseitigen Parteiwillen entspricht, ist nämlich allenfalls als eine Regel zu verstehen. Dabei handelt es sich jedoch um kein Axiom, aus dem die Lösung konkreter Fälle abgeleitet werden kann, sondern vielmehr um einen leitenden Gedanken, zum Verständnis unseres Privatrechtssystems unerlässlich, der sich mit anderen Prinzipien überschneidet und auf Sachzwänge stößt, die ihn verdrängen[580].

Wenn aber von der Rechtsprechung festgestellt wird, dass die *acción directa* aus dem Grundsatz *„el deudor de mi deudor es también deudor mío"* abzuleiten sei[581], ist klarzustellen, dass es einen solchen Grundsatz im Allgemeinen Privatrecht nicht gibt, schon gar nicht den von der spanischen Rechtslehre als Grundlage für die *acción directa* genannten vermeintlichen römischen Grundsatz

576 Quesada Sánchez in: Ruiz-Rico / Moreno Torres, Conceptos básicos de Derecho Civil, S. 169.

577 Joussen, Schuldrecht I, AT, Rdnr. 1144ff.

578 Denck, JuS 1981, 9.

579 Bercovitz Rodríguez-Cano/*Rodríguez Morata*, Comentarios al CC, Art. 1597 n° 1.4, S. 2133.

580 Denck, JuS 1981, 9 (11).

581 STS de 11 octubre 1994, FD 3°, RJ 1994, 7479.

„*debitor debitoris meus*"[582]. Im Gegenteil, für das klassische wie das nachklassische römische Recht galt wegen seines strengen Formalismus der Grundsatz „*alteri stipulari nemo potest*"[583], der sich auf den sog. unechten Vertrag zugunsten Dritter bezog[584]. Dieser Grundsatz wurde erst mit Beginn der mittelalterlichen Kanonistik abgeschwächt und beschäftigte die europäische gemeinrechtliche Wissenschaft noch über Jahrhunderte[585], bis er schließlich in der Kodifizierung des Vertrages zugunsten Dritter (Art. 1257 Abs. 2 CC, § 328 BGB) gänzlich überwunden wurde. Dabei wird von der aktuellen Rechtslehre die Einbeziehung der *res inter alios acta* durchaus als eine problematische Durchbrechung der prinzipiellen Relativität von Vertragsverhältnissen betrachtet, die jedoch wegen des Grundsatzes der Privatautonomie ausnahmsweise zuzulassen sei[586].

Da diese Begründung aber gerade nicht für die *acción directa* greift, kann abschließend nur festgestellt werden, dass es sich im Grunde genommen bei der *acción directa* um eine Durchbrechung der prinzipiellen Relativität im Privatrecht zugunsten des Subunternehmers handelt, d.h. also, dass nach dem Verständnis von Rechtsprechung und Lehre gem. Art. 1597 CC der Schutz des Subunternehmers nicht nur höher zu werten ist als die prinzipielle Relativität, sondern auch höher als die wirtschaftlichen Interessen des Bestellers. Dem entspricht auch die Begründung des TS, dass es Sinn und Zweck des Art. 1597 CC sei, eine ungerechtfertigte Bereicherung *(enriquecimiento injusto)* zu verhindern[587]. Dabei kann es sich ja nur um eine ungerechtfertigte Bereicherung des Bestellers handeln. Wenn also eine ungerechtfertigte Bereicherung des Bestellers als Grundlage für die Entstehung eines Direktanspruchs des Subunternehmers zu verstehen ist, dann wird angesichts dessen, dass es keine vertragliche Beziehung zwischen beiden gibt, die ungerechtfertigte Bereicherung nicht relativ, sondern absolut bestimmt. Folglich beruht die Begründung des TS für die Entstehung des Direktanspruchs aus Art. 1597 CC nicht auf der prinzipiellen Relativität im Privatrecht, sondern auf der grundsätzlichen Annahme, dass gemäß dem Werkvertragsrecht des CC der Subunternehmer gegenüber dem Besteller privilegiert wird.

---

582 Albaladejo/*Lucas Fernández*, Comentarios al CC, Tomo XX, Vol. 2°, S. 446.
583 Digesta 45, I, 38, 17 (Ulpian).
584 Kaser, Das römische Privatrecht II, S. 339.
585 Ranieri, Europäisches Obligationenrecht, S. 463.
586 Díez-Picazo, Fundamentos del Derecho Civil Patrimonial, Vol. 1°, S. 537.
587 STS de 11 octubre 1994, FD 3°, RJ 1994, 7479.

IV. Missverständnisse in der vorvertraglichen Planungsphase

1. Darstellung des sozialen Konflikts

Es liegt im Wesen der vorvertraglichen Planungsphase, dass es zu Missverständnissen zwischen der Softwarefirma und dem Anwender über die Anforderungen an die zu entwickelnde bzw. anzupassende Software kommen kann. Und die grundsätzliche Komplexität von Software bringt es mit sich, dass der Anwender bei Abschluss des Vertrages mangels Erprobung und mangels Sachkunde zumeist noch nicht ausreichend beurteilen kann, ob die Software seinen Erwartungen gerecht wird, ihm das vielmehr erst nach eingehendem Gebrauch möglich ist[588]. Nehmen wir den Fall an, dass die vereinbarungsgemäß erstellte Software zwar für sich genommen im Großen und Ganzen funktioniert, die Bestellerin aber den Vertrag rückgängig machen will, indem sie vorträgt, dass die Software, so wie sie beschaffen sei, nicht ihren Bedürfnissen entspreche, und dass sie den bestehenden Vertrag über individuelle Software niemals abgeschlossen hätte, wenn sie von der konkreten Beschaffenheit der Software Kenntnis gehabt hätte. Dabei ist davon auszugehen, dass der Softwarefirma eine vorsätzliche Täuschung oder eine absichtliche Irreführung der Bestellerin nicht nachzuweisen ist, sondern dass allenfalls der Vorwurf greift, die Softwarefirma habe es fahrlässig unterlassen, die Bestellerin über die Eigenschaften und Funktionen bzw. Nichtfunktionen der zu erstellenden Software hinreichend aufzuklären.

a) Rechtsmittel

Wenn nun die Bestellerin von dem aus ihrer Sicht ungünstigen Vertrag loskommen möchte (ohne Gegenansprüchen der Softwarefirma auf Ersatz des Vertrauensschadens ausgesetzt zu sein), so ist zunächst zu fragen, unter welchen Voraussetzungen ihr ein entsprechendes Rechtsmittel zustehen soll. Dabei sind grundsätzlich zwei gegenläufige Perspektiven denkbar, von denen aus eine Antwort zu finden ist. Zum einen kann man den Blick auf die Bestellerin und deren Willensbildung richten, zum anderen auf die Softwarefirma und deren Verhalten. Die generelle Frage, worauf es für ein Recht der Bestellerin auf Beseitigung des Vertrages ankommen soll, lässt sich also in zwei alternativen oder auch kumulativen Fragestellungen präzisieren:

→ *Frage Nr. 1: Soll es notwendig auf eine fehlerhafte Willensbildung der Bestellerin ankommen?*

588 Vgl. Marly, Praxishandbuch Softwarerecht, Rdnr. 1198.

→ *Frage Nr. 2: Soll es notwendig auf ein schuldhaftes Fehlverhalten der Softwarefirma ankommen?*

b) Rechtsfolgen

Die vorgenannten Fragen betreffen die Anwendungsvoraussetzungen für ein Rechtsmittel der Bestellerin wegen des für sie ungünstigen Vertrages. Eine ganz andere Frage ist die nach den Folgen dieses Rechtsmittels: Welche bereits erbrachten Leistungen sind zurückzugewähren? Kann die Bestellerin verlangen, so gestellt zu werden, wie sie stehen würde, wenn der für sie günstige Vertrag zustande gekommen wäre, oder kann sie verlangen, so gestellt zu werden, wie wenn sie den für sie ungünstigen Vertrag niemals abgeschlossen hätte? Die beiden letztgenannten Fragen werden in der spanischen wie in der deutschen Rechtsdogmatik unter der Dichotomie von positivem und negativem Interesse (*interés positivo / interés negativo)* behandelt[589]. Dabei ist von vornherein klarzustellen, dass es sich beim *interés negativo (=interés de confianza)* und beim *interés positivo (=interés de la ejecución de un contrato)* keinesfalls um schadensersatzrechtliche Kategorien handelt, die dem CC entspringen oder gar *a priori* feststehen würden, sondern dass die entsprechende Unterteilung vielmehr eine Rezeption der Arbeiten des deutschen Rechtswissenschaftlers *Rudolf von Ihering* (1818–1892) darstellt[590]. Hinsichtlich der Rechtsfolgen ist demnach zu fragen:

→ *Frage Nr. 3: Welche Leistungen sind zurückzugewähren?*
→ *Frage Nr. 4: Soll die Bestellerin ihr positives Interesse ersetzt bekommen?*
→ *Frage Nr. 5: Soll die Bestellerin ihr negatives Interesse ersetzt bekommen?*

2. Lösung nach deutschem Recht

a) Rechtsmittel

aa) Irrtumsanfechtung

Das passende Rechtsmittel zu *Frage Nr. 1* könnte im Anfechtungsrecht wegen Eigenschaftsirrtums gem. §§ 119 Abs. 2, 142 Abs. 1 BGB zu finden sein. Danach muss der Anfechtende nur darlegen und beweisen, dass er sich über eine verkehrswesentliche Eigenschaft der Sache geirrt hat, um den Vertrag rückgängig

---

589 *Dt. Fst.*: Larenz, Lehrbuch des Schuldrechts, Bd. 1, AT, S. 430f.; *span. Fst.*: Lacruz Berdejo, Elementos de Derecho civil II, Derecho de obligaciones, Vol. 1°, S. 202; STS de 5 marzo 2010, FD 4°, RJ 2010, 2390.

590 Vgl. Díez-Picazo, Fundamentos del Derecho Civil Patrimonial, Vol. 1°, S. 325.

zu machen. Dabei ist es unerheblich, ob der Erklärende den Irrtum verschuldet hat oder nicht[591]. Der Anfechtende muss auch nicht darlegen, dass der Gegner den Irrtum hervorgerufen hat oder diesen hätte erkennen müssen[592]. Kann er hingegen nachweisen, dass der Erklärungsempfänger den Grund der Nichtigkeit oder Anfechtbarkeit kannte oder infolge von Fahrlässigkeit nicht kannte (§ 122 Abs. 2 BGB) oder zumindest den Irrtum objektiv mitveranlasst hat, wobei kein Verschulden erforderlich ist (§ 254 Abs. 1 analog)[593], dann muss der Irrende dem Erklärungsempfänger auch nicht den Schaden ersetzen, den dieser im Vertrauen auf die Gültigkeit der Erklärung erlitten hat. Das bedeutet also, dass wenn die Bestellerin den Vertrag rückgängig machen und zugleich erfolgreich mögliche Gegenansprüche der Softwarefirma auf Ersatz des negativen Interesses abwehren will, es ausreichend sein kann, wenn sie nachweist, dass sie einem Eigenschaftsirrtum (§ 119 Abs. 2 BGB) erlegen ist, den die Softwarefirma schuldlos objektiv mitveranlasst hat. Somit handelt es sich bei der Anfechtung wegen Eigenschaftsirrtums (§§ 119 Abs. 2, 142 Abs. 1 BGB) um das passende Rechtsmittel zu *Frage Nr. 1*, denn hierfür ist nur eine fehlerhafte Willensbildung der Bestellerin erforderlich, aber kein Verschulden der Softwarefirma.

bb) culpa in contrahendo

Wenn die Bestellerin aber der Softwarefirma hinsichtlich der unterlassenen Aufklärung eine fahrlässige Irreführung vorwirft, so könnte sie Rückgängigmachung des Vertrages im Wege einer Schadensersatzklage aus *culpa in contrahendo* (c.i.c.) gem. §§ 280 Abs. 1, 311 Abs. 2, 241 Abs. 2 BGB verlangen. Dass dem durch fahrlässige Irreführung zum Vertragsschluss Veranlassten ein auf Vertragsaufhebung gehender Schadensersatzanspruch aus c.i.c. zusteht, war als eine durch Rechtsprechung[594] und Lehre vorgenommene schöpferische Rechtsfortbildung schon lange anerkannt, auch wenn sie sich ursprünglich nicht so sehr auf das BGB gründete[595]. Inzwischen ist die c.i.c. aber durch das seit 2002 geltende Gesetz zur Modernisierung des Schuldrechts[596] ins BGB eingefügt worden, § 311 Abs. 2 BGB. Rechtstechnisch betrachtet erfolgt die Vertragsaufhebung wiederum durch einen Vertrag, § 311 Abs. 1 BGB. Der Gläubiger kann nämlich vom Schuldner

591 RG 62, 205.

592 Palandt-*Ellenberger*, BGB, § 119 Rdnr. 1.

593 BGH, Urt. v. 14.3.1969 – V ZR 8/65, NJW 1969, 1380.

594 BGH, Urt. v. 31.1.1962 – VIII ZR 120/60; NJW 1962, 1196 (1198)

595 Larenz, Lehrbuch des Schuldrechts, Bd. 1, AT, S. 108, 112f.

596 BT-Drucks. 14/6857.

eine entsprechende Willenserklärung fordern, woraufhin der Aufhebungsvertrag den aufzuhebenden Vertrag in ein Rückgewährschuldverhältnis umwandelt[597].

Während es bei der Anfechtung wegen Eigenschaftsirrtums nur auf die fehlerhafte Willensbildung der Bestellerin ankam (und unter Berücksichtigung von Gegenansprüchen darauf, dass die Softwarefirma den Irrtum zumindest objektiv mitveranlasst hat), kommt es beim Schadensersatzanspruch nur auf das schuldhafte Fehlverhalten der Softwarefirma an. Dabei kommt jede vorvertragliche Pflichtverletzung in Betracht. Diese muss auch nicht erheblich sein, denn diese Einschränkung gilt nur für den *Schadensersatz statt der ganzen Leistung* (§§ 280 Abs. 3, 281 Abs. 1 S. 3 BGB), dessen Regelung aber auf Schadensersatzansprüche wegen vorvertraglicher Pflichtverletzungen nicht anwendbar ist[598], zumindest dann nicht, wenn der Schadensersatzanspruch auf das negative Interesse geht (was bei der c.i.c. faktisch die Regel ist[599]), denn der *Schadensersatz statt der Leistung* betrifft das positive Interesse. Es ist ausreichend, wenn der Gläubiger des Anspruchs auf Schadensersatz darlegt, dass er den Vertrag nicht abgeschlossen hätte, wenn ihm wahrheitsgemäß gesagt worden wäre, welche Eigenschaften die Software hat, dies zu widerlegen, wäre wiederum die Aufgabe der Softwarefirma[600]. Der Gläubiger trägt die Beweislast dafür, dass der Schuldner objektiv eine ihm obliegende Pflicht verletzt hat[601], er muss jedoch nicht beweisen, dass die Pflichtverletzung zu einem Irrtum geführt hat. Denn bei der Verletzung von vertraglichen oder vorvertraglichen Beratungs- bzw. Aufklärungspflichten ist der Schuldner dafür beweispflichtig, dass der Schaden auch bei pflichtgemäßem Verhalten entstanden wäre, da die Vermutung besteht, dass sich der Geschädigte „aufklärungsrichtig“ verhalten hätte[602].

Mit anderen Worten: Nicht der Gläubiger muss seinen Irrtum beweisen, sondern umgekehrt muss der Schuldner beweisen, dass seitens des Gläubigers kein Irrtum vorliegt, wenn er das Schadensersatzbegehren des Gläubigers abwehren will. Der Schadensersatzanspruch aus c.i.c. ist somit das passende Rechtsmittel zu der oben gestellten *Frage Nr. 2*, derzufolge es für die Geltendmachung des Rechtsmittels nicht notwendigerweise auf eine fehlerhafte Willensbildung der

---

597 Nickel, Die Rechtsfolgen der culpa in contrahendo, S. 172f.

598 Jauernig-*Stadler*, BGB, § 311 BGB Rdnr. 36.

599 Siehe dazu unten Kap. D.IV.2.b).

600 Vgl. BGH, Urt. v. 11.3.1985 – II ZR 42/84, NJW 1985, 1768 (1771).

601 Palandt-*Grüneberg*, BGB, § 280 Rdnr. 35; BGH Urt. v. 16.10.1984 – VI ZR 304/82, NJW 1985 (264).

602 Palandt-*Grüneberg*, BGB, § 280 Rdnr. 39; BGH Urt. v. 8.5.2012 – XI ZR 262/10, NJW 2012, 2427.

Bestellerin ankommt, sondern auf ein schuldhaftes Fehlverhalten der Softwarefirma. Dabei ist allerdings noch zu berücksichtigen, dass der Gläubiger grundsätzlich nicht zu beweisen hat, dass der Schuldner die Pflichtverletzung zu vertreten hat, sondern umgekehrt der Schuldner darzulegen und zu beweisen hat, dass die Pflichtverletzung von ihm nicht zu vertreten ist (Beweislastregel des § 280 Abs. 1 S. 2 BGB).

cc) Verschiedene Rechtsmittel

Ein Rechtsmittel, das ebenso wie die *culpa in contrahendo* sowohl die Verletzung einer Pflicht aus § 241 Abs. 2 BGB voraussetzt als auch die Rückabwicklung des Vertrages bezweckt, ist das Rücktrittsrecht nach § 324 BGB. Die Anforderungen an den Rücktritt sind einerseits niedriger als bei der c.i.c., da es auf ein Vertretenmüssen des Schuldners nicht ankommt, andererseits sind sie auch strenger als bei der c.i.c., weil der Rücktritt nur zulässig ist, wenn dem Gläubiger ein Festhalten am Vertrag nicht mehr zuzumuten ist. Jedoch spricht der Wortlaut des § 324 BGB („*bei* einem gegenseitigen Vertrag") dagegen, dass dieses Rechtsmittel auch im Falle der Verletzung *vor*vertraglicher Pflichten wie im vorliegenden sozialen Konflikt Anwendung findet[603].

Ein weiteres Rechtsmittel, das auf Rückgängigmachung des Vertrages geht, ist die Anfechtung wegen arglistiger Täuschung, § 123 Abs. 1, 1. Alt. BGB. Überschneidungen zu dem Anwendungsbereich für Schadensersatzansprüche aus c.i.c. wegen fahrlässiger Verletzung einer Informationspflicht ergeben sich vor allem daher, dass der BGH das Merkmal Arglist sehr extensiv auslegt. So soll bei einer „ins Blaue hinein" abgegebenen objektiv unrichtigen Erklärung auch dann Arglist vorliegen, wenn der Erklärende zwar gutgläubig war, er aber nicht offenlegt, dass es an einer zuverlässigen Beurteilungsgrundlage fehlt[604]. Problematisch ist auch das Verhältnis zwischen der Täuschungsanfechtung und c.i.c. im Hinblick auf die Verjährungsfristen. Der Schadensersatzanspruch aus c.i.c. auf Rückgängigmachung des Vertrages gem. §§ 280 Abs. 1, 311 Abs. 2, 241 Abs. 2 BGB verjährt ab Kenntnis oder grob fahrlässiger Unkenntnis innerhalb von drei Jahren (§§ 195, 199 Abs. 1 BGB); fehlt es an der Kenntnis oder grob fahrlässigen Unkenntnis, verjährt der Anspruch binnen zehn Jahren von der Entstehung des Anspruchs an, ansonsten nach 30 Jahren (§ 199 Abs. 3 BGB). Die Anwendung der nach §§ 195, 199 BGB geltenden Fristen könnte in Widerspruch zu §§ 123

603 Jauernig-*Stadler*, BGB, § 324 Rdnr. 4.

604 Ständige Rechtsprechung, zuletzt BGH, Urt. v. 7.6.2006 – VIII ZR 209/05, NJW 2006, 2839; Palandt-*Ellenberger*, BGB, § 123 Rdnr. 11 m.w.N.

Abs. 1, 1. Alt., 124 BGB stehen, wonach die Anfechtung wegen arglistiger Täuschung binnen Jahresfrist zu erfolgen hat. Zum Teil wird deshalb die analoge Anwendung von § 124 BGB auf die Ansprüche aus c.i.c. vorgeschlagen[605]. Die überwiegende Meinung im Schrifttum lässt jedoch den Schadensersatzanspruch aus c.i.c. mit den Anfechtungsregeln frei konkurrieren und belässt es bei den unterschiedlichen Verjährungsfristen[606].

Trotz der sehr weitreichenden Anwendung des Merkmals Arglist durch den BGH ist die Anfechtung wegen arglistiger Täuschung nicht das übliche Rechtsmittel, das zur Rückgängigmachung des Vertrages im vorliegenden sozialen Konflikt gewählt wird. Aber genauso wenig gehen Rechtspraxis und Lehre von einer fehlerhaften Willensbildung der Bestellerin im Sinne von *Frage Nr. 1* aus. Gemeinhin wird vielmehr als Ausgangspunkt die unterlassene oder unrichtige Aufklärung bzw. Beratung der beauftragten Softwarefirma gegenüber der Bestellerin gem. *Frage Nr. 2* gesehen und dabei die Rückgängigmachung des Vertrages auf einen Anspruch auf Schadensersatz aus *culpa in contrahendo* gestützt, §§ 280 Abs. 1, 311 Abs. 2, 241 Abs. 2 BGB[607].

dd) c.i.c. und Sachmängelhaftung

Der Schadensersatzanspruch aus *c.i.c.* auf Rückgängigmachung des Vertrages gem. §§ 280 Abs. 1, 311 Abs. 2, 241 Abs. 2 BGB verjährt ab Kenntnis oder grob fahrlässiger Unkenntnis innerhalb von drei Jahren (§§ 195, 199 Abs. 1 BGB); fehlt es an der Kenntnis oder grob fahrlässigen Unkenntnis, verjährt der Anspruch binnen zehn Jahren von der Entstehung des Anspruchs an, ansonsten nach 30 Jahren (§ 199 Abs. 3 BGB)[608]. Diese Verjährungsfristen gelten jedoch dann nicht, wenn sich die Pflichtverletzung auf einen mangelbegründenden Umstand (§ 633 BGB) bezieht, weil dann der Anspruch auf Schadensersatz aus *c.i.c.* gem. § 280 Abs. 1 BGB (i.V.m. §§ 311 Abs. 2, 241 Abs. 2 BGB) nach Vertragsschluss in einen gewährleistungsrechtlich modifizierten Anspruch auf Schadensersatz gem. § 280 Abs. 1 BGB (i.V.m. § 634 Nr. 4 BGB) umschlägt (Umschlagtheorie)[609], so dass dann gem. § 634a Abs. 1 Nr. 1, Abs. 2 BGB eine Verjährungsfrist von zwei Jahren

605 Canaris, AcP 200 (2000), 273, 319.

606 Palandt-*Grüneberg*, BGB, § 311 Rdnr. 13; Fikentscher / Heinemann, Schuldrecht, Rdnr. 95.

607 Marly, Praxishandbuch Softwarerecht, Rdnr. 1198ff., 1242; Hoeren, IT-Vertragsrecht, S. 123f.; Redeker in: Schneider / Graf v. Westphalen, Software-Erstellungsverträge, S. 427.

608 Siehe bereits oben Kap. D.IV.2.a) cc).

609 Fikentscher / Heinemann, Schuldrecht, Rdnr. 97.

nach Abnahme gilt. Nach § 633 Abs. 2 S. 1 BGB ist das Werk mangelfrei, wenn es die vereinbarte Beschaffenheit hat. Im vorliegenden sozialen Konflikt könnte dies zu bejahen sein, da ja davon ausgegangen wird, dass die Software gemäß den Parteivereinbarungen erstellt wurde. Eine Abweichung von der vereinbarten Beschaffenheit wäre somit nicht gegeben.

Allerdings ist im Zusammenhang mit der Rechtsprechung des BGH zum sog. *funktionalen Mangel* zu beachten, dass der Begriff der vereinbarten Beschaffenheit auch das werkvertragliche Erfolgsversprechen umfasst[610]: Demnach soll eine Abweichung von der vereinbarten Beschaffenheit i. S. v. § 633 Abs. 2 S. 1 BGB auch dann vorliegen, wenn das Werk zwar vereinbarungsgemäß hergestellt wurde, aber der mit dem Vertrag verfolgte Zweck der Herstellung des Werks nicht erreicht wird und das Werk seine vereinbarte oder nach dem Vertrag vorausgesetzte Funktion nicht erfüllt[611]. Im vorliegenden sozialen Konflikt wird ja unterstellt, dass obschon die Bestellerin mit dem Ergebnis unzufrieden ist, es von ihr nicht bestritten wird, dass die Software vereinbarungsgemäß erstellt wurde und für sich genommen auch funktioniert. Die Bestellerin kann demnach keinen Softwarefehler im Sinne der Informatik[612] rügen. Es könnte aber ein funktionaler Mangel in Betracht kommen. Ein funktionaler Mangel nach der Rechtsprechung des BGH muss nicht bedeuten, dass die Software insgesamt nicht funktioniert, es ist ausreichend, dass eine bestimmte Funktion nicht vorhanden ist[613].

Im vorliegenden sozialen Konflikt behauptet die Bestellerin zwar nicht, dass die Software *Fehlfunktionen* habe[614], denn die Software für sich genommen funktioniert ja; die Bestellerin könnte aber das Fehlen einer bestimmten – von ihr erwarteten – Funktion (ein sog. *Funktionsdefizit*[615]) rügen. Es kommt nun nach der Rechtsprechung des BGH für das Vorliegen eines funktionalen Mangels entweder darauf an, dass die Funktion, deren Fehlen gerügt wird, *vereinbart war*, was im vorliegenden sozialen Konflikt zu verneinen wäre, da ja die Software vereinbarungsgemäß erstellt wurde, oder es kommt darauf an, dass die fehlende Funktion *nach dem Vertrag vorausgesetzt war*[616]. Wenn das allerdings zu bejahen wäre, dann würde der Schadensersatzanspruch aus *culpa in contrahendo* gem. § 280

610 Siehe hierzu unten Kap. D.V.2.c).
611 BGH, Urt. v. 29.9.2011 – VII ZR 87/11, NJW 2011, 3780.
612 Vgl. hierzu die Beispiele oben Kap. D.II.1.
613 BGH, Urt. v. 3.4.2007 – X ZR 104/04, NJW 2007, 2761.
614 So wie in dem sozialen Konflikt oben Kap. D.II.
615 Zur terminologischen Unterscheidung von Fehlfunktion und Funktionsdefizit: Dreier / Vogel, Software- und Computerrecht, S. 190.
616 Vgl. Marly, Praxishandbuch Softwarerecht, Rdnr. 1490f.

Abs. 1 (i.V.m. §§ 241 Abs. 2, 311 Abs. 2 BGB) auf Vertragsaufhebung in einen Anspruch auf Ersatz des Mangelschadens gem. §§ 280 Abs. 1 (i.V.m. §§ 280 Abs. 3, 281 Abs. 1 S. 3, 634 Nr. 4 BGB) umschlagen. Wenn die Funktion, deren Fehlen von der Bestellerin gerügt wird, hingegen nicht *nach dem Vertrag vorausgesetzt* sein sollte, dann bliebe es bei dem Schadensersatzanspruch aus c.i.c. gem. § 280 Abs. 1 (i.V.m. §§ 241 Abs. 2, 311 Abs. 2 BGB), wobei zu beachten ist, dass die begangene Pflichtverletzung bei beiden Ansprüchen die gleiche wäre, nämlich die unterlassene oder unzureichende Aufklärung über die Eigenschaften und Funktionen bzw. Nichtfunktionen der zu erstellenden Software.

Das Umschlagen des Anspruchs auf Schadensersatz hat für beide Parteien beachtliche Konsequenzen. Die Bestellerin kann nun nicht mehr die unmittelbare Aufhebung des Vertrages fordern, sondern muss gem. § 634 Nr. 1 BGB vorrangig Nacherfüllung verlangen[617], es sei denn, dass ihr die Nacherfüllung unzumutbar ist, § 636 BGB. Sinn und Zweck des vom BGH vertretenen werkvertraglichen Mangelbegriffs ist es, dem Unternehmer die Möglichkeit der Nacherfüllung zu geben, womit der Werkunternehmer regelmäßig besser dasteht als ein Fachmann in anderen Vertragsverhältnissen, der bei schuldhafter Verletzung von Nebenpflichten sogleich Schadensersatz zu leisten hat[618]. Darüber hinaus ist es für die Softwarefirma vorteilhaft, dass unter Heranziehung der zum Baurecht entwickelten Rechtsprechung zu den Sowieso-Kosten der Hersteller auch im Bereich der Software-Entwicklung im Falle einer erforderlichen Nacherfüllung einen Teil der entstehenden Kosten dem Besteller auferlegen kann, wenn dieser den Unternehmer zur Erstellung eines letztlich als mangelhaft anzusehenden Werkes veranlasst hat[619]. Und den großen Schadensersatz (also hier etwa die Rückerstattung der bereits bezahlten Vergütung) kann die Bestellerin dann nicht verlangen, wenn die Pflichtverletzung unerheblich war, § 281 Abs. 1 S. 3 BGB. Wobei dies so zu verstehen ist, dass sich die Unerheblichkeit auf den Mangel beziehen muss[620] (und nicht auf die Pflichtverletzung). Diese Auslegung ist auch sinnvoll, wenn man bedenkt, dass der umgeschlagene Schadensersatzanspruch auf der gleichen vorvertraglichen Pflichtverletzung beruht wie bei dem aus c.i.c., nämlich der unterlassenen oder unzureichenden Aufklärung über die Eigenschaften und (Nicht-)Funktionen der zu erstellenden Software. Dass die gleiche Pflichtverletzung für die Geltendmachung des positiven Interesses erheblich sein soll, aber

617 Vgl. Jauernig-*Mansel*, BGB, § 634 Rdnr. 2.

618 Voit, Anmerkung zu BGH Urt. v. 29.9.2011, NJW 2011, 3782.

619 jurisPK-BGB/*Rösch*, § 631 Rdnr. 114.

620 Jauernig-*Stadler*, BGB, § 281 Rdnr. 30.

nicht für die Geltendmachung des negativen Interesses, diese Schlussfolgerung wäre kaum überzeugend.

Vom Standpunkt der Softwarefirma betrachtet ist also die Sachmängelhaftung dem Schadensersatzrecht grundsätzlich vorzuziehen, da sie dann die Möglichkeit zur Nacherfüllung (nach eigener Wahl entweder durch Mängelbeseitigung oder durch Neuherstellung, § 635 Abs. 1 BGB), ggf. unter Kostenabwälzung auf die Bestellerin behält. Im vorliegenden sozialen Konflikt kommt ein gewährleistungsrechtlich relevanter Funktionsmangel insbesondere dann in Betracht, wenn der mit dem Vertrag verfolgte Zweck der Herstellung des Werks nicht erreicht wird und das Werk seine nach dem Vertrag vorausgesetzte Funktion nicht erfüllt. Ein gewährleistungsrechtlich relevanter Funktionsmangel der Software ist dann leichter festzustellen, wenn der Vertragszweck von den Parteien festgelegt wurde. Deshalb ist es gerade im Interesse der Softwarefirma ratsam, wenn unabhängig vom gewählten Vorgehensmodell die Parteien den Vertragszweck beschreiben, insbesondere die Beziehungen zu der Infrastruktur, in der das System laufen soll[621].

b) *Rechtsfolgen*

Was die Rechtsfolgen anbelangt, so gilt es zu unterscheiden: Die unverzügliche (§ 121 BGB) Anfechtung führt gem. § 142 Abs. 1 BGB dazu, dass das Geschäft rückwirkend als von Anfang an nichtig anzusehen ist, und wenn auch das Erfüllungsgeschäft nichtig ist, kann die Softwarefirma verlangen, dass die Bestellerin ihr den Besitz an der gelieferten Software und den dazugehörigen Dokumenten verschafft, ansonsten richten sich die gegenseitigen Rückgewähransprüche nach § 812 Abs. 1, S. 1, Alt. 1 BGB[622]. Und im Falle des § 119 Abs. 2 BGB (Eigenschaftsirrtum) kann der Erklärungsempfänger ggf. auch noch Ersatz seines negativen Interesses verlangen, wobei dieser Schadensersatzanspruch der Höhe nach durch das positive Interesse begrenzt ist, § 122 Abs. 1 BGB. Gegenüber der Irrtumsanfechtung (§ 119 BGB) jedoch erweist sich der Anspruch auf Schadensersatz aus c.i.c. (§§ 280 Abs. 1, 311 Abs. 2, 241 Abs. 2 BGB) als das flexiblere Rechtsmittel, da hier gem. § 254 BGB ein Mitverschulden der Bestellerin bei der Schadensverteilung (insbesondere bei der Rückzahlung der für die Softwareerstellung bezahlten Vergütung) berücksichtigt werden kann, während bei der Irrtumsanfechtung ein Verschulden der Softwarefirma dazu führt, dass die Bestellerin überhaupt keinen Schadensersatz zu leisten braucht, § 122 Abs. 2 BGB.

---

621 Schneider in: Schneider / Graf v. Westphalen, Software-Erstellungsverträge, S. 235.

622 Vgl. Palandt-*Ellenberger*, BGB, § 142 Rdnr. 2.

Ansonsten ist der Umfang des Schadensersatzanspruchs aus §§ 280 Abs. 1, 311 Abs. 2, 241 Abs. 2 BGB nicht so einfach zu bestimmen. Die herkömmliche Vorstellung, dass der Schadensersatzanspruch aus c.i.c. wegen Abschlusses eines ungünstigen Vertrages auf das negative Interesse geht[623], ist lediglich als eine grobe Merkregel zu verstehen[624]. Faktisch kommt es zwar beim Schadensersatzanspruch aus c.i.c. vorwiegend zum Ersatz des negativen Interesses, aber daraus ergibt sich kein normativer Vorrang des Anspruchs auf Ersatz des negativen Interesses[625]. Nachdem durch die Reform des Schuldrechts eine einheitliche und einzige Anspruchsgrundlage, § 280 BGB, für Pflichtverletzungen geschaffen wurde, kann nicht mehr von einem Regel-Ausnahme-Verhältnis des negativen gegenüber dem positiven Interesse bei vorvertraglichen Pflichtverletzungen ausgegangen werden[626]. Systematisch angemessen ist es hingegen, von der Naturalrestitution (§ 249 Abs. 1 BGB) als der Grundnorm des deutschen Schadensersatzrechts auszugehen. Dann ist es aber nur folgerichtig, dem Aufklärungsberechtigten auch den Anspruch auf Ersatz des Erfüllungsinteresses zuzuerkennen. Ist nämlich nachweisbar, dass ohne die Pflichtverletzung die Vertragspartner einen für den Geschädigten günstigeren Vertrag abgeschlossen hätten, so ist der Anspruch nach § 249 Abs. 1 BGB primär auf Abschluss und Naturalerfüllung dieses Vertrages gerichtet, und wenn der Schädiger ernsthaft und endgültig die Naturalrestitution verweigert, werden zumeist die Voraussetzungen von § 250 BGB vorliegen, so dass er das positive Interesse des Vertragspartners – also dessen Gewinn aus dem günstigeren Geschäft – in Geld zu ersetzen hat[627].

Was die denkbaren Schadensposten beim Schadensersatzanspruch aus §§ 280 Abs. 1, 311 Abs. 2, 241 Abs. 2 BGB angeht, so gilt es zu unterscheiden. Auf jeden Fall liquidiert werden kann der entgangene Gewinn. Hätte der Geschädigte ohne das schuldhafte Verhalten des Gegners ein anderes Geschäft abgeschlossen, gehört zum negativen Interesse auch der aus diesem Geschäft entgangene Gewinn[628]. Jedoch ist der entgangene Gewinn dann nicht als Vertrauensschaden zu ersetzen, wenn der Gläubiger diesen Gewinn bei Zustandekommen des Vertrages

623 Larenz, Lehrbuch des Schuldrechts, Bd. 1, AT, S. 112; Medicus / Petersen, Bürgerliches Recht, Rdnr. 151.

624 Fikentscher / Heinemann, Schuldrecht, Rdnr. 106.

625 Lorenz, NJW 1999, 1001.

626 Theisen, NJW 2006, 3102, 3104 m.w.N.

627 Vgl. Lorenz, NJW, 1999, 1001, im Ergebnis übereinstimmend mit BGH, Urt. v. 24.6.1998 – XII ZR 126/96, NJW 1998, 2900.

628 BGH, Urt. v. 2.3.1988 – VIII ZR 380/86, NJW 1988, 2234, 2236.

gemacht haben würde, da es dann um das Erfüllungsinteresse geht[629]. In der Regel nicht erstattungsfähig hingegen ist der Eigenaufwand (genauso wenig wie der Aufwand der eigenen Mitarbeiter) zur Schadensermittlung und außergerichtlichen Abwicklung des Schadensersatzanspruchs[630]. Von der Schadensermittlung scharf zu trennen ist wiederum die Schadensbeseitigung[631]. Liegen nämlich die Voraussetzungen des § 249 Abs. 2 BGB vor, dann sind die Kosten für die Schadensbeseitigung unabhängig davon zu ersetzen, ob ein Lohnmehraufwand für die Entlohnung der eigenen Angestellten entstanden ist oder nicht, weil es im Falle des Geldersatzes dem Geschädigten freisteht, ob er die Wiederherstellung wirklich durchführen oder den Schaden hinnehmen will[632].

3. Lösung nach spanischem Recht

a) Rechtsmittel

aa) Acción de la anulabilidad

Das passende Rechtsmittel zu *Frage Nr. 1* könnte die *acción de la anulabilidad* (Nichtigkeitsklage) gemäß Art. 1300ff. CC sein. Um die relative Nichtigkeit des Vertrages herbeizuführen, bedarf es im vorliegenden sozialen Konflikt der Erhebung der Nichtigkeitsklage und einer entsprechenden gerichtlichen Entscheidung[633]. Aktiv legitimiert ist nur derjenige Vertragspartner, bei dem ein Willensfehler vorliegt, nicht aber der Vertragsgegner, der den Willensfehler verursacht hat, vgl. Art. 1302 S. 2; 2. Hs. CC[634]. Die Geltendmachung der Nichtigkeit wegen *dolo* gem. Art. 1269 CC kommt vorliegend nicht in Betracht, denn wenngleich *dolo* auch im Falle des Unterlassens von Informationspflichten gegeben sein kann[635], so müsste der Schuldner hinterlistig zum eigenen Vorteil gehandelt

---

629 Larenz, Lehrbuch des Schuldrechts, Bd. 1, AT, S. 431.

630 BGH, Urt. v. 26.2.1980 – VI ZR 53/79, NJW 1980, 1518, 1519.

631 Insofern unscharf: OLG Düsseldorf, Urt. v. 7.12.1988–17 U 27/87, WM 1989, 459 (462).

632 Vgl. BGH, Urt. v. 26.2.1980 – VI ZR 53/79, NJW 1980, 1518 (1519); Anm. zu OLG Köln, Urt. v. 22.4.1994–19 U 253/93, BB Beilage 16/1995, S. 7 (9); BGH, Urt. v. 2.7.1996 – X ZR 64/94, NJW 1996, 2924 (2925).

633 Vgl. Quesada Sánchez in: Ruiz-Rico / Moreno-Torres, Conceptos básicos de Derecho Civil, S. 175.

634 Bercovitz Rodríguez-Cano/*Colás Escandón*, Comentarios al CC, Art. 1302 nº 4, S. 1780.

635 Bercovitz Rodríguez-Cano/*Bercovitz Álvarez*, Comentarios al CC, Art. 1269 nº 3, S. 1727; STS de 27 noviembre 1998, FD 1°, RJ 1998, 9324.

haben[636], was bei dem zugrunde liegenden sozialen Konflikt gerade nicht der Fall ist. Deshalb kann die Bestellerin auch nicht die Einrede der Nichtigkeit *(exceptio doli)* erheben, die von der Rechtsprechung unter Berufung aufs römische Recht im Fall von *dolo* zugelassen wird[637]. Von der Nichtigkeit wegen *dolo* ist die Nichtigkeit wegen Irrtums *(error)* zu unterscheiden. Für die Geltendmachung der letzteren kommt es gem. Art. 1266 Abs. 1 CC nur darauf an, dass sich der Irrtum auf das Wesen der Sache bezieht, die Vertragsgegenstand ist, oder auf diejenigen Eigenschaften der Sache, derentwegen in erster Linie der Vertrag abgeschlossen wurde. Nach ständiger Rechtsprechung des *Tribunal Supremo* ist das in weitgehender Übereinstimmung mit der Rechtslehre dann der Fall, wenn der Irrtum wesentlich (*esencial*) und entschuldbar (*excusable)* ist[638]. Diese für die rechtliche Relevanz von Irrtümern geltenden Beschränkungen sind der Rechtsprechung zufolge dem Grundsatz von *pacta sunt servanda* geschuldet[639].

Das Erfordernis der Entschuldbarkeit (*excusabilidad)*, das sich nicht aus dem Wortlaut des Art. 1266 CC ergibt, wird von der Rechtsprechung aus dem Prinzip der *buena fe* hergeleitet[640]. Für die Feststellung der Entschuldbarkeit kann es demnach sowohl auf ein durchschnittlich sorgfältiges Verhalten des Erklärenden und dessen Kenntnisse als auch auf das vorvertragliche Verhalten des Erklärungsempfängers und dessen Informationspflichten ankommen[641]. Dem TS zufolge soll mit Hilfe des Merkmals der *excusabilidad* verhindert werden, dass der Erklärende geschützt wird, obwohl er als nicht schutzwürdig erscheint[642]. Das muss aber, da die *excusabilidad* auf dem Prinzip der *buena fe* fußt, entsprechend auch

636 Bercovitz Rodríguez-Cano/*Bercovitz Álvarez,* Comentarios al CC, Art. 1269 n° 1, S. 1726.

637 Vgl. STS de 27 noviembre 1998, FD 1°, RJ 1998, 9324.

638 STS de 12 noviembre 2014, RJ 2014, 6460; STS de 26 julio 2000, RJ 2000, 9177; STS de 6 febrero 1998, RJ 1998, 408; STS de 28 septiembre 1996, RJ 1996, 6820; De Verda y Beamonte in: Gaitán Martínez / Mantilla Espinosa (Hrsg.), La terminación del contrato, S. 50; Lacruz Berdejo, Elementos de Derecho Civil II, Derecho de obligaciones, Vol. 1°, S. 364f.; López Frías in: Albiez Dohrmann, Derecho privado, S. 172; Díez-Picazo y Gullón, Sistema de Derecho Civil, Vol. II, Tomo 1, S. 47.

639 STS de 29 octubre 2013, núm. 5479/2013, núm. de recurso 1972/2011, abrufbar über Datenbank der Justiz: *http://www.poderjudicial.es/search/index.jsp* (letzter Abruf: 30.09.2016).

640 STS de 18 febrero 1994, RJ 1994, 1096.

641 De Verda y Beamonte in: Gaitán Martínez / Mantilla Espinosa (Hrsg.), La terminación del contrato, S. 61; López Frías in: Albiez Dohrmann, Derecho privado, S. 172; STS de 26 julio 2000, RJ 2000, 9177.

642 STS de 26 julio 2000, RJ 2000, 9177.

für den Erklärungsempfänger gelten. Aus dem Erfordernis der *excusabilidad* folgt somit, dass ein Irrtum auch dann entschuldbar sein kann, wenn sich der Erklärende zwar bei der Willensbildung nicht hinreichend sorgfältig verhalten hat, der Vertragspartner aber als nicht schutzwürdig erscheint, weil er beispielsweise den Irrtum des Erklärenden hätte erkennen müssen oder weil er den Irrtum hervorgerufen hat, auch wenn ihm dabei kein Verschulden vorzuwerfen ist[643]. Grundsätzlich ist zwar jeder Vertragspartner selbst dafür verantwortlich, sich vor Geschäftsabschluss über die entscheidungserheblichen Fakten zu informieren, jedoch sind die Anforderungen an die Sorgfaltspflichten des Erklärenden dann niedriger, wenn dieser Laie und sein Geschäftspartner Experte ist[644]. Somit gilt es in dem vorliegenden sozialen Konflikt darauf zu achten, ob es sich bei der Bestellerin um eine IT-Firma handelt oder ob diese branchenfremd ist. Dabei soll nicht jeder, sondern nur ein wesentlicher Irrtum zur Geltendmachung der Nichtigkeit berechtigen. Die erforderliche Wesentlichkeit des Irrtums soll nach *Soler Matutes* bei Software-Erstellungsverträgen dann gegeben sein, wenn sich der Irrtum auf die Definition des Programms, dessen effektiven Gebrauch sowie die urheberrechtlichen Nutzungsrechte bezieht[645].

In funktionaler Hinsicht vergleichbar mit der *acción de la anulabilidad* ist der *saneamiento por vicios ocultos*[646]. In beiden Fällen nämlich liegt Vertragserfüllung (*cumplimiento)* vor. Ebenso wie die Nichtigkeitsklage greift auch der *saneamiento* dann ein, wenn die Sache, die Gegenstand des Vertrages ist, Fehler aufweist, durch welche die Sache für sich genommen nicht völlig unbrauchbar wird (andernfalls wäre nämlich *pleno incumplimiento* gegeben[647]), die aber den Gebrauch in solcher Weise einschränken, dass der Erwerber, wenn er die Fehler gekannt hätte, die Sache nicht erworben oder einen geringeren Preis für sie gezahlt hätte (Art. 1484 CC). Dabei muss nicht nur der Irrtum seitens des Kunden entschuldbar *(excusable)* sein, um die *acción de la anulabilidad* geltend machen zu können, sondern die Entschuldbarkeit wird ebenso für das Nichterkennen

643 De Verda y Beamonte in: Prats, L. (Hrsg.), Estudios en homenaje a la Profesora Teresa Puente, Vol. II, S. 545; Bercovitz Rodríguez-Cano/*Bercovitz Álvarez*, Comentarios al CC, Art. 1266 n° 2, S. 1723.

644 STS de 18 febrero 1994, RJ 1994, 1096.

645 Soler in: Soler / Piattini, Manual de Gestión y Contratación Informática, S. 374.

646 Vgl. oben Kap. D.II.3.b) cc).

647 Moreno-Torres Herrera in: Ruiz-Rico Ruiz / Moreno-Torres Herrera, Conceptos básicos de Derecho Civil, S. 261.

der Mängel seitens des Kunden verlangt, damit dieser den *saneamiento por vicios ocultos* geltend machen kann[648].

Während aber die *acción de la anulabilidad* binnen vier Jahren nach Erfüllung *(consumación)* des Vertrages (Art. 1301 CC) zu erheben ist, gilt für die Geltendmachung des *saneamiento* eine Frist von lediglich sechs Monaten nach Ablieferung der Vertragssache, Art. 1490 CC. Im vorliegenden sozialen Konflikt ist eine Anwendung des *saneamiento por vicios ocultos* jedoch abzulehnen, da dieser im CC nur für den Kaufvertrag (Art. 1461, 1474.2, 1484ff. CC) sowie für die *arrendamientos de fincas rústicas y urbanas* geregelt ist (Art. 1553 CC). Es ist davon auszugehen, dass es dem Willen des Gesetzgebers entspricht, dass die Anwendbarkeit des *saneamiento* auf die gesetzlich genannten Fälle (Kaufrecht und *arrendamientos de fincas rústicas y urbanas*) beschränkt bleiben soll[649]. Eine analoge Anwendung auf alle Werkverträge auch außerhalb des privaten Baurechts wäre nicht mit der Rechtsprechung des *Tribunal Supremo* zu vereinbaren[650]. Aber selbst wenn man der von *Lacruz Berdejo* vertretenen Meinung folgen wollte, dass nämlich der *saneamiento* auf alle Entgeltverträge, die ein Geben beinhalten, Anwendung finden soll[651], würden sich im Hinblick auf die vorgenannten Erörterungen zur *acción de la anulabilidad* für den vorliegenden sozialen Konflikt keine Einschränkungen ergeben, denn *Lacruz Berdejo* geht davon aus, dass auch dann, wenn der *saneamiento por vicios ocultos* anwendbar ist, die Anwendbarkeit der Vorschriften über die *vicios del consentimiento* nicht ausgeschlossen sind[652], so dass die Geltendmachung der *anulabilidad* auch dann möglich sein muss, wenn sich der Irrtum auf einen *vicio oculto* bezieht.

bb) Acción resolutoria

In der Praxis allerdings wird von den Auftraggebern bei Rechtsstreitigkeiten im Zusammenhang mit der Durchführung von Software-Erstellungsverträgen zumeist nicht die *anulabilidad*, sondern die Auflösung des Vertrages gem. Art 1124 CC begehrt[653], wobei die *acción resolutoria* (Auflösungsklage)[654] das passende Rechtsmittel zu *Frage Nr. 2* sein könnte. Deren Geltendmachung setzt nämlich

---

648 Díez-Picazo / Gullón, Sistema de Derecho Civil, Vol. II, Tomo 2, S. 48.

649 Soler in: Soler / Piattini, Manual de Gestión y Contratación Informática, S. 696.

650 Vgl. oben Kap. D.II.3.b) cc).

651 Lacruz Berdejo, Elementos de Derecho Civil II, Derecho de obligaciones, Vol. 2°, S. 41.

652 Lacruz Berdejo, a.a.O., S. 49.

653 Soler in: Soler / Piattini, Manual de Gestión y Contratación Informática, S. 703.

654 Vgl. oben Kap. D.II.3.d).

dem Wortlaut des Art. 1124 Abs. 1 CC nach voraus, dass die gegnerische Partei, hier also die Softwarefirma, eine ihr obliegende wechselbezügliche Verbindlichkeit nicht erfüllt hat. Aktiv legitimiert ist mithin nur diejenige Partei, die der Gegenpartei Nichterfüllung vorwirft[655]. Jedoch nicht jede Nichterfüllung berechtigt zur Erhebung der *acción resolutoria*. Übereinstimmend verlangen Rechtslehre und Rechtsprechung, dass der *incumplimiento* schwerwiegend (*grave*) ist[656]. Dementsprechend gewährt die Rechtsprechung die *acción resolutoria* dann, wenn die berechtigten Erwartungen des Vertragspartners erschüttert sind (*frustrando las legítimas expectativas*), was insbesondere dann der Fall ist, wenn das von der Auflösungsklägerin verfolgte ökonomische Ziel erschüttert ist (*frustrado la finalidad económica perseguida por la actora*)[657].

Die Nichterfüllung ist jedoch dann nicht schwerwiegend, wenn es um eine Verpflichtung geht, die im Hinblick auf den *objeto principal* des Vertrages lediglich nebensächlichen Charakter (*puro carácter accesorio*) hat[658]. Das bedeutet also, dass nicht jede vertragliche Verpflichtung auch Bestandteil des *cumplimiento* i.S.d. Art. 1124 CC ist. Die Vorschrift des Art. 1124 CC ist vielmehr eng auszulegen, so dass nur die Nichterfüllung einer solchen Verpflichtung berücksichtigt werden kann, die als Äquivalent der anderen Verpflichtung gewollt war[659]. Für den vorliegenden sozialen Konflikt stellt sich demnach die Frage, ob auch die vorvertraglichen Aufklärungspflichten der Softwarefirma gegenüber der Bestellerin bzgl. der Beschaffenheit der Software Bestandteil des *cumplimiento* i.S.d. Art. 1124 CC sind. Oder anders gefragt: Kann die Bestellerin auch dann, wenn die Softwarefirma die ihr obliegende vorvertragliche Pflicht zur Aufklärung verletzt hat, die Auflösung des Vertrages verlangen?

Ob auch bei der Nichterfüllung einer bloßen Nebenpflicht die *acción resolutoria* erhoben werden kann, hängt zum einen davon ab, wie der Vertrag gestaltet ist. (Der *Tribunal Supremo* hat in einem Fall, in dem sich die Softwarefirma im Rahmen eines Komplettpakets zur vollständigen Digitalisierung eines Betriebes

---

655 STS de 6 octubre 2000, FD 2°, RJ 2000, 9902.

656 Lacruz Berdejo, Elementos de Derecho Civil II, Derecho de obligaciones, Vol. 1°, S. 194f.; Carrasco Perera, Derecho de contratos, S. 1122f.; Soler in: Soler / Piattini, Manual de Gestión y Contratación Informática, S. 730; STS de 18 noviembre 1994, FD 4°, RJ 1994, 8843.

657 STS de 10 marzo 2001, FD 1°, RJ 2001, 5965; STS de 31 mayo 1985, RJ 1985, 2837.

658 STS de 29 diciembre 1997, FD 5°, RJ 1997, 9664; STS de 31 julio 2002, FD 7°, RJ 2002, 8435; Puig Peña, RGLJ núm. 221, 1966, S. 9, 12; Bercovitz Rodríguez-Cano/*Bercovitz Álvarez*, Comentarios al CC, Art. 1124 n° 1.3, S. 1547.

659 STS de 18 noviembre, FD 4°, RJ 1994, 8843.

verpflichtet hatte, entschieden, dass auch Nicht-Hauptleistungspflichten wie z.B. die Wartungspflege, also der *mantenimiento,* als Bestandteil des *cumplimiento* anzusehen sind, wie sich der *STS de 24 octubre 2002*[660] entnehmen lässt[661].) Zum anderen hängt die Statthaftigkeit der Auflösungsklage davon ab, wie weit die vertragsgemäße Verwendung der Software durch die Nichterfüllung beeinträchtigt ist[662]. So hat das *Provinzialgericht Barcelona* für einen Kaufvertrag über Software die Vertragsauflösung wegen Nichterfüllung anerkannt, weil das mitgelieferte Benutzerhandbuch nicht auf Spanisch, sondern bloß auf Englisch verfasst war[663]. Und das *Kantabrische Provinzialgericht* hat entschieden, dass auch dann ein Fall von *incumplimiento* i. S. v. Art. 1124 CC vorliegt, wenn die Softwarefirma es unterlassen hat, den Besteller über die Anwendung des von ihr installierten Programms aufzuklären[664]. Das letztgenannte Urteil bezieht sich also auf die Informationspflichten der Softwarefirma nach Vertragsschluss. Ist die Auflösungsklage aber auch dann statthaft, wenn die Klägerin die Verletzung von vorvertraglichen Informationspflichten rügt?

Zwar ist nach der Rechtsprechung des TS die *acción resolutoria* das zulässige Rechtsmittel, wenn der Verkäufer eine ihm obliegende vorvertragliche Informationspflicht vorsätzlich verletzt hat[665], fraglich ist jedoch, ob das nur für Kaufverträge oder darüber hinaus auch – wie im vorliegenden Fall – für Werkverträge bei fehlendem Vorsatz des Werkunternehmers gelten soll. Für die Beantwortung dieser Frage wird es nach der Rechtsprechung der Berufungsgerichte entscheidend darauf ankommen, ob der Streitgegenstand der Auflösungsklage lediglich in der Nichterfüllung der Informationspflichten besteht oder ob er darüber hinaus auch die Nichterfüllung der Hauptleistungspflichten umfasst: Das *Provinzialgericht Valencia*[666] hatte in einem Fall über Vertragsauflösung wegen Nichterfüllung zu entscheiden, in dem die Auflösungsklägerin nicht nur rügte, dass die Softwarefirma die nach individuellen Vorgaben zu erstellende Software niemals bei ihr installiert habe, sondern dass es darüber hinaus die Softwarefirma versäumt habe, die Klägerin darauf hinzuweisen, dass sie auch eine kostengünstigere Standardsoftware im Angebot habe, die besser als die *software a medida*

660 RJ 2002, 8975.

661 Soler in: Soler / Piattini, Manual de Gestión y Contratación Informática, S. 570, 628.

662 Soler, a.a.O., S. 719.

663 SAP Barcelona de 4 abril 2000 (Sección 1ª), recurso de apelación núm. 846/1998, JUR 2000/190161.

664 SAP Cantabria de 3 junio 2004 (Sección 2ª), núm. 210/2004, FD 2°, JUR 2004/180099.

665 STS de 31 octubre 2006, RJ 2006, 8405.

666 SAP Valencia de 28 octubre 2002 (Sección 11ª), núm. 480/2002, AC 2002, 1856.

für die Bedürfnisse der Klägerin geeignet gewesen wäre. Streitgegenstand war also sowohl die Nichterfüllung der wechselbezüglichen Hauptleistungspflicht (Installation der *software a medida*) als auch die Nichterfüllung der vorvertraglichen Informationspflichten. Das Gericht prüfte auch im Hinblick auf die vorvertraglichen Informationspflichten die Begründetheit der Auflösungsklage, lehnte diese jedoch letztlich ab, indem es feststellte, dass die Softwarefirma tatsächlich ihren Informationspflichten nachgekommen sei.

Anders gelagert war der vom *Provinzialgericht Almería*[667] zu entscheidende Fall, bei dem die IT-Firma auf Zahlung klagte, die Bestellerin aber Widerklage auf Vertragsauflösung und Schadensersatz erhob, indem sie vortrug, dass das von der IT-Firma unnötigerweise doppelt gelieferte Zubehör überdimensioniert sei und nicht den Bedürfnissen der Bestellerin entspreche. Das Gericht gab jedoch der Zahlungsklage statt und wies die Widerklage ab mit der Begründung, dass es sich hierbei nicht um einen Fall von Nichterfüllung, sondern allenfalls um eine fehlerhafte Willensbildung handele, da das gelieferte Material den vertraglichen Vereinbarungen entsprochen habe. Folglich wies das Gericht darauf hin, dass die richtige Klageart für die Widerklage die Nichtigkeitsklage (*acción de la anulabilidad)* und nicht die Auflösungsklage gewesen wäre[668]. Für *Soler Matutes* ergibt sich als praktische Konsequenz aus den beiden vorgenannten Urteilen, dass immer dann, wenn sich die Nichterfüllung der Softwarefirma auf die Konzeption des Programms bezieht, es empfehlenswert sei, die Nichtigkeitsklage und die Auflösungsklage kumulativ zu erheben, und zwar in der Weise, dass der Hauptantrag auf Vertragsauflösung und der Hilfsantrag auf die Annullierung des Vertrages geht[669].

Die beiden Berufungsurteile sind schon deshalb vergleichbar, weil die Gerichte übereinstimmend feststellen, dass auf die zugrunde liegenden vertraglichen Beziehungen Werkvertragsrecht anzuwenden ist. Aus der Zusammenschau der beiden Urteile lässt sich also entnehmen, dass eine Auflösungsklage wegen Nichterfüllung vorvertraglicher Informationspflichten nur dann statthaft ist, wenn zugleich die Nichterfüllung einer Hauptleistungspflicht (wie z.B. der nicht vorgenommenen Installation bei einem Software-Erstellungsvertrag) geltend gemacht wird, dass es aber umgekehrt an der Statthaftigkeit der Anfechtungsklage mangelt, wenn – wie im vorliegenden sozialen Konflikt – der Kläger oder

---

667 SAP Almería de 19 junio 1997 (Sección 1ª), recurso de apelación núm. 322/1996, JUR 2003/237745.

668 SAP Almería, a.a.O., FD 4°

669 Soler in: Soler / Piattini, Manual de Gestión y Contratación Informática, S. 381, 383.

Widerkläger isoliert die Nichterfüllung einer vorvertraglichen Informationspflicht rügt.

cc) Zwischenergebnis

Die Nichtigkeitsklage wegen Irrtums gem. Art. 1301 CC (*acción de la anulabilidad*) ist mithin das passende Rechtsmittel zu *Frage Nr. 1*, denn zur Herbeiführung der Nichtigkeit ist es notwendig, dass seitens der Bestellerin eine fehlerhafte Willensbildung vorliegt. Bei der fehlerhaften Willensbildung handelt es sich um eine zwar notwendige, aber nicht hinreichende Bedingung für eine erfolgreiche Nichtigkeitsklage. Wenn bei der Bestellerin eine fehlerhafte Willensbildung vorliegt, dann sind sowohl ein nicht vorwerfbares Fehlverhalten der Bestellerin bei der Willensbildung als auch ein Fehlverhalten der Softwarefirma bei der Kundenberatung jeweils für sich genommen hinreichende, wenn auch nicht notwendige Voraussetzungen für eine Nichtigkeitsklage wegen Irrtums. Denn das Merkmal der *excusabilidad* kann einerseits dann erfüllt sein, wenn der Bestellerin kein Fehlverhalten bei der Willensbildung und der Softwarefirma kein Fehlverhalten bei der Beratung vorzuwerfen ist, während es andererseits auch dann erfüllt sein kann, wenn die Bestellerin bei der Willensbildung nicht ausreichend sorgfältig gehandelt hat, die Softwarefirma aber als nicht schutzwürdig erscheint, z. B. weil sie den Irrtum schuldlos hervorgerufen hat oder weil sie die fehlerhafte Willensbildung bei der Bestellerin nicht bemerkt hat, obwohl ihr dies möglich gewesen wäre.

Die Auflösungsklage gem Art. 1124 CC *(acción resolutoria)* hingegen kann nur dann das passende Rechtsmittel zu *Frage Nr. 2* darstellen, wenn zugleich die Nichterfüllung einer wechselbezüglichen Hauptleistungspflicht vorliegt, was aber in dem hier zu erörternden sozialen Konflikt gerade nicht der Fall ist, da davon auszugehen ist, dass die Software vertragsgemäß erstellt wurde. Folglich ergibt sich nach spanischem Recht auf die *Frage Nr. 2* keine affirmative Antwort für den vorliegenden sozialen Konflikt.

dd) Geltendmachung durch Klage oder Einrede

Die oben zitierte Empfehlung von *Soler Matutes*[670] ist aus zivilprozessualer Sicht vor dem Hintergrund von Art. 400 LEC zu verstehen[671]. Dieser Vorschrift zufolge muss aus dem in der Klageschrift enthaltenen Begehren, wenn dieses auf verschiedene Sachverhalte oder Rechtsgrundlagen gestützt werden kann,

670 Kap. D.IV.3.a) bb).
671 Soler in: Soler / Piattini, Manual de Gestión y Contratación Informática, S. 380.

hervorgehen, auf welche Sachverhalte und Rechtsgrundlagen sich der Kläger beruft. Während im deutschen Schrifttum der nach § 253 Abs. 2 Nr. 2 ZPO in der Klageschrift zu benennende Klagegrund nicht als rechtliche Qualifizierung oder Einordnung unter eine klagebegründende Norm verstanden wird[672], wird in der spanischen Literatur darüber diskutiert, ob sich die *causa petendi* lediglich auf die Darstellung des konkreten Sachverhalts bezieht *(teoría de la sustanciación)* oder ob dieser Sachverhalt in einer Rechtsnorm aufgenommen sein muss *(teoría de la individualización)*[673]. Die Erste Kammer des *Tribunal Supremo* hat in ihrer Mitteilung vom 29. September 2011 ihre Rechtsauffassung zur *causa petendi* zusammenfassend erläutert[674]: Demnach besteht der Klagegrund aus den Tatsachen, die zur Erreichung der vom Kläger beanspruchten Rechtsfolge erforderlich sind. Zugleich betont das Gericht aber auch, dass es zur Bestimmung des Sachverhalts erforderlich sein kann, dass der Kläger ein bestimmtes Rechtsmittel benennt. Die Ausführungen des Gerichts sind also nicht dazu geeignet, den oben genannten Meinungsstreit zwischen der *teoría de la sustanciación* und der *teoría de la individualización* beizulegen.

Der römische Grundsatz *iura novit curia* gilt grundsätzlich im spanischen Zivilprozess[675] ebenso wie im deutschen[676]. Während er jedoch in Deutschland von Rechtsprechung und Lehre so verstanden wird, dass er lediglich das Verhältnis des juristischen Laien zum Gericht beschreibt[677], verstehen ihn in Spanien Rechtsprechung und Lehre in der Weise, dass das Gericht die in der Klageschrift genannte Anspruchsgrundlage korrigieren kann, wenn diese nicht zu dem tatsächlich vorgetragenen Begehren passt[678]. Stimmen also die tatsächlichen Ausführungen und die Benennung der Rechtsgrundlagen nicht überein, sind für das Gericht die tatsächlichen Ausführungen entscheidend, auf die es dann die entsprechend korrigierten Normen anwendet[679]. Da letztlich die Frage der *causa*

---

672 Thomas/Putzo-*Reichold*, § 253 ZPO Rdnr. 10.

673 Toribios Fuentes / Velloso Mata, Manual práctico del proceso civil, S. 142f.

674 Doctrina jurisprudencial de la Sala Primera cuestiones procesales LEC 2000, abrufbar unter: *http://www.poderjudicial.es/cgpj/es/Poder-Judicial/Tribunal-Supremo/Actividad-del-TS/Estudios/Doctrina-jurisprudencial-de-la-Sala-Primera--Cuestiones-Procesales-LEC-2000* insbesondere Kap. III.6 (letzter Abruf: 30.09.2016).

675 STS de 21 abril 1998, RJ 1998, 2056.

676 Adomeit, Einführung in das spanische Recht, S. 86.

677 Medicus, AnwBl. 2004, 257 (260); OLG Hamm, Beschl. v. 6.12.2013–9 W 60/13, *http://openjur.de/u/664284.html* (letzter Abruf: 30.09.2016).

678 Toribios Fuentes / Velloso Mata, Manual práctico del proceso civil, S. 144; STS de 26 enero 2000, FD 4°, RJ 2000, 1293.

679 Gimeno Sendra, Derecho procesal civil, Tomo I, El proceso de declaración, S. 307.

petendi zu erheblichen Schwierigkeiten bei der Rechtsdurchsetzung führen kann, erscheint es zur Vorbeugung einer Klageabweisung in Übereinstimmung mit *Soler Matutes* ratsam, dass der Kläger gemäß Art. 71.4 LEC als Hauptantrag die *resolución* und hilfsweise die *nulidad* geltend macht[680]. Nach Art. 71.4 LEC nämlich ist die Verknüpfung eines Hauptantrags mit einem subsidiären Hilfsantrag zulässig, auch wenn die geltend gemachten Klagen untereinander nicht kompatibel sind.

Zur Herbeiführung der Vertragsauflösung wegen Nichterfüllung ist eine gerichtliche Entscheidung nur dann erforderlich, wenn sich die Parteien über das Auflösungsbegehren uneinig sind[681]. Besteht hingegen Einigkeit zwischen den Parteien, dann kann die Vertragsauflösung auch auf außergerichtlichem Wege herbeigeführt werden[682], denn die gesetzliche Regelung zur gerichtlichen Vertragsauflösung (Art. 1124 CC) ist dem Wortlaut nach („*facultad*") nur als eine Möglichkeit zu verstehen und insofern weniger streng als das französische Vorbild des Art. 1184 Code civil[683]. Wird aber im Streitfall die Vertragsauflösung vor Gericht geltend gemacht, so muss dies unbedingt im Wege der Klage *(demanda)* oder der Widerklage *(reconvención)* erfolgen, da die bloße Erhebung einer Einrede *(excepción)* für die Herbeiführung der Vertragsauflösung nicht ausreichend ist[684]. Anders ist es hingegen bei der *anulabilidad*. Die Nichtigkeit des Vertrages wegen fehlerhafter Willensbildung kann nach der Rechtsprechung des *Tribunal Supremo*[685] von dem Irrenden/Getäuschten auch im Wege der Einrede geltend gemacht werden, wenn er dem Vertragsgegner *dolo* (Vorsatz) vorwirft[686], wobei das Gericht diese Möglichkeit aus der *exceptio doli* des klassischen römischen Rechts herleitet[687], mit deren Hilfe einst das (insbesondere bei Vertragsschluss) treuwidrige Verhalten des Klägers vom Richter berücksichtigt werden konnte[688].

Auch hinsichtlich der Verjährungsfristen unterscheiden sich die Auflösungs- und die Nichtigkeitsklage. Während für die *acción resolutoria* grundsätzlich nach

---

680 Vgl. Soler in: Soler / Piattini, Manual de Gestión y Contratación Informática, S. 381.
681 Vgl. oben Kap. D.II.3.d) bb).
682 Díez-Picazo y Gullón, Sistema de Derecho Civil, Vol. II, Tomo 1, S. 255f.
683 Huzel, Vertragsauflösung wegen Nichterfüllung im spanischen Recht, S. 58; zum französischen Recht vgl. auch Ranieri, Europäisches Obligationenrecht, S. 657ff.
684 STS de 6 octubre 2000, FD 2°, RJ 2000, 9902; STS de 3 junio 1996, RJ 1996, 4719; STS de 20 junio 1996, RJ 1996, 5105.
685 STS de 27 noviembre 1998, RJ 1998, 9324; STS de 13 octubre 1989, RJ 1989, 6916.
686 Vgl. oben Kap. D.III.4.
687 STS de 27 noviembre 1998, FD 1°, RJ 1998, 9324.
688 Kaser, Das römische Privatrecht I, S. 488.

Art. 1964 CC die allgemeine Verjährung von 15 Jahren gilt[689], ist die *acción de la anulabilidad* binnen vier Jahren nach Erfüllung (*consumación)* des Vertrages (Art. 1301 CC) zu erheben, wobei diese Frist nur für die *acción*, nicht aber für die *excepción* gilt[690]. Von der *excepción* wurde und wird teilweise unter Bezugnahme auf römisch-rechtliche Quellen angenommen, dass sie unbefristet geltend gemacht werden kann[691]. Die Nichtigkeitsklage kann jedoch von dem Zeitpunkt an nicht mehr erhoben werden, in dem der Irrende den nichtigen Vertrag bestätigt (*confirmación)*, Art. 1309 CC.

b) Rechtsfolgen

Auflösungs- und Nichtigkeitsklage unterscheiden sich demnach in ihren Fristen und Anwendungsvoraussetzungen. Was aber die primären Rechtsfolgen angeht, da sind sie funktional identisch: Beide wirken *ex tunc*, bei beiden Klagearten wird der Vertrag also rückwirkend aufgehoben[692]. D. h., der Vertrag wird so behandelt, als habe er niemals existiert[693]. War die Nichtigkeitsklage erfolgreich, dann erstrecken sich die wechselseitigen Rückgabepflichten gem. Art. 1303 CC auf die geleistete Sache einschließlich der gezogenen Nutzungen sowie auf das geleistete Geld mit Zinsen. Dabei bezieht sich die Rückgabepflicht auch auf vorvertraglich erbrachte Leistungen (wie z. B. eine Viabilitätsstudie, einen Prototypen oder das Pflichtenheft[694]), sofern es sich dabei nicht um Leistungen handelt, die unabhängig vom nichtigen Vertrag erbracht wurden[695]. Die Rückgabepflichten ergeben sich also bei der Nichtigkeitsklage aus Art. 1303 CC. Sinn und Zweck dieser Vorschrift ist es, dass zugunsten des Nichtigkeitsklägers dessen persönlicher und vermögensmäßiger Zustand wiederhergestellt wird, der vor Abschluss des Vertrages bestanden hatte, um eine ungerechtfertigte Bereicherung *(enriquecimiento*

---

689 Lacruz Berdejo, Elementos de Derecho Civil II, Derecho de obligaciones, Vol. 1°, S. 198.

690 Soler in: Soler / Piattini, Manual de Gestión y Contratación Informática, S. 378.

691 Lacruz Berdejo, Elementos de Derecho Civil II, Derecho de obligaciones, Vol. 1°, S. 549f. m.w.N.

692 Lacruz Berdejo, a.a.O., S. 200 *(Auflösungsklage)*, S. 553 *(Nichtigkeitsklage)*.

693 Quesada Sánchez in: Ruiz-Rico Ruiz / Moreno-Torres Herrera, Conceptos básicos de Derecho Civil, S. 174f. *(Nichtigkeitsklage)*; Soler in: Soler / Piattini, Manual de Gestión y Contratación Informática, S. 731 *(Auflösungsklage)*.

694 Soler in: Soler / Piattini, Manual de Gestión y Contratación Informática, S. 378f.

695 SAP Barcelona de 10 marzo 2000 (Sección 3ª), recurso núm. 231/1998, JUR 2003/237754.

injusto) der Gegenseite zu verhindern[696]. Wenn auch eine vergleichbare Regelung für die Auflösungsklage fehlt und die Anwendbarkeit des Art. 1303 CC auf die Auflösungsklage bestritten wird[697], so herrscht bei unterschiedlicher rechtsdogmatischer Begründung[698] im Ergebnis doch Einigkeit zwischen Rechtslehre und Rechtsprechung, dass nach erfolgter *resolución* der rechtliche Zustand wiederherzustellen ist, der vor Vertragsschluss bestand, wobei die Rechtsprechung Art. 1303 CC entsprechend anwendet[699].

D.h. also, dass sowohl die geleistete Sache als auch das geleistete Geld zuzüglich Zinsen zurückzugewähren sind[700]. Daraus erwächst auch für die Bestellerin ggf. die Verpflichtung, sämtliche Kopien des für sie erstellten Programms zu zerstören[701]. Während die IT-Firma die Vergütung zuzüglich Zinsen zurückzuzahlen hat, hat die Bestellerin alles, was sie von der IT-Firma erhalten hat, einschließlich Pflichtenheft oder Prototyp, zurückzugeben[702], so dass insofern die Rechtsfolgen von Auflösungs- und Nichtigkeitsklage übereinstimmen. Außerdem hat die Wiederherstellung sowohl bei der Nichtigkeitsklage[703] als auch bei der Auflösungsklage[704] grundsätzlich *in natura* zu erfolgen, wenn dies aber nicht möglich ist, muss der Schuldner entsprechenden Geldersatz leisten. Somit kann *Frage Nr. 3* dahin gehend beantwortet werden, dass sich funktional betrachtet die Auflösungsklage und die Nichtigkeitsklage in Bezug auf die wechselseitig zurückzugebenden Leistungen nicht unterscheiden, was auch für den Geldersatz bei gegebener Unmöglichkeit der Rückgabe gilt.

Kann aber die Auflösungs- bzw. Nichtigkeitsklägerin über die *resolución* bzw. die *anulabilidad* hinaus auch noch Schadensersatz fordern? Im Falle der Auflösungsklage ist dies gesetzlich geregelt: Gem. Art. 1124 Abs. 2 Satz 1 CC kann

---

696 SAP Pontevedra de 27 febrero 2014 (Sección 1ª), núm. 70/2014, AC 2014, 459; STS de 5 marzo 2010, FD 4°, RJ 2010, 2390.

697 Lacruz Berdejo, Elementos de Derecho Civil II, Derecho de obligaciones, Vol. 1°, S. 200.

698 Vgl. hierzu die Darstellung bei Huzel, Vertragsauflösung wegen Nichterfüllung im spanischen Recht, S. 70f.

699 STS de 5 febrero 2002, RJ 2002, 2884; Soler in: Soler / Piattini, Manual de Gestión y Contratación Informática, S. 731.

700 STS de 20 julio 2001, RJ 2001, 8403; STS de 23 enero 1999, RJ 1999, 419.

701 Gómez Perals/Fabra Valls in: Yzquierdo Tolsada, Contratos, Tomo XII, S. 571.

702 Vgl. oben Kap. D.II.3.d) aa).

703 Bercovitz Rodríguez-Cano/*Colás Escandón*, Comentarios al CC, Art. 1303 n° 2.4, S. 1781.

704 Bercovitz Rodríguez-Cano/*Bercovitz Álvarez*, Comentarios al CC, Art. 1124 n° 3, S. 1548.

der Gläubiger neben Vertragsauflösung auch Schadensersatz verlangen, denn der ökonomische Zweck der Auflösungsklage ist es, dass der Gläubiger die von ihm getätigten Investitionen wieder zurück erhält[705]. Der CC enthält aber keine Vorschrift dazu, ob auch dem Nichtigkeitskläger über die Rückgewähransprüche hinaus noch ein Schadensersatzanspruch zustehen soll. In der Rechtslehre wird dies darauf zurückgeführt, dass gemäß dem römischen Recht der Anspruch auf Schadensersatz ein Verschulden voraussetzt, während dies bei der Nichtigkeitsklage nicht der Fall ist[706].

Der *Tribunal Supremo* hat jedoch eine Kumulation von Nichtigkeits- und Schadensersatzklage akzeptiert[707]. Im Schrifttum wird dies begrüßt mit dem Argument, dass es andernfalls mit dem Billigkeitsgebot der gesetzlichen Auslegungsregel des Art. 3.2 CC nicht vereinbar sei, wenn zwar die Klage auf Vertragsauflösung wegen Nichterfüllung mit einer Schadensersatzklage verbunden werden könne, dies aber nicht zugleich für die Nichtigkeitsklage gelten solle[708]. Rechtsprechung und Literatur zufolge kommen für ein Schadensersatzbegehren der Auftraggeberin gegenüber der IT-Firma in Verbindung mit einer Auflösungsklage folgende Posten in Betracht[709]: Die unnützen Lohnkosten für die Arbeitszeit des eigenen Personals im Hinblick auf die Zusammenarbeit mit der IT-Firma bei der Entwicklung des Projekts, die Kosten für die Reparatur der Anwendungssoftware, mit der die Bestellerin eine Drittfirma beauftragt hat, oder die Kosten für den Erwerb einer Nutzungslizenz für ein alternatives Programm oder der entgangene Gewinn z.B. durch den Verlust von Kunden wegen nicht durchführbarer Aufträge.

Da der vorliegende soziale Konflikt aber nicht mit Hilfe der Auflösungsklage, sondern nur mit Hilfe der Nichtigkeitsklage wegen Irrtums gelöst werden kann[710], stellt sich die Frage, ob die vorgenannten Schadensposten auch hier geltend gemacht werden können. Generell wird von der Rechtsprechung anerkannt, dass die Ansprüche auf Rückgabe gem. Art. 1303 CC bisweilen unzureichend sind, um die ökonomischen Probleme zu lösen, die sich aus der Nichtigkeit des Vertrages ergeben, so dass darüber hinaus die entsprechende Anwendung der Vorschriften über die Nichterfüllung von Verbindlichkeiten (Art. 1101ff. CC) in Betracht zu

705 Palazón Garrido in: Albiez Dohrmann, Derecho privado, S. 425.
706 Morales Moreno in: Albiez Dohrmann, Derecho privado, S. 415.
707 Erstmals STS de 26 julio 2000, RJ 2000, 9177; nunmehr ständige Rechtsprechung, STS de 5 mayo 2009, FD 6°, RJ 2009, 2907.
708 Soler in: Soler / Piattini, Manual de Gestión y Contratación Informática, S. 379.
709 Siehe oben Kap. D.II.3.d) cc).
710 Siehe oben Kap. D.IV.3.a) cc).

ziehen ist[711]. Von der spanischen Rechtslehre wird unter Berufung auf den deutschen Rechtswissenschaftler *Rudolf von Ihering* (1818–1892) und dessen Lehre zur *culpa in contrahendo* betont, dass der Anspruch auf Schadensersatz wegen eines ungültigen Vertrages nicht auf den Ersatz des positiven, sondern lediglich auf den des negativen Interesses gerichtet sein könne[712], d. h., dass der Gläubiger dann so gestellt werden muss, wie wenn er auf die Gültigkeit des Vertrages nicht vertraut hätte. Auch nach der Rechtsprechung bezieht sich der neben der Nichtigkeit geltend gemachte Schadensersatz auf das negative Interesse des Nichtigkeitsklägers, das nicht mit dem positiven Interesse verwechselt werden darf[713].

Betrachten wir die vorgenannten Schadensposten: Dass die Kosten für die Arbeitszeit des eigenen Personals vom negativen Interesse erfasst werden, erscheint zweifelhaft, denn diese Kosten wären ja auch entstanden, wenn der Besteller nicht auf die Gültigkeit des Vertrages vertraut hätte. Auf jeden Fall erfasst sind aber die unnützen Aufwendungen, die der Nichtigkeitskläger im Hinblick auf das Zustandekommen des ungültigen Vertrages getätigt hat[714]. Anders hingegen ist es bei den Reparaturkosten, denn diese beziehen sich auf das Erfüllungsinteresse. Streng genommen dürfte auch der entgangene Gewinn dann nicht als Vertrauensschaden zu ersetzen sein, wenn der Gläubiger diesen Gewinn bei Zustandekommen des Vertrages gemacht haben würde[715], denn dann würde es ja nicht um das negative, sondern um das positive Interesse gehen. Aber auch ansonsten wird von der spanischen Rechtslehre bezweifelt, dass sich das negative Interesse auf den *lucro cesante* (entgangenen Gewinn) bezieht[716]. Allerdings kommt nach der Rechtsprechung des TS auch im Rahmen der *culpa in contrahendo* der *lucro cesante* als Schadensposten in Betracht, wobei es nicht ausreichend ist, dass der Gewinn als bloße Möglichkeit dargelegt wird, sondern dieser ist vielmehr anhand objektiver Kriterien aufgrund der Erfahrungen des allgemeinen Geschäftslebens zu beweisen[717]. Je nachdem, ob der Schadensersatz im Zusammenhang mit einer Nichtigkeits- oder einer Auflösungsklage geltend gemacht wird, können sich also unterschiedliche Rechtsfolgen erfolgen,

711 STS de 26 julio 2000, FD 5°, RJ 2000, 9177.

712 Quesada Sánchez in: Albiez Dohrmann, Derecho privado, S. 70f.; Lacruz Berdejo, Elementos de Derecho Civil II, Derecho de obligaciones, Vol. 1°, S. 563.

713 STS de 5 marzo 2010, FD 4°, RJ 2010, 2390.

714 Bercovitz Rodríguez-Cano/*Colás Escandón*, Comentarios al CC, Art. 1303 n° 2.7, S. 1782; STS de 5 marzo 2010, FD 4°, RJ 2010, 2390.

715 Larenz, Lehrbuch des Schuldrechts, Bd. 1, AT, S. 431.

716 Díez-Picazo, Fundamentos del Derecho Civil Patrimonial, Vol. 1°, S. 325.

717 STS de 5 mayo 2009, FD 6°, RJ 2009, 2907.

wenn zur Lösung die Dichotomie von positivem und negativem Interesse zugrunde gelegt wird. Bei den *Fragen Nr. 4/5* ergibt sich also lediglich zu *Frage Nr. 5* eine affirmative Antwort: Da der vorliegende soziale Konflikt nur mit der Nichtigkeits-, nicht aber mit der Auflösungsklage zu lösen ist, kann die Bestellerin zwar ihr negatives Interesse, nicht aber ihr positives Interesse ersetzt bekommen.

Allerdings ist zu bedenken, dass sich aus dem CC ebenso wenig wie aus dem BGB[718] ein normativer Vorrang des negativen Interesses gegenüber dem positiven Interesse ergibt. Ausgangspunkt dem CC zufolge ist vielmehr die Unterscheidung zwischen vertraglichem (Art. 1101ff. CC) und außervertraglichem Schadensersatzanspruch (Art. 1902 CC). Beim vertraglichen Ersatzanspruch können – im Gegensatz zum außervertraglichen – gem. Art. 1107 CC sowohl die Vorhersehbarkeit des Schadens bei Vertragsschluss als auch die *mala fe* des Schuldners berücksichtigt werden. Demgegenüber gilt beim außervertraglichen Schadensersatzanspruch gem. Art. 1902 CC der Grundsatz der Naturalrestitution *(restitutio in integrum)*[719]. Berücksichtigt man, dass sich der vertragliche Schadensersatzanspruch aus Art. 1101 CC auf das vorsätzliche, fahrlässige oder säumige Verhalten des Schuldners bei der Erfüllung einer Verbindlichkeit bezieht, so zeigt sich, dass dieser Anspruch von seinem Wortlaut her eher auf das positive Interesse bezogen ist. Zumindest aber kann keinesfalls von einem Vorrang des negativen Interesses beim vertraglichen Schadensersatzanspruch die Rede sein. Auch von der Rechtslehre wird betont, dass die strenge Begrenzung auf das negative Interesse danach zu unterscheiden sei, ob es bei der *culpa in contrahendo* um den Abbruch der Vertragsverhandlungen oder um die Nichtigkeit des Vertrages geht: im letzteren Fall müsse dem Nichtigkeitskläger auch der Verlust derjenigen Vorteile ersetzt werden, welche dieser von dem nunmehr nichtigen Geschäft erwarten durfte[720]. Demzufolge sowie unter Berücksichtigung der Rechtsprechung, wonach der entgangene Gewinn auch bei einer Kumulation von Nichtigkeitsklage und Schadensersatzklage als Schadensposten in Frage kommt[721], ist die oben zu *Frage Nr. 5* gegebene Antwort dahingehend zu ergänzen, dass nach spanischem Recht auch auf *Frage Nr. 4* eine affirmative Antwort nicht zwingend ausgeschlossen werden kann.

---

718 Vgl. oben Kap. D.IV.2.b).

719 Alcalá Navarro in: Ruiz-Rico / Moreno-Torres, Conceptos básicos de Derecho Civil, S. 417.

720 Díez-Picazo, Fundamentos del Derecho Civil Patrimonial, Vol. 1°, S. 325.

721 STS de 5 mayo 2009, FD 6°, RJ 2009, 2907.

4. Vergleich und Stellungnahme

a) Verschiedene Perspektiven, funktionale Entsprechungen

aa) Übersicht

Die Lösung des vorliegenden sozialen Konflikts erfolgt zwar im deutschen und im spanischen Recht aus jeweils unterschiedlichen Perspektiven, jedoch ergeben sich im Einzelnen durchaus funktionale Entsprechungen. Während sich im spanischen Recht der Fokus auf die Bestellerin und deren fehlerhafte Willensbildung richtet, steht im deutschen Recht die Softwarefirma und deren schuldhafte Pflichtverletzung im Blickpunkt. In der deutschen Rechtspraxis wird der vorliegende soziale Konflikt also im Sinne von *Frage Nr.* 2 gelöst, bei Anwendung spanischen Rechts hingegen hat die Lösung gemäß *Frage Nr. 1* zu erfolgen. Nach spanischem Recht steht der Bestellerin ein Anspruch auf Rückgängigmachung des Vertrages wegen Irrtums zu, Art. 1303 CC (ggf. verbunden mit einem zusätzlichen Anspruch auf Schadensersatz), wohingegen sie nach deutschem Recht insbesondere einen Schadensersatzanspruch u. a. auf Aufhebung des Vertrages hat, §§ 280 Abs. 1, 311 Abs. 2, 241 Abs. 2 BGB. Dabei ist zu berücksichtigen, dass sich erstens die Systeme des Schadensersatzrechts nach BGB und CC grundsätzlich unterscheiden, und dass es zweitens für den Begriff *Pflichtverletzung* und dessen zentrale Bedeutung im deutschen Schuldrecht keine Entsprechung im CC gibt. Des Weiteren ist zu beachten, dass trotz der unterschiedlichen Systeme des Schadensersatzrechts (insbesondere die Unterscheidung nach BGB zwischen Schadensersatz und *Schadensersatz statt der Leistung*, die dem CC fremd ist) die Frage nach der Erstattungsfähigkeit bestimmter Schadensposten durchaus übereinstimmend beantwortet werden kann. D.h. also, dass auch unterschiedliche Systeme des Schadensersatzrechts zu funktional einander entsprechenden Lösungen kommen können. Dies soll im Folgenden näher untersucht werden.

bb) System des Schadensersatzrechts

Als Ausgangspunkt zum Verständnis des deutschen Schadensersatzrechts und dessen Dogmatik – gerade auch vor dem Hintergrund des Rechtsvergleichs mit dem spanischen Schadensersatzrecht – ist von dem Begriff der Naturalrestitution auszugehen. Im Gegensatz zum spanischen Recht[722] gilt nämlich nach deutschem Recht unabhängig davon, ob es um vertragliche oder ob es um außervertragliche Ansprüche geht, nach § 249 Abs. 1 BGB als Grundregel für die Rechtsfolgen bei

722 Vgl. oben Kap. D.IV.3.b).

Schadensersatzansprüchen, dass der Schädiger Naturalrestitution zu leisten hat[723]. Da Schadensersatz in Geld grundsätzlich nur bei Vorliegen eines Vermögensschadens zu leisten ist (*argumentum ex* § 253 BGB), kann das BGB für die Naturalrestitution (§ 249 Abs. 1 BGB) keinen Vermögensschaden voraussetzen[724], so dass dem BGB zufolge eine Rückgängigmachung des Vertrages im Wege einer Schadensersatzklage schadensrechtlich richtig sein muss[725], auch wenn es keinen Vermögensschaden gibt. Für eine Aufhebung des Vertrages im Wege der Naturalrestitution spricht ebenfalls, dass der Schadensersatz (und damit grundsätzlich die Naturalrestitution) nunmehr nach der Schuldrechtsreform die systemkonforme Rechtsfolge von jeder Verletzung irgendeiner aus dem Schuldverhältnis entspringenden Pflicht ist[726]. Dass für die Rückgängigmachung von Verträgen ein Vermögensschaden entbehrlich sein soll, ist zwar nicht unstreitig[727], lässt sich aber seit der Schuldrechtsreform mit dem zusätzlichen Argument belegen, dass nunmehr nach § 241 Abs. 2 BGB die Schutzpflichten des Schuldners nicht nur die Rechte und Rechtsgüter des Gläubigers umfassen, sondern auch dessen *Interessen*, wozu auch die Entscheidungsfreiheit gehören kann[728].

Im CC hingegen findet sich keine dem § 249 Abs. 1 BGB entsprechende Grundsatznorm für die Rechtsfolgen von Schadensersatzansprüchen. Der Regelungssystematik des CC zufolge ist vorrangig danach zu unterscheiden, ob es um vertragliche (Art. 1101ff. CC) oder ob es um außervertragliche (=deliktische) Schadensersatzansprüche (Art. 1902 CC) geht. Bei der vertraglichen Haftung geht die Rechtslehre zur Bestimmung des Schadens von dem römisch-rechtlichen Grundsatz *„id quod interest“* aus[729]. Im klassischen römischen Recht war der Kerngedanke dieser Regel, dass in den Fällen, in denen die Klage nicht auf eine konkrete Geldforderung gerichtet war, dem Richter ein Ermessensspielraum bei der Bemessung der vom Kläger geltend gemachten Vermögenseinbuße

723 Medicus / Petersen, Bürgerliches Recht, Rdnr. 819.

724 Medicus / Petersen, Bürgerliches Recht, Rdnr. 150; Fleischer, AcP 200 (2000), 91, 111f.

725 Theisen, NJW 2006, 3102 (3104).

726 Vgl. Nickel, Die Rechtsfolgen der culpa in contrahendo, S. 192.

727 Für Erfordernis eines Vermögensschadens nach altem Schuldrecht: BGH, Urt. v. 26.9.1997 – V ZR 29/96, NJW 1998, 302, 304; zum Streitstand vgl. Darstellung bei Palandt-*Grüneberg*, BGB, § 311 Rdnr. 13, der die Entbehrlichkeit des Vermögensschadens aber bejaht.

728 BT-Drucks. 14/6040, S. 126; Fikentscher / Heinemann, Schuldrecht, Rdnr. 38.

729 Lacruz Berdejo, Elementos de Derecho Civil II, Derecho de obligaciones, Vol. 1°, S. 163.

zukommen sollte[730]. Die herrschende spanische Lehre versteht heute unter *„id quod interest"* die Verpflichtung zur Entschädigung in Geld, die infolge der Nichterfüllung aus der unerfüllten Verbindlichkeit hervorgegangen ist[731]. Nach deutschem Recht hingegen ist es wegen des Grundsatzes der Naturalrestitution möglich, den rückgängig zu machenden Vertrag als einen Nichtvermögensschaden zu betrachten, da, wie soeben ausgeführt, ein Vermögensschaden für die Naturalrestitution keine zwingende Voraussetzung ist.

Einen Nichtvermögensschaden *(daño moral)* erkennt der *Tribunal Supremo* seit der *STS de 9 mayo 1984*[732] in ständiger Rechtsprechung auch im Rahmen der vertraglichen Haftung an[733], wobei er sogar den deutschen Begriff *„ideeller schaden"* verwendet[734]. Der Anspruch auf Vertragsaufhebung nach *c.i.c.* ist jedoch nicht mit dem Anspruch auf Ersatz des *daño moral* vergleichbar, denn letzterer geht nicht auf Naturalrestitution, sondern wie alle vertraglichen Schadensersatzansprüche gem. Art. 1101 CC auf Entschädigung in Geld. Die Möglichkeit der Wiederherstellung des vor Vertragsschluss bestehenden rechtlichen und vermögensmäßigen Zustandes ist bereits in der *acción resolutoria* (Art. 1124 CC) und der *acción de la anulabilidad* (Art. 1303 CC) enthalten[735], so dass es für das Begehren der Vertragsaufhebung nicht auch noch eines Schadensersatzanspruchs bedarf. Dabei sind die *resolución* und die *anulabilidad*, die beide in der Rechtslehre neben der Erfüllung als Unterfall der *extinción* (Beendigung des Vertrages) behandelt werden[736], in funktionaler Hinsicht vergleichbar mit dem Anspruch auf Vertragsaufhebung gem. §§ 280 Abs. 1, 311 Abs. 2, 241 Abs. 2 BGB (c.i.c.), denn alle drei Rechtsmittel bezwecken die Rückgängigmachung des Vertrages. Allerdings unterscheiden sie sich in ihren Anwendungsvoraussetzungen. Ein Anspruch auf Vertragsaufhebung aus *c.i.c.* kommt nämlich nur bei einer vorvertraglichen Pflichtverletzung der Auftragnehmerin in Betracht, während eine solche Pflichtverletzung für die *acción de la anulabilidad* nicht erforderlich ist

---

730 Kaser, Das römische Privatrecht I, S. 500.

731 Vattier Fuenzalida in: Llamas Pombo (Hrsg.), Estudios de derecho de obligaciones: homenaje al profesor Mariano Alonso Pérez, S. 919; Lacruz Berdejo, Elementos de Derecho Civil II, Derecho de obligaciones, Vol. 1°, S. 163; Finke, Die Minderung der Schadensersatzpflicht im spanischen Recht, S. 53.

732 RJ 1984, 2403.

733 STS de 3 mayo 2006, RJ 2006, 4070.

734 STS de 26 julio 2000, FD 5°, RJ 2000, 9177.

735 Vgl. oben Kap. D.IV.3.b).

736 Vgl. Quesada Sánchez in: Ruiz-Rico Ruiz / Moreno-Torres Herrera, Conceptos básicos de Derecho Civil, S. 173ff.

und im Falle der *acción resolutoria* nur dann relevant ist, wenn zugleich ein *incumplimiento grave* vorliegt, der sich auf eine vertragliche Hauptleistungspflicht bezieht[737].

cc) Pflichtverletzung ≠ Incumplimiento

Die *acción resolutoria* (Art. 1124 CC) und der Schadensersatzanspruch auf Vertragsaufhebung nach §§ 280 Abs. 1, 311 Abs. 2, 241 Abs. 2 BGB mögen, was die Rechtsfolgen betrifft, einander ähnlich sein, ein wesentlicher Unterschied zwischen beiden Rechtsmitteln besteht jedoch darin, dass das Merkmal der *Pflichtverletzung* nicht mit dem des *incumplimiento* übereinstimmt[738]. Folglich wird hier zur Vermeidung von Missverständnissen der Begriff *incumplimiento* absichtlich nicht in seiner üblichen deutschen Übersetzung (also Nichterfüllung) verwendet. Gemäß der Motive des deutschen Reformgesetzgebers ist nämlich davon auszugehen, dass die Begriffe „Nichterfüllung" und „Pflichtverletzung" in der deutschen Schuldrechtslehre zwar zum Teil synonym verwendet werden, dass aber im noch nicht reformierten BGB das qualitative Zurückbleiben hinter dem Pflichtenprogramm nicht als „Nichterfüllung" begriffen, sondern die „Nichterfüllung" in einem engeren Sinne verstanden wurde[739].

§ 280 BGB gilt für alle Schuldverhältnisse, ebenso für vertragliche wie für gesetzliche, aber auch für die vertragsähnlichen Sonderverbindungen wie *culpa in contrahendo*[740]. Wie bereits erwähnt, bedeutet die Pflichtverletzung ein Zurückbleiben hinter dem Pflichtenprogramm des Schuldverhältnisses[741]. Während die Pflichtverletzung als der Grundtatbestand des neuen Leistungsstörungsrechts erscheint[742], fehlt es für das Merkmal des *incumplimiento* an einer einheitlichen Definition[743]. Obschon der Gläubiger im Falle eines vom Schuldner zu vertretenden *incumplimiento* stets den *cumplimiento* und / oder die *reparación de daños y perjuicios* (Art. 1124 Abs. 2 CC) fordern kann, so ist jedoch die Möglichkeit, die Auflösung des Vertrages wegen *incumplimiento* zu verlangen, eingeschränkt[744],

---

737 Vgl. oben Kap. D.IV.3.a) cc).

738 Vgl. oben Kap. D.II.4.a).

739 BT-Drucks. 14/6040, S. 133f.

740 Jauernig-*Stadler*, BGB, § 280 Rdnr. 2.

741 BT-Drucks. 14/6040, S. 134.

742 Jauernig-*Stadler*, BGB, vor § 275 Rdnr. 6; Medicus / Petersen, Bürgerliches Recht, Rdnr. 236.

743 García Pérez in: Albiez Dohrmann, Derecho privado, S. 332.

744 Quesada Sánchez in: Ruiz-Rico / Moreno-Torres, Conceptos básicos de Derecho Civil, S. 173.

denn nicht jede vertragliche Verpflichtung ist Bestandteil des *cumplimiento* i.S.v. Art. 1124 CC[745]. Die Auflösung des Vertrages wegen *incumplimiento* wird nämlich von der spanischen Rechtslehre als eine eng auszulegende Ausnahme zu dem Grundsatz „*pacta sunt servanda*" verstanden[746].

Auch nach der deutschen Rechtslehre wird von diesem Grundsatz ausgehend eine Aufhebung der Vertragsbindung nur ausnahmsweise bei Irrtumsanfechtung, Unmöglichkeit oder Wegfall der Geschäftsgrundlage zugelassen[747]. Allerdings ergibt sich aus der nach deutschem Recht bestehenden Möglichkeit, Vertragsaufhebung im Wege der Naturalrestitution zu verlangen[748], ein weiteres Rechtsmittel zur Aufhebung der vertraglichen Bindungswirkung, das dem spanischen Recht jedoch fremd ist. Ein zur Vertragsauflösung berechtigender *incumplimiento* muss sich nämlich nach dem Gesetz auf eine wechselbezügliche Verbindlichkeit beziehen (Art. 1124 Abs. 1 CC) und nach der Rechtsprechung zugleich schwerwiegend sein[749]. Was aber die Anforderungen an die Pflichtverletzung gem. § 280 Abs. 1 BGB betrifft, so gibt es da keine entsprechende Einschränkung. Etwas anderes gilt hingegen für den im Falle der *culpa in contrahendo* nicht einschlägigen Anspruch auf *Schadensersatz statt der ganzen Leistung*, dessen Geltendmachung ausgeschlossen ist, wenn die Pflichtverletzung unerheblich war, § 281 Abs. 1 S. 3 BGB[750].

dd) Schadensposten

Welche Schadensposten im Einzelnen erstattungsfähig sind, lässt sich nicht immer übereinstimmend für das deutsche und das spanische Recht beantworten. Die Kosten für ein privates Sachverständigengutachten[751] z. B. können nach deutschem Recht grundsätzlich nicht erstattet werden[752], es sei denn, dass die Partei ohne ein solches Gutachten ihrer Substantiierungslast nicht genügen könnte[753], wohingegen es für die Erstattungsfähigkeit eines von der Klägerin in Auftrag gegebenen Gutachtens nach spanischem Recht ausreichend sein kann,

745 Vgl. oben Kap. D.IV.3.a) bb).
746 Lacruz Berdejo, Elementos de Derecho Civil II, Derecho de obligaciones, Vol. 1°, S. 194.
747 Fikentscher / Heinemann, Schuldrecht, Rdnr. 242f., 402.
748 Vgl. oben Kap. D.IV.4.a) bb).
749 Vgl. oben Kap. D.IV.3.a) bb).
750 Siehe oben Kap. D.IV.2.a) bb) und D.IV.2.a) dd).
751 Vgl. oben Kap. D.II.4.c).
752 OLG München, Beschl. v. 31.10.1986–11 W 1282/86, GRUR 1987, 33.
753 Hoeren, IT-Vertragsrecht, S. 188 (Skript, S. 230).

wenn es vernünftig erscheint, dass sich die Klägerin vor Klageerhebung die Meinung eines Sachverständigen einholt[754]. Grundsätzlich nach beiden Rechtsordnungen liquidierbar ist aber der entgangene Gewinn *(lucro cesante)*[755], der dem von beiden Zivilgesetzbüchern verwendeten Begriff des Schadensersatzes immanent ist, § 252 BGB und Art. 1106 CC *(„la ganancia que haya dejado de obtener el acreedor“)*. Ansonsten hängt die Erstattungsfähigkeit konkreter Schadensposten innerhalb des deutschen Rechts oftmals davon ab, ob der Gläubiger einen Anspruch auf Schadensersatz oder auf *Schadensersatz statt der Leistung* hat. Dabei handelt es sich um eine schadensersatzrechtliche Klassifizierung, die dem CC fremd ist.

Betrachten wir einmal die Lösung des vorliegenden sozialen Konflikts nach deutschem Recht, dann fällt auf, dass bei Verletzung einer vorvertraglichen Aufklärungspflicht durch die Softwarefirma einerseits die Bestellerin einen Anspruch auf Ersatz ihres positiven Interesses haben kann (nämlich wenn sich die Pflichtverletzung auf einen Umstand bezieht, durch den ein funktionaler Mangel begründet wurde), dass sie andererseits aber einen Anspruch auf Ersatz ihres negativen Interesses hat, wenn sich die Pflichtverletzung auf einen Umstand bezieht, durch den kein funktionaler Mangel begründet wurde[756]. Die gleiche Pflichtverletzung (unterlassene oder nicht ausreichende Aufklärung über die Eigenschaften, Funktionen oder Nichtfunktionen der zu erstellenden Software) soll also einmal das negative Interesse, dann wieder das positive Interesse des Geschädigten berühren. Bei Betrachtung konkreter Schadensposten stellt sich dann die Frage, ob diese vom negativen oder vom positiven Interesse erfasst werden.

Wenn die Bestellerin z. B. die Arbeitskosten für das eigene Personal ersetzt bekommen will, weil die Mitwirkung des Personals an der Erstellung der Software aufgrund einer von der Softwarefirma zu vertretenden Pflichtverletzung zu keinem bzw. zu keinem für die Bestellerin befriedigenden Erfolg geführt hat, kommt es für die Erstattungsfähigkeit darauf an, ob es um Schadensersatz oder ob es um *Schadensersatz statt der Leistung*, also das positive Interesse, geht. Schadensersatz für die von eigenen Angestellten unnütz aufgewandten Arbeitszeiten kann dann nicht verlangt werden, wenn es um den Ersatz des negativen

---

754 SAP Barcelona de 14 enero 2002 (Sección 16ª), recurso núm. 249/2001, FD 4°, JUR 2002/110570.

755 Palandt-*Grüneberg*, BGB, § 311 Rdnr. 55; Soler in: Soler / Piattini, Manual de Gestión y Contratación Informática, S. 732; Bercovitz Rodríguez-Cano/*Sánchez Aristi*, Comentarios al CC, Art. 1106 n° 1.1, S. 1513.

756 Siehe oben Kap. D.IV.2.a) dd).

Interesses geht[757], was bei dem im vorliegenden Fall einschlägigen Schadensersatzanspruch aus *c.i.c.* auf Aufhebung des Vertrages (§§ 280 Abs. 1, 311 Abs. 2, 241 Abs. 2 BGB) regelmäßig gegeben ist[758]. Der frustrierte Lohnaufwand für die eigenen Angestellten kann nur dann im Rahmen der sog. Rentabilitätsvermutung als Schaden geltend gemacht werden, wenn ein Anspruch auf Ersatz des positiven Interesses besteht, wobei Rentabilitätsvermutung bedeutet, dass den Aufwendungen eine entsprechende Amortisationserwartung gegenübersteht[759]. Kann die Beklagte aber die Rentabilitätsvermutung widerlegen, sind die Lohnkosten gem. § 284 BGB nur dann zu ersetzen, wenn die Geschädigte *anstelle* (!) des *Schadensersatzes statt der Leistung* den Aufwendungsersatz geltend macht[760], wobei sämtliche Voraussetzungen für einen *Schadensersatz statt der Leistung* gegeben sein müssen[761].

Demgegenüber hat aber das *Provinzialgericht Barcelona* einen Anspruch auf Schadensersatz (Art. 1101 CC) für die unnütz aufgewandte Arbeitszeit der eigenen Angestellten in Verbindung mit einer Auflösungsklage *(acción resolutoria)* nach Art. 1124 CC anerkannt[762]. In dem zugrunde liegenden Fall hatte die Auftraggeberin gegen die IT-Firma auf Rückgängigmachung des Software-Erstellungsvertrages geklagt, da die zu installierende Software zu keinem Zeitpunkt akzeptabel funktioniert habe. Zusätzlich verlangte die Klägerin Schadensersatz für die Arbeitszeit, die das eigene Personal bei der Mitarbeit zur Entwicklung und Installation der Software unnütz verbraucht habe. Dabei forderte sie unter Zugrundelegung des von ihr gezahlten Stundenlohns die Erstattung der Lohnkosten in Höhe von 449 Arbeitsstunden. Die AP als Berufungsgericht gab der Klage auf Vertragsauflösung und Schadensersatz statt. Eine im ökonomischen Sinne vergleichbare Lösung wäre unter Anwendung des § 284 BGB nicht möglich gewesen. Zwar stimmt die *acción resolutoria* funktional betrachtet mit dem *Schadensersatz statt der ganzen Leistung* überein (bei beiden Rechtsinstituten sind die von den Vertragsparteien erbrachten Leistungen gegenseitig zurückzugewähren), der Anspruch auf Aufwendungsersatz kommt aber nach § 284 BGB nicht neben, sondern nur anstelle des *Schadensersatzes statt der Leistung* in

757 OLG Köln, Urt. v. 8.11.1991–19 U 50/91, VersR 1992, 66; Marly, Praxishandbuch Softwarerecht, Rdnr. 1242.
758 Vgl. oben Kap. D.IV.2.b).
759 Jauernig-*Teichmann*, BGB, § 249 Rdnr. 8.
760 Hoeren, IT-Vertragsrecht, S. 118 (Skript, S. 152).
761 Fikentscher / Heinemann, Schuldrecht, Rdnr. 440.
762 SAP Barcelona de 14 enero 2002 (Sección 16ª), recurso núm. 249/2001, JUR 2002, 110570.

Betracht, wohingegen die *acción resolutoria* schon von Gesetzes wegen mit dem Anspruch auf Schadensersatz verbunden werden kann, Art. 1124 Abs. 2 CC. Da der vorliegende soziale Konflikt aber über die Nichtigkeitsklage (Art. 1301 CC) und nicht über die *acción resolutoria* (Art. 1124 CC) zu lösen ist, stellt sich die Frage, ob ein Anspruch auf Ersatz unnützer Lohnkosten auch im Falle der *acción de la anulabilidad* in Betracht kommt.

Bei dem der *STS de 26 julio 2000*[763] zugrunde liegenden Fall war in dem erstinstanzlichen Urteil, das vom Berufungsgericht bestätigt worden war, den Nichtigkeitsklägern auch Schadensersatz (Art. 1101ff. CC) für die von ihnen erbrachten notwendigen Aufwendungen (*gastos necesarios*) für den in ihrem Besitz befindlichen Vertragsgegenstand (Art. 453 CC) zugesprochen worden, ohne dass dies im Kassationsurteil beanstandet wurde. Dem lässt sich also entnehmen, dass grundsätzlich auch die Nichtigkeitsklage mit einem schadensersatzrechtlichen Anspruch auf Aufwendungsersatz (Art. 1101ff. CC) verbunden werden kann. Da der TS inzwischen in ständiger Rechtsprechung anerkannt hat, dass die Nichtigkeitsklage und die Schadensersatzansprüche nach Art. 1101ff. CC kumulativ erhoben werden können[764], müsste man bei unvoreingenommener Betrachtung annehmen, dass dann der Besteller als redlicher Vertragspartner bei Geltendmachung von *indemnización de daños y perjuicios* nicht nur den Ersatz des negativen Interesses (*„reposición ante contractum“*) verlangen kann[765]. Nichtsdestotrotz beschränkt die Rechtsprechung den Umfang des Schadensersatzanspruchs im Zusammenhang mit der *acción de la anulabilidad* auf das negative Interesse, so dass nur solche Schadensposten in Frage kommen, die vom *interés negativo* oder *interés de confianza* betroffen sind wie z.B. die Ausgaben, die der Geschädigte im Hinblick auf den Vertragsabschluss getätigt hat (Kosten für Notar oder Makler, Umsatzsteuer)[766].

Wenn also die unnützen Lohnkosten nicht das negative, sondern das positive Interesse betreffen, müssten diese auch nach der spanischen Rechtsprechung im vorliegenden sozialen Konflikt von der Erstattung ausgeschlossen sein. Dies würde in funktionaler Hinsicht auch mit der deutschen Rechtsprechung übereinstimmen, wonach bei dem hier einschlägigen Anspruch auf Vertragsaufhebung aus c.i.c. (§§ 280 Abs. 1, 311 Abs. 2, 241 Abs. 2 BGB) eine Kumulation von Rückgewähr der erbrachten Leistungen und Aufwendungsersatz für unnütze Lohnkosten nicht möglich ist, da Aufwendungen, die im Hinblick auf einen Vertrag

---

763 RJ 2000, 9177.

764 STS de 5 mayo 2009, FD 6°, RJ 2009, 2907.

765 Vgl. Huzel, Vertragsauflösung wegen Nichterfüllung im spanischen Recht, S. 62.

766 STS de 5 marzo 2010, FD 4°, RJ 2010, 2390.

erbracht wurden, nur dann einen Schaden darstellen können, wenn der Geschädigte einen Anspruch auf Ersatz des positiven Interesses hat[767]. Eine andere Lösung wäre nach deutschem Recht wie nach spanischem Recht nur dann denkbar, wenn man annimmt, dass es sich bei der Beschränkung des Schadensersatzanspruchs bei *c.i.c.* bzw. *acción de la anulabilidad* auf das negative Interesse, wie sie herkömmlicherweise vertreten wird, lediglich um eine Merkregel handelt, von der es Ausnahmen geben kann[768]. Folgt man aber der überkommenen Auffassung, so erscheint ein Ersatz der unnützen Lohnkosten im Rahmen des vorliegenden sozialen Konflikts sowohl nach deutschem als auch nach spanischem Recht ausgeschlossen.

ee) Fehlendes Benutzerhandbuch

Ein unter Anwendung spanischen und deutschen Rechts in funktionaler Hinsicht vergleichbares Ergebnis zeigt sich in dem Fall, dass die Softwarefirma kein Benutzerhandbuch mitgeliefert hat. Diese Konstellation kann auch im Rahmen des vorliegenden sozialen Konflikts praktische Bedeutung haben, wenn nämlich die Softwarefirma darlegt, dass eine entsprechende Verpflichtung von den Parteien nicht ausdrücklich vereinbart worden sei. Falls also ein Benutzerhandbuch überhaupt nicht oder zumindest nicht in der am Vertragsort üblichen Sprache geliefert wurde, dann kann der Kunde nach spanischem Recht die Vertragsauflösung nach Art. 1124 CC[769] und nach deutschem Recht den *Schadensersatz statt der Leistung* (ggf. auch den großen Schadensersatz) nach §§ 280 Abs. 1, Abs. 3, 281 BGB verlangen[770]. Die Vergleichbarkeit von Vertragsauflösung und großem Schadensersatz ergibt sich daher, dass erstens nach beiden Rechtsmitteln die Rückgewähr der erbrachten Leistungen verlangt werden kann und dass zweitens die Geltendmachung insofern beschränkt ist, als nicht jeder *incumplimiento* und nicht jede Pflichtverletzung zur Klageerhebung berechtigt. Wenn die Pflichtverletzung unerheblich (§ 281 Abs. 1 S. 3 BGB) oder der *incumplimiento* nicht schwerwiegend ist[771], kommt eine Verpflichtung zur Rückgewähr der erbrachten Leistungen nicht in Frage. Das bedeutet also, dass insofern eine parallele Wertung nach deutschem wie nach spanischem Recht erfolgt, als die Nichtlieferung eines

767 OLG Köln, Urt. v. 8.11.1991–19 U 50/91, VersR 1992, 66.

768 Vgl. oben Kap. D.IV.2.b).

769 SAP Barcelona de 4 abril 2000 (Sección 1ª), recurso de apelación núm. 846/1998, JUR 2000/190161; vgl. bereits oben Kap. D.IV.3.a) bb).

770 Vgl. Palandt-*Grüneberg*, BGB, § 323 Rdnr. 32; Marly, Praxishandbuch Softwarerecht, Rdnr. 1401.

771 Vgl. oben Kap. D.IV.3.a) bb).

zumindest lesbaren Benutzerhandbuches nach beiden Rechtsordnungen als eine überdurchschnittlich schwere Störung des Vertrages angesehen wird, welche die Rückabwicklung des Vertrages rechtfertigt. Die funktionale Übereinstimmung beruht insbesondere darauf, dass sowohl nach deutschem Recht[772] als auch nach spanischem Recht[773] die Lieferung eines Benutzerhandbuchs zur Hauptleistungspflicht bzw. zum *objeto principal* bei Verträgen über Software gehört. Diese Rechtsauffassung ist im Lichte internationaler Normen über den Vertragsgegenstand Software zu betrachten. Dabei ist insbesondere an die in Deutschland wie in Spanien geltende internationale Norm ISO/IEC 12207:2008[774] sowie § 1 iv) der WIPO-Mustervorschriften für den Schutz von Computersoftware[775] zu denken, wonach sich der Begriff „Software" nicht nur auf das Computerprogramm als solches, sondern auch auf die dazugehörige Dokumentation bezieht[776].

b) Stellungnahme

aa) Resolución / Schadensersatz statt der Leistung

Nach deutschem Recht kann es bei Prüfung eines Schadensersatzanspruchs für die Erfüllung des Tatbestandsmerkmals „Schaden" entscheidend sein, ob der konkrete Schadensposten dem positiven Interesse oder dem negativen Interesse zuzuordnen ist. Wenn z. B. ein Anspruch auf *Schadensersatz statt der Leistung* zu prüfen ist, dann kommt es darauf an, dass der benannte Schadensposten vom positiven Interesse erfasst ist. Wenn nicht, steht dem Gläubiger ein Anspruch auf Schadensersatz nicht zu; es fehlt dann an einem rechtlich relevanten Schaden. Diese Unterscheidung im deutschen Recht, wonach das positive oder negative Interesse mittelbar über die entsprechende Zugehörigkeit des Schadenspostens Bedeutung für die Erfüllung des haftungsbegründenden Tatbestands erlangt, diese Unterscheidung ist dem CC fremd. Bei der vertraglichen Haftung (Art. 1101 ff. CC) ist die Unterscheidung von positivem und negativem Interesse nicht vom CC vorgegeben. Dass der *Tribunal Supremo* dennoch diese Unterscheidung im Zusammenhang mit der Nichtigkeitsklage wegen Verletzung vorvertraglicher

772 jurisPK-BGB/*Rösch*, § 631 Rdnr. 115; OLG Karlsruhe, Urt. v. 16.8.2002–1 U 250/01, CR 2003, 95.

773 SAP Barcelona de 4 abril 2000 (Sección 1ª), recurso de apelación núm. 846/1998, JUR 2000/190161.

774 Siehe *https://www.iso.org/obp/ui/#iso:std:iso-iec:12207:ed-2:v1:en* (letzter Abruf: 30.09.2016).

775 GRUR Int. 1978, 286, 290.

776 Vgl. oben Kap. A.II.1.

Informationspflichten vornimmt[777], dürfte letztlich dem Einfluss der deutschen Lehre zu *culpa in contrahendo* geschuldet sein, wobei in Spanien die Frage von positivem oder negativem Interesse nicht im Rahmen des haftungsbegründenden Tatbestands geprüft, sondern vielmehr als Teil der Rechtsfolge zur Bestimmung des Haftungsumfangs herangezogen wird[778]. Aber den Tatbestand betreffende Einschränkungen wie beim *Schadensersatz statt der ganzen Leistung* gibt es nach der spanischen Rechtsprechung auch bei der Vertragsauflösung (Art. 1124 CC), die in funktionaler Hinsicht dem sog. großen Schadensersatz durchaus ähnlich ist (beide sind auf Schadenskompensation und Rückgewähr der erbrachten Leistungen gerichtet): Eine *resolución* soll nämlich nur dann möglich sein, wenn es sich um einen *incumplimiento grave* handelt, der sich auf eine wechselbezügliche Verbindlichkeit bezieht[779].

Im vorliegenden sozialen Konflikt ist nach deutschem Recht die oben genannte Unterscheidung zwischen positivem und negativem Interesse als anspruchsbegründende Voraussetzung in zwei Fällen relevant, nämlich bei Gewährleistung, wenn also ein funktionaler Mangel vorliegt, § 280 Abs. 1 BGB (i.V.m. § 634 Nr. 4 BGB)[780], und auch bei der Geltendmachung des Aufwendungsersatzes z. B. im Falle frustrierter Lohnkosten[781]. In beiden Fällen besteht nur dann eine Schadensersatzpflicht, wenn der vom Kläger vorgetragene Schaden dem positiven Interesse zuzuordnen ist. Den anspruchsbegründenden Einschränkungen, die sowohl der gewährleistungsrechtliche Anspruch auf Schadensersatz und der Anspruch auf Aufwendungsersatz im deutschen Recht als auch der Anspruch auf Vertragsauflösung nach spanischem Recht erfahren, ist zwar gemeinsam, dass sie zu einer Eingrenzung der zu liquidierenden Schadensposten führen. Ansonsten ist jedoch zu beachten, dass sie auf völlig unterschiedlichen Schutzzwecken beruhen.

Während die Einschränkung der spanischen Vertragsauflösung als Ausdruck des allgemeinen Grundsatzes *„pacta sunt servanda“* zu verstehen ist[782], dient die Einschränkung des gewährleistungsrechtlichen Schadensersatzanspruchs insbesondere dem Interesse des Werkunternehmers, der einem

777 Vgl. STS de 5 marzo 2010, FD 4°, RJ 2010, 2390.
778 Vgl. oben Kap. D.IV.3.b)
779 Vgl. oben Kap. D.IV.3.a) bb).
780 Vgl. oben Kap. D.IV.2.a) dd).
781 Vgl. oben Kap. D.IV.4.a) dd).
782 Lacruz Berdejo, Elementos de Derecho Civil II, Derecho de obligaciones, Vol. 1°, S. 194.

Schadensersatzbegehren entgehen kann, indem er fristgemäß nacherfüllt[783]. Und die Einschränkung des Anspruchs auf Aufwendungsersatz durch die Beschränkung auf das positive Interesse verbunden mit dem Gegengewicht einer widerlegbaren Rentabilitätsvermutung lässt sich damit begründen, dass der Geschädigte durch seine Aufwendungen nicht selbst darüber bestimmen darf, was einen Vermögensschaden darstellt und wie hoch dieser zu bewerten ist[784]. Die vorgenannten Einschränkungen nach deutschem Recht beruhen also – im Gegensatz zu den Einschränkungen bei der spanischen Vertragsauflösung – nicht auf einem allgemeinen, im Interesse beider Vertragspartner bestehenden Rechtsgrundsatz wie *pacta sunt servanda*. Im Falle des Gewährleistungsrechts privilegieren die Einschränkungen den Werkunternehmer[785], und im Falle des Aufwendungsersatzes gründet die eingeschränkte Möglichkeit des Geschädigten, einen Vermögensschaden ersetzt zu bekommen, offenbar darin, eine womöglich ausufernde Kommerzialisierung von erlittenen Nachteilen zu verhindern, weil andernfalls für den Ersatz des immateriellen Schadens (§ 253 Abs. 1 BGB) kaum noch Anwendungsfälle übrig blieben[786].

bb) Anulabilidad / c.i.c. / Irrtumsanfechtung

Von den römisch-rechtlichen Wurzeln her betrachtet, geht die *anulabilidad* auf den Grundsatz der Naturalherstellung zurück[787], beruht also insofern auf demselben Grundsatz wie der Schadensersatzanspruch auf Vertragsaufhebung nach BGB. Wenn wir aber im Hinblick auf die Anwendungsvoraussetzungen den Anspruch auf Vertragsaufhebung gem. §§ 280 Abs. 1, 311 Abs. 2, 241 Abs. 2 BGB (*culpa in contrahendo*) und die Anfechtung wegen Eigenschaftsirrtums (§§ 119 Abs. 2, 142 Abs. 1 BGB) mit der im vorliegenden Konflikt zur Lösung führenden *acción de la anulabilidad* (Art. 1303 CC) vergleichen, so zeigen sich funktionale Unterschiede zwischen dem deutschen und dem spanischen Recht. Die Nichtigkeitsklage (Art. 1303 CC) kann nämlich – im Gegensatz zu dem Schadensersatzanspruch aus *culpa in contrahendo* – auch dann erhoben werden, wenn der Beklagten (hier also der Softwarefirma) keine Pflichtverletzung vorgeworfen wird, da es für die *excusabilidad* bereits ausreichend ist, wenn sich die Klägerin trotz mittlerer Sorgfalt geirrt hat; und im Gegensatz zur Anfechtung wegen

783 Voit, Anmerkung zu BGH, Urt. v. 29.9.2011 – VII ZR 87/11, NJW 3780, 3782.
784 Medicus / Petersen, Bürgerliches Recht, Rdnr. 826.
785 Vgl. oben Kap. D.IV.2.a) dd).
786 Vgl. Medicus / Petersen, Bürgerliches Recht, Rdnr. 828.
787 Lacruz Berdejo, Elementos de Derecho Civil II, Derecho de obligaciones, Vol. 1°, S. 541.

Eigenschaftsirrtums (§§ 119 Abs. 2, 142 Abs. 1 BGB) kann schon bei der Nichtigkeitsklage (Art. 1303 CC) selbst berücksichtigt werden, ob der Empfänger der Erklärung schutzwürdig erscheint (falls nicht, wäre nämlich *excusabilidad* gegeben[788]), während dies bei der Anfechtung nur dann relevant wird, wenn der Empfänger der Erklärung (hier also die Softwarefirma) Anspruch auf Ersatz des Vertrauensschadens gem. § 122 Abs. 1 BGB geltend macht, § 122 Abs. 2 BGB bzw. § 254 Abs. 1 BGB analog.

In ihren Voraussetzungen also stimmt die *acción de la anulabilidad* weder mit dem Schadensersatzanspruch auf Vertragsaufhebung noch mit der Anfechtung wegen Eigenschaftsirrtums überein. Die Nichtigkeitsklage nach CC erweist sich damit gegenüber den hier einschlägigen Rechtsmitteln des BGB (also Irrtumsanfechtung und Schadensersatz aus c.i.c.) als das flexiblere Instrument, mit dessen Hilfe dem erkennenden Gericht ein größerer Bewertungsspielraum zukommt, denn bei der Nichtigkeitsklage kann für das Gericht sowohl ein Irrtum der Klägerin als auch ein schuldhaftes Fehlverhalten der Beklagten entscheidungserheblich sein. Bei der Irrtumsanfechtung hingegen wird ein schuldhaftes Fehlverhalten der Beklagten erst dann relevant, wenn diese ihrerseits einen Gegenanspruch auf Ersatz ihres Vertrauensschadens (§ 122 Abs. 1 BGB) geltend macht, § 122 Abs. 2 BGB bzw. § 254 Abs. 1 BGB analog, und beim Schadensersatzanspruch aus c.i.c. muss die Klägerin ihren Irrtum nicht einmal dartun[789].

cc) pacta sunt servanda

Dass es hier überhaupt zu einem Rechtsvergleich der Klage auf Vertragsaufhebung aus c.i.c. (§§ 280 Abs. 1, 311 Abs. 2, 241 Abs. 2 BGB) mit der Nichtigkeitsklage (Art. 1303 CC) kommen kann, ist letztlich der funktionalen Methode zu verdanken, denn erst unter Berücksichtigung des sozialen Konflikts lässt sich ein Zusammenhang zwischen den beiden Rechtsmitteln erkennen. Auf der Seinsebene offenbart sich der Differenzzusammenhang, der zwischen dem deutschen und dem spanischen Recht besteht, in dem konkreten sozialen Konflikt, also in der Unzufriedenheit der Bestellerin mit der vertragsgemäß erstellten Software und deren Verlangen nach wechselseitiger Rückgabe der empfangenen Leistungen. Wie aber sieht der Zusammenhang auf der Sollensebene aus? Oder anders gefragt: Wie ist der vorgenannte, durch den sozialen Konflikt zu Tage getretene Differenzzusammenhang zwischen dem deutschen und dem spanischen Recht unter normativen Aspekten zu bewerten?

---

788 Zur Bedeutung der *excusabilidad* s. oben Kap. D.IV.3.a) aa).
789 Zu den Voraussetzungen von c.i.c. und Irrtumsanfechtung s. oben Kap. D.IV.2.a).

Dass sich im vorliegenden sozialen Konflikt funktional unterschiedliche Lösungen nach deutschem und spanischem Recht ergeben, wird dann nachvollziehbar, wenn man berücksichtigt, dass im spanischen Recht die Anforderungen an eine Vertragsaufhebung wesentlich strenger sind als im deutschen Recht. Dabei kann sich die spanische Rechtswissenschaft im Hinblick auf die hohe Bedeutung der Vertragsbindung auf den bereits im *Ordenamiento de Alcalá* von 1348 postulierten *principio espiritualista* berufen, wonach derjenige, der etwas verspricht, in Treue zu seinem Wort stehen soll und daran gebunden ist[790]. Dass dem Gläubiger in dem Falle, dass der Schuldner eine gravierende Vertragsverletzung begangen hat, die Möglichkeit eingeräumt wird, einseitig die Auflösung des Vertrages geltend zu machen, ist eine relativ moderne, vernunftrechtliche Lösung, die der Tradition des Römischen Gemeinen Rechts (welcher der CC entstammt) fremd war und die erst das BGB (§ 326 BGB a. F.) allgemein eingeführt hat[791]. In Spanien hingegen hat die Rechtsprechung noch bis in die 1970er Jahre die Vertragsauflösung nach Art. 1124 CC von einer schuldhaften Vertragsverletzung des Schuldners abhängig gemacht[792]. Erst unter dem Einfluss des CISG[793] hat sich die Rechtsprechung dahin gehend geändert, dass nunmehr kein verschuldensmäßiger, sondern ein objektiver Ansatz bei der Feststellung des *incumplimiento* verfolgt wird[794].

Die hohe Bedeutung des von den Parteien frei ausgehandelten privatrechtlichen Vertrages wird aber auch in der zeitgenössischen rechtswissenschaftlichen Literatur gewürdigt, vor allen Dingen in Abgrenzung zum *contrato por adhesión*, der ohne Vertragsverhandlungen abgeschlossen wird: Für *Ballugera Gómez* ist die Divergenz der menschlichen Intentionen die Ausgangsthese, die Vertragsverhandlungen die Antithese und der Vertrag die Synthese dieses Prozesses zur Bildung einer gemeinsamen Intention als „*ley privada*“[795]. Um möglichst eine angemessene Sensibilität dafür zu erlangen, was denn einen Vertrag nach spanischem und nach deutschem Rechtsverständnis ausmacht, sollte man dem vorgenannten Zitat von *Ballugera Gómez* als Kontrastprogramm einen Satz aus einem deutschen Lehrbuch über die vertragliche Haftung gegenüberstellen: „Bei Verträgen kann der Schaden entweder in der mangelnden ordnungsgemäßen

790 Eckl, Treu und Glauben im spanischen Vertragsrecht, S. 213 m.w.N.; Albaladejo/*Martin Perez,* Art. 1091 CC, Tomo XV, Vol. 1°, S. 190.

791 Vgl. Ranieri, Europäisches Obligationenrecht, S. 656.

792 Vgl. oben Kap. D.IV.3.a) bb).

793 Vendrell Cervantes, ZeuP 2008, S. 534, 536.

794 Vgl. oben Kap. D.IV.3.a) bb).

795 Ballugera Gómez, El contrato no-contrato, S. 39.

Erfüllung des Vertrages bestehen oder im Eingehen auf den Vertrag."[796] Dem ersten Teil des Satzes würde ein spanischer Rechtsgelehrter gewiss zustimmen, doch der zweite Teil müsste ihn befremden. Dass ein frei ausgehandelter Vertrag für sich genommen einen Schaden i. S. d. vertraglichen Haftung (*responsabilidad contractual)* darstellen kann, muss aus spanischer Sicht schon deshalb unverständlich erscheinen, weil die vertragliche Haftung – im Gegensatz zur außervertraglichen Haftung nach Art. 1902 CC – nicht auf Naturalrestitution (*restitutio in integrum*) geht[797], sondern das vom vertragsrechtlich haftenden Schädiger geschuldete *„id quod interest"*[798] vielmehr eine *„deuda de valor"* darstellt, die in Geld zu leisten ist[799]. Die Verpflichtung zur Wiederherstellung des ursprünglichen rechtlichen Zustandes *in natura* ist nicht Bestandteil der Leistung von Schadensersatz, sondern gehört zur *resolución contractual* (Art. 1124 CC)[800], die allerdings auf den Fall eines schwerwiegenden *incumplimiento* beschränkt ist, der eine wechselbezügliche Hauptleistungspflicht betrifft. Diese Einschränkung beruht wiederum anders als die Einschränkungen beim *Schadensersatz statt der Leistung* nach BGB[801] auf dem beiden Vertragsparteien zugute kommenden Grundsatz *pacta sunt servanda.*

Eine positivrechtliche Normierung dieses Grundsatzes lässt sich aus der Regelung des Art. 1091 CC entnehmen, wonach Verträge gemäß ihrem Tenor erfüllt werden müssen. Im BGB hingegen ist die Vertragsbindung nicht explizit normiert, was im deutschen Schrifttum z. T. unter Hinweis auf den hohen Abstraktionsgrad des BGB zu erklären versucht wird, welcher wiederum daraus herzuleiten sein soll, dass für die Regelungen des Schuldrechts nicht der Vertrag sondern das „Schuldverhältnis" an der Spitze stehe[802]. Diese Schlussfolgerung kann aus spanischer Sicht nicht überzeugen, denn auch beim *Libro Cuarto,* also dem schuldrechtlichen Teil des *Codigo Civil*, steht – anders anders als etwa beim französischen Code Civil[803] – nicht der Vertrag, sondern die *Obligación* an der

796 Fikentscher / Heinemann, Schuldrecht, Rdnr. 608.

797 Alcalá Navarro in: Ruiz-Rico / Moreno Torres, Conceptos básicos de Derecho Civil, S. 417.

798 Vgl. oben Kap. D.IV.4.a) bb).

799 Lacruz Berdejo, Elementos de Derecho Civil II, Derecho de obligaciones, Vol. 1°, S. 203.

800 Vgl. oben Kap. D.IV.3.b).

801 Vgl. oben Kap. D.IV.4.b) aa).

802 Weller, Die Vertragstreue, S. 276.

803 Ranieri, Europäisches Obligationenrecht, S. 51.

Spitze der Regelungen[804], Art. 1088 CC. Die Vorschrift des Art. 1091 CC wird teilweise im spanischen Schrifttum als eine Wiederholung dessen angesehen, was bereits in der Vorschrift des Art. 1258 CC geregelt ist[805], derzufolge die Pflicht zur Vertragserfüllung noch durch die Bindung an die *buena fe* ergänzt wird. Die sich aus *pacta sunt servanda* ergebende Bindung an das gegebene Versprechen wurde schon früh in der spanischen Lehre aus der in Art. 1258 CC normierten *buena fe* abgeleitet („*buena fe a la palabra dada*"), wohingegen in der deutschen Rechtslehre seit der Frühzeit des BGB die Vorstellung bestand, dass mit der Vorschrift des § 242 BGB über Treu und Glauben Durchbrechungen oder zumindest Ergänzungen von *pacta sunt servanda* möglich seien[806].

Der aus der Regelung des Art. 1124 CC abzuleitende allgemeine Rechtsgedanke, dass die Auflösung der vertraglichen Bindung umso schwerer zu erreichen sein soll, je harmloser die Störung des Vertrages ist, lässt sich den Regelungen des BGB so nicht entnehmen, zumindest nicht in der seit der Schuldrechtsreform geltenden Fassung. Vielmehr ist das Gegenteil festzustellen. Wenn – wie im vorliegenden sozialen Konflikt – die Softwarefirma die ihr obliegende Auskunftspflicht fahrlässig verletzt hat, die Software für sich genommen aber funktioniert, kann die Bestellerin nach §§ 280 Abs. 1, 311 Abs. 2, 241 Abs. 2 BGB von der Softwarefirma die Zustimmung zur Aufhebung des Vertrages und die Rückgewähr der geleisteten Vergütung gegen Rückgabe der Software Zug um Zug verlangen. Wenn aber die Softwarefirma die ihr obliegende Auskunftspflicht fahrlässig verletzt hat, und diese Pflichtverletzung dazu führt, dass die Software funktionale Mängel aufweist (was im Verhältnis zu einer funktionsfehlerfreien Software als die schwerwiegendere Vertragsstörung einzuordnen sein dürfte), kann die Bestellerin nicht sofort die vertragliche Bindung lösen, sondern muss grundsätzlich zunächst gem. § 634 Nr. 1 BGB Nacherfüllung verlangen[807], wobei diese Einschränkung nicht Ausprägung von *pacta sunt servanda* ist[808]. Der gem. §§ 280 Abs. 1, 311 Abs. 2, 241 Abs. 2 BGB auf Vertragsaufhebung gehende Schadensersatzanspruch aus *c.i.c.* beruht zwar ebenso wie die im vorliegenden sozialen Konflikt zur Lösung führende *acción de la anulabilidad* (Art. 1303 CC) auf dem Grundsatz der Naturalrestitution, aber das die *anulabilidad* einschränkende

804 Vgl. Lacruz Berdejo, Elementos de Derecho Civil II, Derecho de obligaciones, Vol. 1°, S. 7f.
805 Albaladejo/*Martin Perez*, Art. 1091, Tomo XV, Vol. 1°, S. 188f.
806 Eckl, Treu und Glauben im spanischen Vertragsrecht, S. 213f.
807 Vgl. oben Kap. D.IV.2.a) dd).
808 Vgl. oben Kap. D.IV.4.b) aa).

Merkmal der *excusabilidad* wurzelt in dem Prinzip von *pacta sunt servanda*[809], was bei den Einschränkungen des Schadensersatzanspruchs auf Vertragsaufhebung (§§ 280 Abs. 1, 311 Abs. 2, 241 Abs. 2 BGB) nicht der Fall ist. Der Differenzzusammenhang zwischen den Lösungen des vorliegenden sozialen Konflikts nach deutschem und nach spanischem Recht besteht also auf normativer Ebene darin, dass dem Grundsatz von *pacta sunt servanda* nach spanischem Recht ein stärkeres Gewicht zukommt als nach deutschem Recht.

V. Das fehlende Pflichtenheft

1. Darstellung des sozialen Konflikts

Nehmen wir den Fall an, dass es die Vertragspartner – absichtlich oder ohne sich dessen bewusst gewesen zu sein – versäumt haben, ein Pflichtenheft anzufertigen bzw. eine entsprechende Verpflichtung hierzu vertraglich zu vereinbaren, und dass, nachdem die Software vertragsgemäß erstellt bzw. angepasst wurde, eine der Parteien vorträgt, wegen des fehlenden Pflichtenhefts könnten nun auch keine vertraglichen Ansprüche geltend gemacht werden. Dabei ist auch an die verschiedenen Modelle der agilen Softwareentwicklung zu denken, bei denen von vornherein auf die Erstellung eines detaillierten Pflichtenhefts verzichtet wird[810]. Soll also das Fehlen eines Pflichtenhefts Auswirkungen auf die Ansprüche aus dem Vertrag über individuelle Software haben?

Im Folgenden soll zunächst untersucht werden, welche gesetzlichen Normen in Frage kommen, aus denen sich die Verpflichtung zur Erstellung eines Pflichtenhefts ergeben könnte. Dabei ist davon auszugehen, dass ein Pflichtenheft nur dann erstellt werden kann, wenn sowohl Anwender als auch Anbieter jeweils ihren Beitrag dazu geleistet haben. Anschließend soll untersucht werden, welche Rechtsfolgen eintreten, wenn kein Pflichtenheft erstellt wurde.

2. Lösung nach deutschem Recht

a) Einordnung und Begriffsklärung

Vorrangig zu klären ist, ob das Pflichtenheft der Planungsphase oder ob es der Realisierungsphase zuzuordnen ist. Aus Sicht des Softwareentwicklers mag diese Frage unsinnig erscheinen, da die Einteilung in verschiedene Phasen insofern jenseits der technischen Realität liegt, als die Programmentwicklung „*eine lange*

809 Vgl. oben Kap. D.IV.3.a) aa).
810 Vgl. Reichert, Vertragsfreiheit und agile Softwareentwicklung, S. 53ff.

Folge ständiger, nahtlos ineinanderübergehender Wiederholungen von Entwicklung, Programmierung, Compilierung bzw. Assemblierung und Fehlersuche" dargestellt[811]. Auch wenn die Phasen in der „*Praxis nie eingehalten werden*"[812], so ist es rechtstheoretisch betrachtet unverzichtbar, zumindest zwei Phasen gedanklich auseinander zu halten: in der Planungsphase wird der Umfang der zu erbringenden Leistung festgelegt, während in der Realisierungsphase der Auftragnehmer mit der von ihm geschuldeten Leistung beginnt, wobei der Phasenablauf auch iterativ erfolgen kann, wie das z. B. bei der agilen Softwareentwicklung oder dem Spiralmodell vorgesehen ist[813]. Denn auch bei der agilen Methode, die grundsätzlich ohne Pflichtenheft auskommt, wird nicht auf eine anfängliche Planung verzichtet, sondern wie bei allen iterativen Modellen die Abgrenzung der Planungs- von der Realisierungsphase im Hinblick auf deren zeitliche Abfolge aufgehoben[814]. Aber auch dann, wenn die zeitliche Reihenfolge der Planungs- und der Realisierungsphase keine Relevanz haben soll, ist bei allen Vorgehensmodellen zur Softwareentwicklung unbedingt zu beachten, dass aus der erbrachten Leistung nicht auf den geschuldeten Leistungsumfang geschlossen werden kann, sondern dass nur umgekehrt die erbrachte Leistung anhand des geschuldeten Leistungsumfangs zu messen ist. Dementsprechend hat auch das OLG Düsseldorf in einem Fall, in dem die Software ohne Pflichtenheft erstellt wurde, entschieden, dass eine Umkehrung des Zusammenhangs zwischen Soll- und Ist-Leistung nicht in Frage kommt[815].

Betrachten wir den Standpunkt des Softwareentwicklers einerseits und des Juristen andererseits etwas tiefer, so offenbart sich hier abermals die Divergenz zwischen dem normativen Denken in den Rechtswissenschaften und dem funktionalen Denken in der Informatik[816]. Auf den Punkt gebracht: Aus der Funktion oder Nichtfunktion von etwas Seiendem kann logischerweise nicht auf ein bestimmtes Sollen geschlossen werden. Wenn der Obersatz eine Aussage enthält, kann im logischen Schluss nicht plötzlich ein Sollenssatz erscheinen, denn das wäre ein logischer Fehler[817]. Das Sollen kann sich nur aus einem Sollenssatz

811 König, Das Computerprogramm im Recht, Rdnr. 169, 172.
812 Schneider in: Schneider / Graf von Westphalen, Software-Erstellungsverträge, S. 218.
813 Vgl. oben Kap. D.I.1.d).
814 Vgl. Reichert, Vertragsfreiheit und agile Softwareentwicklung, S. 205, 264.
815 OLG Düsseldorf, Urt. v. 10.6.1992–19 U 23/91, CR 1993, 361, 364.
816 Siehe hierzu bereits oben Kap. D.II.2.b) zur Unmöglichkeit, fehlerfreie Software zu erstellen
817 Hofmann, Einführung in die Rechts- und Staatsphilosophie, S. 12.

ergeben (Methodendualismus)[818]. Es kommt also darauf an, zwischen der Ist- und der Sollbeschaffenheit der Software zu unterscheiden. Demnach ist zunächst zu fragen, ob das Pflichtenheft Aussagen über die Sollbeschaffenheit der zu erstellenden Software enthält oder ob es seinerseits Teil dieser Software ist und damit zu deren Istbeschaffenheit gehört. Des Weiteren ist zu prüfen, ob es eine Norm gibt, derzufolge die Erstellung eines Pflichtenhefts gesollt ist.

Antworten auf diese Fragen werden allerdings dadurch erschwert, dass der Begriff des „Pflichtenhefts" in der technischen Fachliteratur in einem anderen Sinne verwendet wird als von der Rechtsprechung. Während es sich beim Pflichtenheft nach der Richtlinie VDI 2519 um die „Beschreibung der Realisierung aller Anforderungen des Lastenheftes" handelt[819], definiert der BGH das Pflichtenheft als eine Studie, in der „das Ergebnis der Analysephase...beschrieben wird"[820]. Das „Lastenheft" wiederum dient nach der Richtlinie VDI 2519 als „Ausschreibungs-, Angebots- oder Vertragsgrundlage"[821]. Und in der Rechtsliteratur erweist sich das Pflichtenheft als janusköpfig. Einerseits wird das Pflichtenheft als „fachliche (Fein-)Spezifikation" gesehen und damit der Planungsphase zugeordnet, andererseits soll es als „technische (Fein-)Spezifikation" der Realisierungsphase zugehören[822]. In der Rechtsprechung wiederum werden mal die Begriffe Pflichtenheft und Lastenheft als Synonyme verwendet[823], dann wieder soll das Pflichtenheft die Grundlage für das Lastenheft sein[824].

Um das Begriffswirrwarr nicht noch zu vergrößern, soll hier dem Definitionsvorschlag *Schneiders* gefolgt werden, wonach unter „Pflichtenheft" die in die Planungsphase gehörende „fachliche Spezifikation" zu verstehen ist, die von der „technischen Spezifikation" abzugrenzen ist, welche in die Realisierungsphase gehört[825]. Das Pflichtenheft als fachliche Spezifikation enthält also Aussagen über

---

818 Vgl. zum Methodendualismus: Radbruch, Vorschule der Rechtsphilosophie, S. 19.

819 Vgl. Jäger in: Jäger et al., Begutachtung und rechtliche Bewertung von EDV-Mängeln, S. 210.

820 BGH, Urt. v. 9.5.1985 – I ZR 52/83, CR 1985, 22 (29)

821 Vgl. Jäger in: Jäger et al., Begutachtung und rechtliche Bewertung von EDV-Mängeln, S. 204.

822 Vgl. die Darstellungen bei Schneider in: Schneider / Graf v. Westphalen, Software-Erstellungsverträge, S. 195f. und Marly, Praxishandbuch Softwarerecht, Rdnr. 1377, 1383.

823 OLG Karlsruhe, Urt. v. 16.8.2002–1 U 250/01, CR 2003, 95–97.

824 OLG Celle, Urt. v. 18.09.2008–6 U 54/08, juris Rdnr. 7, 56.

825 Schneider in: Schneider / Graf v. Westphalen, Software-Erstellungsverträge, S. 217f.

die Sollbeschaffenheit der zu erstellenden Software, während die technische Spezifikation bereits Bestandteil dieser Software ist[826].

b) Die Mitwirkungspflichten

aa) Beibringungspflicht des Anwenders

Aus § 642 Abs. 1 BGB ergibt sich eine Mitwirkungspflicht des Bestellers, wobei es sich dabei nicht um eine Nebenleistungspflicht, sondern um eine Obliegenheit handelt[827]. Eine Obliegenheit ist eine Verhaltensaufforderung, die das Recht einem Rechtssubjekt in dessen Interesse und im Interesse eines anderen auferlegt, ohne dass der andere das Verhalten einklagen oder bei Unterlassung Schadensersatz verlangen kann[828]. Unterlässt der Besteller die ihm obliegende Mitwirkungshandlung, so gerät er allerdings in Annahmeverzug (§ 295 S. 2 BGB) mit der Folge, dass sich die Haftung des Unternehmers auf *grobe* Fahrlässigkeit reduziert, § 300 Abs. 1 BGB. Da es sich aber bei § 642 BGB um dispositives Recht handelt, können die Parteien dennoch vereinbaren, dass den Besteller eine echte Leistungspflicht treffen soll[829]. Dann gelten für den Fall, dass der Besteller seine Mitwirkungspflicht verletzt, die Vorschriften über den Schuldnerverzug, §§ 280, 286 BGB. Der Unternehmer kann sich aber auch gem. § 323 BGB nach Fristsetzung vom Vertrag lösen, wenn die dem Besteller auferlegte Mitwirkungspflicht als eine gegenseitige Pflicht einzustufen ist.

Es wäre demnach naheliegend, die Verpflichtung des Auftraggebers zur Erstellung eines Pflichtenhefts als gesetzlich normierte Obliegenheit aus § 642 BGB herzuleiten, sofern die Parteien nichts anderes vereinbart haben. Auch wenn im Schrifttum z. T. vertreten wird, dass Grundlage für die Rechtsprechung zum Pflichtenheft die in § 642 BGB vorausgesetzte Mitwirkungspflicht sei[830], so kann diese Auffassung durch eine Lektüre der Entscheidungsgründe diverser Urteile nicht bestätigt werden. Mal soll sich die Mitwirkungspflicht dem § 645 BGB entnehmen lassen[831], dann wieder wird sie damit begründet, dass der Anwender „seine Wünsche und Vorstellungen dem Anbieter deutlich machen"

826 Vgl. hierzu entsprechend auch oben Kap. D.I.1.b) die Unterscheidung von Analyse und Entwurf beim klassischen Phasenmodell

827 Looschelders, Schuldrecht, Besonderer Teil, Rdnr. 651.

828 Fikentscher / Heinemann, Schuldrecht, Rdnr. 44.

829 Jauernig-*Mansel*, BGB, §§ 642, 643 Rdnr. 1, 8.

830 Dreier / Vogel, Software- und Computerrecht, S. 171.

831 OLG Köln, Urt. v. 25.6.1993–19 U 216/92, NJW-RR 1993, 1529, 1530.

müsse[832], zumindest aber soll sie sich aus einem Schweigen auf ein kaufmännisches Bestätigungsschreiben ergeben[833], und schließlich soll sie sich aus der „Natur der Sache" ergeben, wenn der Softwarehersteller seine Verpflichtung zur Programmierung sinnvoll nur unter Mitwirkung des Kunden erfüllen kann[834]. In der letztgenannten Entscheidung des BGH ging es zwar um einen Mietvertrag über Registrierkassen, zugleich sollte die Vermieterin aber die Registrierkassen entsprechend den geschäftlichen Bedürfnissen der Mieterin programmieren, so dass zumindest bezüglich der streitgegenständlichen Programmierung Werkvertragsrecht anzuwenden war, auch wenn der BGH dies nicht explizit ausführt. Es ist deshalb durchaus gerechtfertigt, diese Entscheidung auf Fälle des Werkvertragsrechts zu extrapolieren.

Die Mitwirkungspflicht beim Software-Anpassungsvertrag wird demnach nicht aus der in § 642 Abs. 1 BGB normierten Obliegenheit hergeleitet, sondern aus der „Natur der Sache". Wenn aber § 642 BGB als dispositives Recht von den Parteien abbedungen werden kann, es jedoch ggf. in der „Natur der Sache" liegen soll, dass den Auftraggeber – auch ohne ausdrückliche Regelung – eine Mitwirkungspflicht trifft, dann ließe sich daraus schließen, dass die „Natur der Sache" in der Normenhierarchie über der schuldrechtlichen Norm des § 642 BGB stehen muss, es sei denn, es würde sich bei der „Natur der Sache" um gar keine Norm handeln. Nach *Radbruch* ist die „Natur der Sache" als die „Stoffbestimmtheit der Idee" und damit als eine Überwindung des Methodendualismus zwischen Sein und Sollen zu verstehen, sie bewegt sich also auf der „Seinsseite"[835]. Dem Methodendualismus gemäß, wie er in dieser Arbeit vertreten wird[836], kann die „Natur der Sache" also keine Rechtsnorm darstellen.

Grundsätzlich sind die schuldrechtlichen Normen dispositiv, nur wenige Normen – wie z.B. der für alle Schuldverhältnisse ausnahmslos geltende Grundsatz von *Treu und Glauben* (§ 242 BGB) – sind zwingende Gesetzesnormen[837], durch die der Vertragsfreiheit Grenzen gesetzt werden. Der ausgehandelte Vertrag nämlich trägt durch die auf beiden Seiten eingesetzte Privatautonomie zunächst einmal die Vermutung des gerechten Interessenausgleichs in sich[838]. Aber nicht nur die vertraglich vereinbarten Regelungen, die dispositiven wie die

832 OLG Köln, Urt. v. 18.6.1993–19 U 215/92, NJW-RR 1993, 1528.
833 OLG Köln, Urt. v. 7.2.1992–19 U 117/91, JurPC 1992, S. 1587, 1588.
834 BGH, Urt. v. 13.7.1988 - VIII ZR 292/87, CR 1989, 102, 104.
835 Radbruch, Vorschule der Rechtsphilosophie, S. 23.
836 Vgl. oben Kap. D.V.2.a).
837 Larenz, Lehrbuch des Schuldrechts, Bd. 1, AT, S. 77.
838 Fikentscher / Heinemann, Schuldrecht, Rdnr.74.

zwingenden Gesetzesnormen des Schuldrechts können vertragliche Schuldverhältnisse begründen, sondern darüber hinaus ergeben sich vertragliche Schuldverhältnisse offenbar auch – wenn man der soeben zitierten Rechtsprechung des BGH folgt – aus der „Natur der Sache". Oder andersherum betrachtet: Nicht nur die zwingenden Gesetzesnormen setzen der Privatautonomie Grenzen, sondern auch die jeweilige „Natur der Sache".

bb) Beibringungspflicht des Softwareanbieters

Grundsätzlich obliegt es also dem Anwender, das Pflichtenheft mit den fachlichen Anforderungen an die Software zu erstellen[839], und zwar auch dann, wenn eine entsprechende Verpflichtung von den Parteien nicht vereinbart worden war[840]. Die Erstellung eines Pflichtenhefts ist jedoch keine einseitige Angelegenheit des Anwenders, vielmehr muss auch der Anbieter daran mitwirken. Er muss z.B. von sich aus die innerbetrieblichen Bedürfnisse ermitteln, darauf drängen, dass der Anwender sie in einem Pflichtenheft niederlegt, bei der Formulierung der Aufgabenstellung mitwirken, einen Organisationsvorschlag zur Problemlösung unterbreiten und für ihn erkennbare Unklarheiten und Bedürfnisse aufklären[841]; allerdings gehen Unklarheiten, die für den Anbieter nicht erkennbar waren zu Lasten des Anwenders[842], so dass es letztlich doch der Anwender ist, der für den Inhalt des Pflichtenhefts haftet.

Die Parteien können aber auch vertraglich vereinbaren, dass der Softwareanbieter das Pflichtenheft auszuarbeiten hat[843]. Eine solche Vereinbarung kann entweder so verstanden werden, dass die Softwarefirma den Besteller bei der Gewinnung von dessen Anforderungen unterstützen möchte oder aber so, dass die Softwarefirma für die erfolgreiche Erstellung des Pflichtenhefts haften möchte. Im ersteren Fall kann grundsätzlich nur von einem Dienstvertrag ausgegangen werden, im letzteren Fall von einem entweder getrennt von den übrigen Planungsleistungen zu beurteilenden Werkvertrag oder von einer Teilschuld innerhalb der von der Softwarefirma werkvertraglich als „Gesamtlösung" versprochenen Planung[844]. Der Rechtsprechung zufolge soll ein von der Softwarefirma zu erstellendes Pflichtenheft eine allgemeine Zielbeschreibung enthalten,

839 Witzel in: Schneider / Graf v. Westphalen, Software-Erstellungsverträge, S. 679; Marly, Praxishandbuch Softwarerecht, Rdnr. 1378.

840 OLG Köln, Urt. v. 7.2.1992–19 U 117/91, JurPC 1992, S. 1587, 1588.

841 OLG Köln, Urt. v. 18.6.1993–19 U 215/92, NJW-RR 1993, 1528.

842 OLG Köln, Urt. v. 25.6.1993–19 U 216/92, NJW-RR 1993, 1529, 1530.

843 Vgl. BGH, Urt. v. 24.9.1991 – X ZR 85/90, NJW-RR 1992, 556 = CR 1992, 543.

844 Schneider in: Schneider / Graf von Westphalen, Software-Erstellungsverträge, S. 213f.

darüber hinaus die Beschreibung des Ist-Zustands, in die das Datenverarbeitungssystem eingebettet werden soll, den genauen Funktionsumfang (für die Software/Eingabefunktionen und Eingabedaten, Ausgabefunktionen/-daten und Dateien), Leistungsnachweise, Leistungsumfang sowie Test- und Abnahmebedingungen[845].

c) *Folgen bei fehlendem Pflichtenheft*

Es soll nun untersucht werden, welche Rechtsfolgen eintreten, wenn die Parteien einen Vertrag über individuelle Software geschlossen haben, ohne dass ein Pflichtenheft erstellt wurde. Dabei sind völlig unterschiedliche rechtliche Bewertungen in Betracht zu ziehen.

Zunächst einmal könnte es wegen eines versteckten Dissenses (§ 155 BGB) an einem wirksam geschlossenen Vertrag fehlen. Mangelt es nämlich an einer Einigung über einen Nebenpunkt, so gilt gem. § 155 BGB das Vereinbarte nur, wenn die Parteien den Vertrag auch ohne den Nebenpunkt geschlossen hätten, andernfalls ist der Vertrag nicht geschlossen, wobei ein Vertragsschluss umso eher anzunehmen ist, je bedeutungsloser die Lücke ist[846]. Sie ist u. a. mit Hilfe der ergänzenden Vertragsauslegung (§ 157 BGB) oder §§ 315ff. BGB zu schließen[847]. Im Schrifttum wird vereinzelt die Auffassung vertreten, dass allein durch die Existenz eines Pflichtenhefts, auch wenn dieses unvollständig sein sollte, die Annahme eines Dissenses ausgeschlossen werden kann[848].

Das fehlende Pflichtenheft könnte aber auch Auswirkungen auf die vertragstypologische Einordnung des Software-Erstellungsvertrags haben. Für den Fall, dass die Parteien nichts Konkretes in Bezug auf die Anforderungen der Software vereinbart haben, wird im deutschen Schrifttum mehrfach die Auffassung vertreten, dass dann der geschuldete Erfolg unklar sei, was zur Folge habe, dass die Vereinbarung über die Erstellung oder Anpassung von Software als reiner Dienstvertrag zu qualifizieren sei[849]. Demnach soll aus dem Umstand, dass die Parteien auf die Erstellung eines Pflichtenhefts verzichtet haben, zu schließen sein, dass es sich um einen Dienstvertrag handele und dass die eigentliche

845 OLG Düsseldorf, Urt. v. 10.6.1992–19 U 23/91, CR 1993, 361, 363.

846 Jauernig-*Mansel*, BGB, § 155 Rdnr. 2.

847 Vgl. RG 88, 377 (379)

848 Naus, Softwareerstellung als Projekt, S. 96.

849 Schneider in: Schneider / Graf von Westphalen, Software-Erstellungsverträge, S. 214; Meyer, Aktuelle vertrags- und urheberrechtliche Aspekte der Erstellung, des Vertriebs und der Nutzung von Software, S. 171; *insbesondere im Hinblick auf agile Methoden:* Reichert, Vertragsfreiheit und agile Softwareentwicklung, S. 261f.

Projektverantwortung beim Auftraggeber verblieben sein müsse[850]. (Was die unterschiedlichen Rechtsfolgen bei Dienst- oder Werkverträgen angeht, so sei auf die obigen Ausführungen in Kap. D.II verwiesen.)

Von der obergerichtlichen und höchstrichterlichen Rechtsprechung hingegen wird das Problem des fehlenden Pflichtenhefts völlig anders gelöst. Das OLG Karlsruhe hat in einem Fall, der allerdings noch nach altem Schuldrecht zu entscheiden war, das Vertragsverhältnis der Parteien, die auf die Erstellung eines Pflichtenhefts verzichtet hatten, als Werkvertrag und ausdrücklich nicht als Dienstvertrag qualifiziert, wobei das Gericht offenbar davon ausgeht, dass die Entwicklung und Anpassung von Software regelmäßig im Rahmen eines Werkvertrages erfolgt[851]. Der BGH sieht die Erstellung des Pflichtenhefts auch dann als entbehrlich an, wenn sie vertraglich vereinbart war, sofern der Auftrag tatsächlich durchgeführt wird[852]. Er löst das Problem des fehlenden Pflichtenhefts also weder unter dem Aspekt der Nichterfüllung einer vertraglichen Leistungspflicht[853] noch unter dem des verdeckten Einigungsmangels (§ 155 BGB)[854], auch nicht unter dem Aspekt der vertragstypologischen Einordnung[855], sondern unter dem Aspekt der Sollbeschaffenheit des erstellten bzw. angepassten Programms. Demzufolge hat das Programm, wenn kein Pflichtenheft vorliegt, dem Stand der Technik bei einem *mittleren Ausführungsstandard* zu entsprechen[856]. Was aber bedeutet *mittlerer Ausführungsstandard*?

Der mittlere Ausführungsstandard ist kein gesetzlich normierter Begriff der Sollbeschaffenheit. Nach dem werkvertraglichen Gewährleistungsrecht (§§ 633–639 BGB), das nunmehr aufgrund der Schuldrechtsreform seit 01.01.2002[857] in seiner Grundstruktur mit dem kaufvertraglichen Gewährleistungsrecht identisch ist[858], ergibt sich die Sollbeschaffenheit in erster Linie aus der von den Parteien vereinbarten Beschaffenheit des Werks, § 633 Abs. 2 S. 1 BGB. Soweit die

---

850 Schneider, CR 2003, 317 (318).

851 OLG Karlsruhe, Urt. v. 16.8.2002–1 U 250/01, CR 2003, 95 (96).

852 BGH, Urt. v. 24.9.1991 – X ZR 85/90, CR 1992, 543.

853 Wie das OLG Düsseldorf, Urt. v. 10.6.1992–19 U 23/91, CR 1993, 361 (364); ebenso OLG Köln, Urt. v. 7.2.1992–19 U 117/91, JurPC 1992, S. 1587 (1588).

854 Wie Naus, Softwareerstellung als Projekt, S. 96.

855 Wie Schneider, CR 2003, 317 (322).

856 BGH, Urt. v. 24.9.1991 – X ZR 85/90, CR 1992, 543; BGH, Urt. v. 16.12.2003 – X ZR 129/01, CR 2004, 490; OLG Düsseldorf, Urt. v. 18.7.1997–22 U 3/97, NJW-RR 1998, 345.

857 BT-Drucks. 14/6857.

858 Fikentscher / Heinemann, Schuldrecht, Rdnr. 1202.

Beschaffenheit nicht vereinbart ist, ist das Werk frei von Sachmängeln, wenn es sich für die nach dem Vertrag vorausgesetzte (§ 633 Abs. 2 S. 2 Nr. 1 BGB), sonst für die gewöhnliche Verwendung eignet und eine Beschaffenheit aufweist, die bei Werken der gleichen Art üblich ist und die der Besteller nach Art des Werks erwarten kann (§ 633 Abs. 2 S. 2 Nr. 2 BGB). Der BGH hält auch nach der Schuldrechtsreform noch an seiner Rechtsprechung zum alten werkvertraglichen Gewährleistungsrecht fest, bei dem die Mängelhaftung an den Fehler eines Werks gebunden war (§ 633 Abs. 1 BGB a.F.). Er begründet dies damit, dass die in § 633 Abs. 2 n.F. BGB geregelte Rangfolge keinen Anlass gebe, die bisherige Rechtsprechung zum Verständnis der „vereinbarten Beschaffenheit“[859] in Frage zu stellen[860]. Demnach liegt eine Abweichung von der vereinbarten Beschaffenheit auch dann vor, wenn der mit dem Vertrag verfolgte Zweck der Herstellung eines Werks nicht erreicht wird und das Werk seine vereinbarte oder nach dem Vertrag vorausgesetzte Funktion nicht erfüllt[861].

Wenn auch wegen des fehlenden Pflichtenhefts keine Beschaffenheitsvereinbarung ermittelt werden kann, so liegt dennoch eine Abweichung von der vereinbarten Beschaffenheit vor, wenn der mit der Softwareerstellung verfolgte Zweck nicht erreicht und die nach dem Vertrag vorausgesetzte Funktion nicht erfüllt wird. Denn der BGH subsumiert unter dem Begriff „vereinbarte Beschaffenheit“ sowohl die vereinbarte Ausführungsart als auch den werkvertraglich versprochenen Erfolg. Und wenn das Programm nicht funktionsgerecht eingesetzt werden kann, so entspricht die Leistung des Unternehmers nicht dem Stand der Technik bei einem mittleren Ausführungsstandard[862]. Das bedeutet also, dass der funktionsgerechte Einsatz der Software schon dadurch als Beschaffenheitsvereinbarung anzusehen ist, dass sich der Unternehmer zur Erstellung der Software verpflichtet hat. Dies entspricht der Auffassung des BGH, dass der Erfolg Teil der Beschaffenheitsvereinbarung ist[863]. Mit anderen Worten: Der funktionsgerechte Einsatz der Software wird als Beschaffenheitsvereinbarung unterstellt, auch wenn dies nicht ausdrücklich von den Parteien vereinbart wurde. Soweit kein Pflichtenheft vorliegt, kommt in Bezug auf *funktionale Mängel*[864] § 633 Abs. 2 S.1

859 Siehe bereits oben Kap. D.IV.2.a) dd).

860 BGH, Urt. v. 8.11.2007 – VII ZR 183/05, NJW 2008, 511 (512).

861 BGH, Urt. v. 29.9.2011 – VII ZR 87/11, NJW 2011, 3780.

862 BGH, Urt. v. 16.12.2003 – X ZR 129/01, CR 2004, 490 (491).

863 Vgl. Voit, Anmerkung zu BGH Urt. v. 29.9.2011, NJW 2011, 3782 (3783), der vorschlägt, konstruktiv zwischen dem Erfolg und der Beschaffenheitsvereinbarung zu trennen.

864 Zum Begriff des *funktionalen Mangels* vgl. oben Kap. D.IV.2.a) dd).

BGB zur Anwendung, bezüglich anderer Mängel gelten die Mangelkategorien des § 633 Abs. 2 S. 2 BGB, aber nur soweit diese sich mit dem „mittleren Ausführungsstandard“ als Referenz kombinieren lassen[865].

Der Begriff *mittlerer Ausführungsstandard* legt die Vermutung nahe, dass es auch einen niedrigeren und einen höheren Ausführungsstandard geben muss. In der Tat können die Parteien einen niedrigeren Ausführungsstandard vereinbaren, wobei dann den Unternehmer besondere Hinweispflichten gegenüber dem Besteller sowohl über den niedrigeren Standard als auch die damit verbundenen Risiken treffen[866]. Des Weiteren ist dem Begriff zu entnehmen, dass es vermutlich um standardisierte und nicht um kundenspezifische Anforderungen gehen soll. Diese Vermutung ist allerdings nicht mit der Entscheidung des OLG Karlsruhe zu vereinbaren, wonach ein Vertrag über die Erstellung und Anpassung von Software, bei dem zunächst kein Pflichtenheft vorlag, als Werkvertrag zu qualifizieren sein soll, weil der Schwerpunkt der vertraglichen Vereinbarung auf der Erstellung eines speziell auf die Bedürfnisse der Bestellerin abgestimmten Software-Programms lag[867]: Wenn aber bei fehlendem Pflichtenheft der mittlere Ausführungsstandard gelten soll, wie kann es dann auf die speziellen Bedürfnisse der Bestellerin ankommen?

Fassen wir zusammen: Wenn kein Pflichtenheft erstellt wurde, der Unternehmer aber die Software bereits fertiggestellt hat, dann wird hierdurch deren Sollbeschaffenheit in der Weise betroffen, dass die Software nunmehr unter Berücksichtigung des vertraglichen Zwecks dem Stand der Technik bei einem mittleren Ausführungsstandard zu entsprechen hat. D. h., das fehlende Pflichtenheft hat Auswirkungen auf die Frage, ob die vom Unternehmer erstellte Software mangelfrei ist. Dabei werden die Mangelkategorien des § 633 Abs. 2 BGB mit dem Erfordernis des mittleren Ausführungsstandards verbunden, wobei zu berücksichtigen ist, dass der mittlere Ausführungsstandard mit der *gewöhnlichen Verwendung* bzw. dem, was *der Besteller nach Art des Werkes erwarten kann* (§ 633 Abs. 2 S. 2 Nr. 2 BGB), nicht übereinstimmen muss[868].

---

865 Schneider in: Schneider / Graf v. Westphalen, Software-Erstellungsverträge, S. 214.

866 Vgl. Voit, Anmerkung zu BGH Urt. v. 29.9.2011, NJW 2011, 3782.

867 OLG Karlsruhe, Urt. v. 16.8.2002–1 U 250/01, CR 2003, 95f.

868 Schneider in: Schneider / Graf v. Westphalen, Software-Erstellungsverträge, S. 213.

3. Lösung nach spanischem Recht

a) Einordnung und Begriffsklärung

Die vom Besteller beizubringenden Anforderungen und Erwartungen an die zu erstellende Software werden – wohl in Anlehnung an die Definitionen des klassischen Phasenmodells[869] – von der Rechtsprechung als *requerimientos*[870] bezeichnet. Mit Hilfe der vom Besteller vorgelegten *requerimientos* kann dann die Softwarefirma in Zusammenarbeit mit dem Besteller einen *análisis de requerimientos* ausarbeiten, um anschließend selbsttätig einen *análisis funcional* anzufertigen. Zum Teil wird vorgeschlagen, zwischen dem *análisis de requerimientos* als der Festlegung des Vertragsgegenstandes und dem *análisis funcional* zu trennen, der bereits die erste Stufe der Programmentwicklung darstellen soll[871]. Demzufolge würde es sich bei dem *análisis de requerimientos* um die in die Planungsphase gehörende fachliche Spezifikation handeln, die auch mit dem Begriff „Spezifikationsdokument"[872] übersetzt wird, und beim *análisis funcional* um die in die Realisierungsphase gehörende technische Spezifikation[873]. Leider jedoch erweist sich der *análisis funcional* in Rechtsprechung und Literatur als gleichermaßen janusköpfig wie in Deutschland das „Pflichtenheft"[874]. Wie wir noch sehen werden, wird der Begriff des *análisis funcional* manchmal im Sinne der fachlichen und dann wieder im Sinne der technischen Spezifikation verwendet. Dass in der Praxis die Bezeichnung *análisis funcional* uneinheitlich gebraucht wird, wird auch in der spanischen Rechtsliteratur so gesehen[875]. Bei der weiteren Untersuchung soll deshalb die inhaltliche Trennung zwischen dem zur Planungsphase gehörenden Pflichtenheft als fachliche Spezifikation und der technischen Spezifikation, die bereits Teil der Realisierungsphase ist, als Orientierungshilfe im Auge behalten werden, denn diese Trennung ist rechtstheoretisch bedingt[876] und gilt mithin für unseren Vergleich, egal ob es um deutsches oder um spanisches Recht geht, *a priori*.

---

869 Siehe oben Kap. D.I.1.b).

870 SAP Albacete de 31 julio2000 (Sección 1ª), núm. 182/2000, JUR 2000/298244.

871 Soler Matutes et al. in: Soler / Piattini, Manual de Gestión y Contratación Informática, S. 89.

872 Mediano in: Ullrich / Lejeune, Der internationale Softwarevertrag, Rdnr. 1782.

873 Vgl. hierzu oben Kap. D.V.2.a) einen entsprechenden Definitionsvorschlag Schneiders.

874 Vgl. oben Kap. D.V.2.a).

875 Soler et al. in: Soler / Piattini, Manual de Gestión y Contratación Informática, S. 89.

876 Vgl. oben Kap. D.V.2.a).

b) *Die Mitwirkungspflichten*

aa) *Überblick*

Eine Vorschrift, welche die Mitwirkungspflicht des Bestellers im Rahmen des Werkvertrages ausdrücklich regeln würde, findet sich im CC nicht. Von der Rechtsprechung wird jedoch unter Anwendung von Werkvertragsrecht sowohl die unterlassene Beibringung der *requerimientos* seitens des Bestellers als auch die unterlassene Erstellung eines *análisis funcional* seitens der Softwarefirma jeweils als ein *incumplimiento* eingestuft, so dass ein *incumplimiento* seitens des Bestellers im Hinblick auf die *requerimientos* wiederum einen *incumplimiento* der Softwarefirma im Hinblick auf den *análisis funcional* hervorrufen kann[877]. Dann muss nach Art. 1101 CC derjenige *deudor incumplidor*, der den *incumplimiento* zurechenbar verschuldet hat, gegenüber der Gegenpartei ggf. Schadensersatz leisten. Übereinstimmend wird im spanischen Schrifttum das Pflichtenheft als Bestandteil der *tratos preliminares* in die vorvertragliche Phase eingeordnet[878]. Dabei herrscht auch Einigkeit darüber, dass die vorvertraglichen Informationspflichten der verhandelnden Parteien aus dem Grundsatz der *buena fe* herzuleiten sind[879], der seit der Reform des Título Preliminar von 1974[880] gesetzlich normiert ist: Nach Art. 7.1 CC müssen die Rechte gemäß den Erfordernissen der *buena fe* ausgeübt werden. Ebenso wie nach Art. 57 des seit 1886 geltenden *Código de Comercio*[881] war schon von Anbeginn des CC in Art. 1258 CC geregelt, dass Verträge dem Grundsatz der *buena fe* zu entsprechen haben, aber diese Vorschrift bezieht sich ihrem Wortlaut nach – im Gegensatz zu der Generalklausel des Art. 7.1 CC – lediglich auf den bereits geschlossenen Vertrag und nicht auf das hier zu erörternde vorvertragliche Verhältnis, zudem wurde sie von den spanischen Rechtsgelehrten noch bis in die 1950er Jahre „häufig übersehen oder aber geringgeschätzt“[882]. Der neueren Rechtsprechung zufolge aber sind die

---

877 SAP Albacete de 31 julio 2000 (Sección 1ª), núm. 182/2000, FD 3°, JUR 2000/298244.

878 Soler in Soler / Piattini, Manual de Gestión y Contratación Informática, S. 343; Davarra Rodríguez, Manual de Derecho Informático, S. 283f.; Peso Navarro, Manual de Outsourcing Informático, S. 120f.; Gómez Perals, La cesión de uso de los programas de ordenador, S. 27f.

879 Quesada Sánchez in: Albiez Dohrmann, Derecho privado, S. 64f.; Llobet i Aguado, El deber de información en la formación de los contratos, S. 38; Gómez Calle, Los deberes precontractuales de información, S. 12; García Rubio, La responsabilidad precontractual en el derecho español, S. 43.

880 Aufgrund des Decreto 1836/1974, BOE núm. 163, de 9/7/1974, S. 14269–14275.

881 BOE núm. 289, de 16/10/1885.

882 Eckl, Treu und Glauben im spanischen Vertragsrecht, S. 105, Fußnote 242.

vorvertraglichen Beziehungen zwischen den Parteien in jedem Fall durch die *buena fe* geschützt[883].

Die *buena fe* ist eine Generalklausel, die über Art. 4.3 CC auch für Rechtsmaterien gilt, die nicht vom CC erfasst werden, insofern vergleichbar mit der Generalklausel von *Treu und Glauben* (§ 242 BGB), die einen die gesamte Rechtsordnung beherrschenden Grundsatz darstellt und deshalb auch außerhalb des BGB Anwendung findet[884]. Die *buena fe* stellt eine allgemeine Rechtsregel insbesondere für das Vertragsrecht dar, mit deren Hilfe beispielsweise festgestellt werden kann, welche der Parteien vertragsbrüchig geworden ist (nämlich diejenige, die entgegen der *buena fe* gehandelt hat), so dass die andere Partei die Vertragsauflösung (Art. 1124 CC) geltend machen kann[885]. Die *buena fe* im Sinne von Art. 7.1 CC ist als ein Modell für ein Sozialverhalten anzusehen, das eine generelle Pflicht zu loyalem Verhalten begründet, und zwar sowohl in der Phase, in der sich die Rechtsverhältnisse bilden, als auch bei deren Durchführung, was von *Gete-Alonso y Calera* als einmütige Auffassung im spanischen Schrifttum bezeichnet wird[886].

Die *buena fe* bezieht sich einerseits auf die *bona fides*[887], einem allgemeinen Rechtsgedanken der römischen Jurisprudenz, mit dessen Hilfe der strenge vertragliche Formalismus des römischen Rechts zugunsten einer freieren Rechtsfindung überwunden werden sollte[888], andererseits hat sich die spanische Rechtswissenschaft aber erst seit den 1940er Jahren intensiv mit der *buena fe* beschäftigt und diese – anders als im römischen Recht – zunächst als Überwindung eines liberalen, individualistischen Rechtsverständnisses zugunsten eines sozialen Sinns des objektiven Rechts verstanden, wobei sie sich maßgeblich auf die deutsche Rechtslehre zu *Treu und Glauben* berief[889]. Dies ist jedoch nicht nur aus rechtshistorischer Sicht beachtenswert, sondern auch im Hinblick auf die gegenwärtige Privatrechtsliteratur, denn das soeben dargestellte Argumentationsmuster (Überwindung eines exzessiven Individualismus zugunsten sozialer Werte) findet sich auch im Zusammenhang mit den vorvertraglichen Informationspflichten bei IT-Verträgen wieder, hier allerdings nicht allein aus der *buena*

---

883 STS de 26 febrero 1994, RJ 1994, 1198.

884 Vgl. jurisPK-BGB/*Pfeiffer* § 242 Rdnr. 28.

885 STS de 6 noviembre 1987, RJ 1987, 8339.

886 Albaladejo/*Gete-Alonso y Calera,* Comentarios al CC, Tomo I, Vol. 1°, S. 874.

887 Vgl. Albaladejo/*Gete-Alonso y Calera,* Comentarios al CC, Tomo I, Vol. 1°, S. 864.

888 Ranieri, Europäisches Obligationenrecht, S. 1803.

889 Vgl. hierzu die rechtshistorische Darstellung bei: Eckl, Treu und Glauben im spanischen Vertragsrecht, S. 105ff.

fe, sondern zusätzlich aus dem nunmehr verfassungsrechtlich verankerten Sozialstaatsprinzip hergeleitet[890].

Auch wenn der Auftraggeber zunächst vorvertraglich verantwortlich sein soll, seine Anforderungen und Erwartungen an die Funktionen der zu erstellenden Software gegenüber der Softwarefirma darzulegen[891], damit diese ein entsprechendes Angebot abgeben kann, so wird doch zugleich betont, dass die Softwarefirma sowohl vorvertragliche Beratungspflichten bei der Erstellung des Pflichtenhefts zu erfüllen hat[892] als auch bei der Durchführung des Vertrages für eine kooperatives Verhalten rechtlich einzustehen hat[893], wobei diese Pflichten jeweils aus dem Grundsatz der *buena fe* erwachsen und sich nicht, wie z. T. ausdrücklich betont wird, aus dem Vertrag selbst ergeben müssen[894].

Wenngleich auch zwischen Unternehmern ein informationelles Ungleichgewicht bestehen kann (und nicht nur zwischen Unternehmern und Verbrauchern), so fehlt jedoch im geltenden CC eine ausdrückliche Regelung zu den vorvertraglichen Informationspflichten bei Geschäften zwischen Unternehmen[895]. Das gilt aber nicht nur für den CC, sondern auch für die PMCC, was *Albiez Dohrmann* insofern bedauert, als er in den vorvertraglichen Informationspflichten auch im Geschäftsverkehr zwischen Unternehmen ein wichtiges Instrument für die Funktionsfähigkeit des Marktes sieht[896]. Gemäß 1245.2 PMCC müssen die Parteien bei den vorvertraglichen Verhandlungen in Übereinstimmung mit den Grundsätzen der *buena fe* agieren, so dass es insofern keine inhaltliche Änderung gegenüber der geltenden Gesetzeslage gibt. Aber die bislang kontrovers geführte Frage, nämlich welche Rechtsnatur die vorvertragliche Haftung haben soll[897],

---

890 Corripio Gil-Delgado, Los contratos informáticos: el deber de información precontractual, S. 165f.; s. auch unten Kap. D.V.3. b) bb).

891 Soler in: Soler / Piattini, Manual de Gestión y Contratación Informática, S. 344; Corripio Gil-Delgado, Los contratos informáticos: el deber de información precontractual, S.161; Gómez Perals, La cesión de uso de los programas de ordenador, S.128.

892 Davara Rodríguez, Manual de Derecho Informático, S. 314f.; Soler in: Soler / Piattini, Manual de Gestión y Contratación Informática, S. 344.

893 Corripio Gil-Delgado, Los contratos informáticos: el deber de información precontractual, S.162.

894 López-Tarruella Martínez, Contratos internacionales de software, S. 359.

895 Albiez Dohrmann, La protección jurídica de los empresarios en la contratación con condiciones generales, S. 119f. (Fn. 167).

896 Albiez Dohrmann in: Albiez Dohrmann, Derecho privado, S. 24.

897 Siehe unten Kap. D.V.3.b) ee).

diese Frage wird auch durch die PMCC nicht geklärt, was *Quesada Sánchez* für ein schwerwiegendes Versäumnis hält[898].

bb) Ausgangspunkt: Informationelle Ungleichheit

Was Verträge über Software oder generell IT-Verträge angeht, herrscht im Schrifttum überwiegend die Auffassung, dass die Mitwirkungspflichten im Zusammenhang mit der zwischen den Parteien bestehenden informationellen Ungleichheit (*desigualdad informativa* oder auch *desigualdad en los conocimientos*)[899] bzw. technologischen Ungleichheit (*desigualdad técnica* oder auch *desequilibrio tecnológico*)[900] zu sehen sind. Den Autorinnen und Autoren gemeinsam ist das Bestreben, diese Ungleichheit zu kompensieren, wobei sie in den Mitwirkungspflichten eine solche Kompensation erkennen. Dabei ergeben sich im Einzelnen durchaus unterschiedliche Positionen.

Gómez Perals[901] sieht bei Softwareverträgen eine doppelte Ungleichheit zwischen den Vertragsparteien, eine technologische sowie eine rechtliche. Die technologische Ungleichheit sei gegeben, wenn der Anwender nicht über denselben technischen Kenntnisstand verfüge wie der Softwareanbieter, was bloß dann nicht der Fall sei, wenn es sich bei beiden Vertragspartnern um Softwarefirmen handele; die rechtliche Ungleichheit wiederum liege vor, wenn der Softwareanbieter durch Verwendung vorformulierter Vertragsbedingungen eine Vormachtstellung gegenüber dem Anwender erlange. Die gegenseitige Abhängigkeit von technologischer und rechtlicher Ungleichheit führe zu einer spiralförmigen Entwicklung, die allerdings dadurch gebremst werden könne, dass dem Softwareanbieter Informationspflichten und dem Anwender wiederum Mitwirkungspflichten auferlegt werden. Dabei ergebe sich die einklagbare Informations- und Beratungspflicht des Anbieters aus *buena fe* (Art. 1258 CC), wohingegen die Mitwirkungspflicht des Anwenders aus dem synallagmatischen Charakter des Softwarevertrages herzuleiten sei.

---

898 Quesada Sánchez in: Albiez Dohrmann, Derecho privado, S. 106.

899 Gómez Calle, Los deberes precontractuales de información, S. 12ff.; Soler in: Soler / Piattini, Manual de Gestión y Contratación Informática, S. 342; Davara Rodríguez, Manual de Derecho Informático, S. 314.

900 Gómez Perals, La cesión de uso de los programas de ordenador, S. 30ff.; López-Tarruella Martínez, Contratos internacionales de software, S. 66f; Marzo Portera / Martínez Flechoso, Los contratos Informáticos y Electrónicos, S. 52f.

901 Gómez Perals, La cesión de uso de los programas de ordenador, S. 30–34.

López-Tarruella Martínez[902] vertritt den Standpunkt, dass sich der Softwareanbieter stets in einer überlegenen Vertragssposition gegenüber dem Anwender befinde, egal ob es sich bei diesem um einen Endverbraucher oder um ein Unternehmen handele. Zum einen ergebe sich die Überlegenheit daher, dass er den ausschließlichen Zugang zu dem technischen Know-how über die Software habe, was zu einer Situation der Abhängigkeit führe, zumal der Anwender nur darauf vertrauen könne, dass die vom Anbieter zu liefernde Software auch wirklich seinen Bedürfnissen entspreche, während er im Falle einer fehlerhaften Software nicht selbst das Programm in Ordnung bringen könne, sondern sich an den Anbieter wenden müsse. Zum anderen ergebe sich die Überlegenheit daher, dass es zumeist der Anbieter sei, der durch vorformulierte Verträge die Vertragsbedingungen vorschreibe. Um das technologische Ungleichgewicht zu korrigieren, verweist der Autor auf die Möglichkeit, dem Anbieter Informationspflichten aufzuerlegen. Die Verpflichtung des Softwareanbieters, den Anwender zu beraten, auch wenn es sich bei diesem um einen Unternehmer handelt, soll sich aus *buena fe* (Art. 1258 CC) ergeben und einklagbar sein[903], wie es auch von *Gómez Perals* vertreten wird. Da es sich bei einem Softwareentwicklungsvertrag um einen Vertrag *intuitu personae* handele, müssten die Vertragspartner zur Erreichung des vertraglichen Erfolges eng zusammenarbeiten[904].

Soler Matutes[905] sieht die wechselseitigen Informationspflichten der Parteien sowohl in der informationellen Ungleichheit (*desigualdad informativa*) als auch in dem Prinzip von *buena fe* begründet, das für den gesamten Vertragsablauf, also auch für die vorvertraglichen Beziehungen gelte. Anders als *López-Tarruella Martínez* sieht er die Ungleichheit aber nicht als einseitig an: Zum einen bestehe eine informationelle Ungleichheit zugunsten der Softwarefirma im Hinblick auf den von ihr zu erstellenden technischen Plan, zum anderen bestehe eine solche zugunsten des Kunden, weil nur dieser die notwendigen Daten besitze, die von der Softwarefirma zur Erstellung der Software benötigt werden. Dabei vergleicht er die Beratungspflicht des Softwareanbieters mit der eines Arztes, der verpflichtet sei, die richtigen Fragen dem Patienten zu stellen, um eine zutreffende Diagnose erstellen zu können.

---

902 López-Tarruella Martínez, Contratos internacionales de software, S. 66f.
903 López-Tarruella Martínez, a.a.O., S. 388.
904 López-Tarruella Martínez, a.a.O., S. 74.
905 Soler in: Soler / Piattini, Manual de Gestión y Contratación Informática, S. 341-345.

Davara Rodríguez[906] sieht insbesondere in der vorvertraglichen Phase eine informationelle Ungleichheit[907] zwischen den Parteien im Hinblick auf das Vertragsobjekt, weshalb es erforderlich sei, dass einerseits der Anbieter den Kunden informiere und berate und andererseits dieser die notwendigen Informationen über die Anforderungen, die an die Software zu stellen sind, beibringe, um Fehler bei der Willensbildung zu vermeiden.

Am Konsequentesten verfolgt *Gómez Calle*[908] den Gedanken von der *desigualdad informativa*. Die Autorin führt zunächst aus, dass im modernen Wirtschaftsleben die Information nicht mehr bloß dafür notwendig sei, um irrtümliche Erwartungen an ein Produkt zu korrigieren, sondern häufig das einzige Mittel sei, etwas über das Produkt und seinen Gebrauch, seine Vorteile und Risiken etc. zu erfahren. Um die informationelle Ungleichheit zwischen den Parteien auszugleichen, müssten den Parteien Informationspflichten auferlegt werden, denn nur so könne eine von der Privatautonomie getragene Vertragsfreiheit gewährleistet werden. Die Autorin verweist auf eine im deutschen Schrifttum vertretene Meinung, wonach die zivilrechtlichen Informationspflichten eine Konkretisierung des im Grundgesetz verankerten Sozialstaatsprinzips (Art. 20 GG) seien[909]. Sie führt diesen Gedanken weiter und stellt dabei fest, dass nach der *Constitución Española*[910] auch Spanien ein demokratischer und sozialer Rechtsstaat ist (Art. 1.1 CE)[911] und dass gem. Art. 9.2 CE die öffentliche Gewalt dafür Sorge zu tragen hat, dass die Gleichberechtigung des Individuums verwirklicht und die Teilnahme aller Bürger am Wirtschaftsleben ermöglicht wird. Daraus folgert die Autorin, dass derjenige von der Verfassung geschützt sein müsse, der sich seinem Vertragspartner gegenüber in der Position des Unterlegenen befinde. Die vorvertraglichen Informationspflichten, die den in informeller Hinsicht überlegenen Vertragspartner treffen, sollen sich also nicht nur aus der in Art. 7.1 CC normierten *buena fe* ergeben, sondern sollen darüber hinaus auch verfassungsrechtlich aus den Art. 1.1 und 9.2 CE herzuleiten sein.

---

906 Davara Rodríguez, Manual de Derecho Informático, S. 314f.

907 Er verwendet allerdings den Begriff *desigualdad en los conocimientos* statt *desigualdad informativa*, was jedoch in der Sache keinen Unterschied bedeutet.

908 Gómez Calle, Los deberes precontractuales de información, S. 12-18.

909 Schumacher, Vertragsaufhebung wegen fahrlässiger Irreführung unerfahrener Vertragspartner, S. 96.

910 BOE núm. 311, de 29/12/1978, S. 29313–29424.

911 Zum „*unmittelbaren Einfluss von Art. 20 I GG*“ auf Art. 1 CE vgl. Adomeit, Einführung in das spanische Recht, S. 10 m.w.N.

Ebenso sieht *Corripio Gil-Delgado*[912] in dem Sozialstaatsprinzip des Art. 1.1 CE eine staatliche Eingriffsmöglichkeit in Bezug auf private Rechtsverhältnisse, verbunden mit dem Ziel, einen exzessiven Individualismus zu korrigieren, wie er noch dem Código Civil als Grundgedanke des 19. Jahrhunderts zugrunde gelegen habe, denn es sei gerade dieser Individualismus gewesen, der zu einer „Krise des Vertrages" geführt habe. Der Gleichheitsgrundsatz, auf den sich die Privatautonomie stütze, löse sich auf, wenn eine Einzelperson mit großen Unternehmen Verträge schließe. Die Autorin stützt damit die vorvertraglichen Informationspflichten des Softwareanbieters nicht nur auf die *buena fe*[913], sondern auch auf das verfassungsrechtlich verankerte Sozialstaatsprinzip.

cc) Vorvertragliche Informationspflichten

Dass das spanische Schrifttum die wechselseitigen Informationspflichten des Softwareanbieters und des Anwenders als *vorvertragliche* Pflichten behandelt, bedarf noch einer vertiefenden Untersuchung. Dabei ist zunächst zu beachten, dass es nach traditioneller Auffassung drei Vertragsphasen zu unterscheiden gilt:

1.) la fase precontractual, also die vorvertragliche Phase;
2.) la perfección, das Zustandekommen des Vertrages;
3.) la ejecución o consumación, die Durchführung des Vertrages

Auch wenn im Schrifttum die Dreiteilung z. T. kritisiert wird mit dem Argument, dass die o. g. Phasen 1 und 2 eigentlich eine einheitliche Phase bildeten[914], so wird doch das Konzept, den Vertragsablauf in die vorgenannten Phasen einzuteilen, seit dem Urteil des *Tribunal Supremo* vom 18. Januar 1964[915] allgemein anerkannt[916]. Insbesondere im Hinblick auf den E-Commerce wird in der neueren Literatur das Konzept der Dreiteilung insofern eingeschränkt, als es bei *online* geschlossenen Verträgen an den Vorverhandlungen (den *tratos preliminares*) fehle[917], die traditionell Teil der vorvertraglichen Phase sind. Diese Diskussion hat für die vorliegende Untersuchung keine Relevanz, denn Verträge über individuelle Software werden möglicherweise mit Hilfe elektronischer Korrespondenz, aber nicht

---

912 Corripio Gil-Delgado, Los contratos informáticos: el deber de información precontractual, S. 166.

913 Corripio Gil-Delgado, a.a.O., S. 156.

914 Díez-Picazo, Fundamentos de Derecho Civil Patrimonial, Vol. 1°, S. 309.

915 RJ 1964, 204.

916 Quesada Sánchez in: Albiez Dohrmann, Derecho privado, S. 59.

917 Alonso Ureba / Viera González in: Mateu de Ros / López-Monís Gallego (Hrsg.), Derecho de Internet, S. 286.

online geschlossen, wie es ggf. bei Verträgen über den Erwerb von Standardsoftware denkbar ist. Demgemäß wird im neueren Schrifttum hinsichtlich der elektronisch zustande gekommenen Verträge unterschieden zwischen den *contratos en tiempo real o simultáneos*, wie sie bei Online-Abschlüssen vorkommen, und den *contratos „ex intervalo temporis"*, die z.B. auch per E-Mail-Austausch zustande kommen können: während erstere als Verträge unter Anwesenden zu begreifen seien, unterfielen letztere den Verträgen unter Abwesenden[918]. Bei Verträgen über individuelle Software ist sowohl eine Einigung unter Anwesenden (z.B. in den Geschäftsräumen einer Partei) als auch unter Abwesenden (z.B. per Telefon, Fax, E-Mail, SMS etc.) möglich, so dass im Hinblick auf die traditionelle Dreiteilung des Vertragsablaufs keine Einschränkungen denkbar sind.

Die *tratos preliminares* (Vorverhandlungen) stellen sich nach *Díez-Picazo* als Handlungen dar, die von den Interessierten und ihren Gehilfen vorgenommen werden mit der Absicht, einen Vertrag auszuarbeiten, zu besprechen und abzuschließen, wobei dadurch kein Rechtsverhältnis zwischen den Parteien entsteht, aus dem sich ein Abschlusszwang ergäbe, aber unbeschadet der Vertragsfreiheit besteht in dieser Phase eine generelle Pflicht, gemäß der *buena fe* zu handeln[919]. Der *Tribunal Supremo* definiert die *tratos preliminares* unter Berufung auf die deutsche Rechtslehre und unter ausdrücklicher Verwendung des deutschen Begriffs „*Vorverhandlungen*" als die Gesamtheit der Handlungen, welche die Beteiligten und deren Hilfskräfte zu dem Zweck vornehmen, miteinander zu diskutieren und einen Vertrag vorzubereiten[920]. Die Phase vor den Vorverhandlungen, wenn also erste geschäftliche Kontakte in Form von Sondierungen ohne weitere Absichten erfolgen, gehört demnach nicht zu den rechtlich geschützten Vorverhandlungen[921].

dd) Rechtsnatur der Informationspflichten

Wenn aber den Parteien aus der *buena fe* wechselseitig vorvertragliche Informationspflichten erwachsen, dann stellt sich die Frage, welcher Natur diese Informationspflichten sein sollen. In Anlehnung an die von der französischen Rechtslehre vorgenommene Unterscheidung zwischen der *obligation de résultat*

918 Mateu de Ros in: Mateu de Ros / López-Monís Gallego (Hrsg.), Derecho de Internet, S. 109, Fn. 62.

919 Díez-Picazo, Fundamentos de Derecho Civil Patrimonial, Vol. 1°, S. 311.

920 STS de 16 diciembre 1999, RJ 1999, 8978.

921 De Villepin, Schadensersatzansprüche wegen gescheiterter Vertragsverhandlungen nach spanischem Recht, S. 8 *(Schaubild)*.

und der *obligation de moyens*[922] will *Corripio Gil-Delgado* innerhalb der Informationspflicht zwischen der *obligación de resultado* und der *obligación de medios* unterscheiden: Während erstere bei der Übermittlung der Information gegeben sei, beziehe sich letztere auf den Inhalt der Information[923]. Bei der *obligation de moyens* muss der Gläubiger beweisen, dass der Schuldner nicht mit ausreichender Sorgfalt gehandelt hat, also ein Verschulden des Schuldners vorliegt, wohingegen bei der *obligation de résultat* der vertragliche Erfolg vom Schuldner geschuldet wird, so dass bei dessen Ausbleiben allein durch die Nichterfüllung ein Verschulden des Schuldners gegeben ist[924]. Demnach würde die Softwarefirma in jedem Fall dafür haften, dass sie dem Kunden vorvertraglich Informationen zukommen lässt, aber hinsichtlich des Inhalts würde sie nur verschuldensabhängig haften.

Gegen die Übertragung der französischen Lehre von der *obligation de moyens* und der *obligation de résultat* auf die vorvertraglichen Informationspflichten spricht allerdings, dass diese Lehre für die vertragliche Haftung entwickelt wurde, wohingegen in der vorvertraglichen Phase noch gar kein Vertrag vorliegt. Demgemäß werden im spanischen Schrifttum die vorvertraglichen Informationspflichten in der Regel auch nicht als *obligaciones de información*, sondern als *deberes de información* bezeichnet[925]. Die Unterscheidung zwischen *obligaciones* und *deberes* wurzelt in der Unterscheidung zwischen den *derechos de crédito* zu denen die *obligaciones* gehören, und den *derechos reales*, zu denen die *deberes* gehören[926]. Während die *derechos de crédito* nur relativ zwischen Gläubiger(n) und Schuldner(n) bestehen, wirken die *derechos reales* absolut gegen jedermann (*erga omnes*), und die in diesen *relaciones reales* bestehenden *deberes* sind Ausdruck des allgemeinen Rechtssatzes *neminem laedere*[927]. Dementsprechend werden die vorvertraglichen Informationspflichten im spanischen Schrifttum auch nicht

922 Vgl. hierzu Sonnenberger / Autexier, Einführung in das französische Recht, Nr. 85, S. 131.

923 Corripio Gil-Delgado, Los contratos informáticos: el deber de información precontractual, S. 205f.

924 Ranieri, Europäisches Obligationenrecht, S. 582f.

925 Soler in: Soler / Piattini, Manual de Gestión y Contratación Informática, S. 341; Gómez Calle, Los deberes precontractuales de información, S. 12; Gómez Perals La cesión de uso de los programas de ordenador, S. 33.

926 Corripio Gil-Delgado, Los contratos informáticos: el deber de información precontractual, S. 198.

927 Lacruz Berdejo, Elementos de Derecho Civil II, Derecho de obligaciones, Vol. 1°, S. 6.

als *obligaciones* im technischen Sinne, sondern als besondere Ausprägungen des Grundsatzes von *neminem laedere* angesehen[928].

ee) Vertragliche ↔ Außervertragliche Haftung

Wenn im spanischen Schrifttum von der *responsabilidad precontractua*l, also der vorvertraglichen Haftung die Rede ist, dann wird durch die Verwendung des Begriffs „vorvertraglich" das eigentliche Problem noch nicht gelöst, nämlich die Frage, ob die Haftung vertraglich oder außervertraglich ist[929]. Denn nach dem CC werden zwei Haftungsarten unterschieden: einerseits die *responsabilidad contractual* (Art. 1101 CC) und andererseits die *responsabilidad extracontractual* (Art. 1902 CC), die auch als *responsabilidad aquiliana* bezeichnet wird[930] in Anlehnung an die römische *Lex Aquilia*, die etwa auf das Jahr 286 v. Chr. zurückgeht[931]. Die Unterscheidung der zwei Haftungsarten hat nicht nur akademischen Charakter, sondern ganz praktische Gründe. Zum einen muss schon aus der Klageschrift eindeutig hervorgehen, ob der Kläger die vertragliche oder die außervertragliche Haftung geltend macht, weil gem. Art. 218 LEC das Gericht in seinem Urteil nur die Haftungsart feststellen kann, auf die sich die Klage bezieht[932], zum anderen gelten unterschiedliche Verjährungsfristen. Gemäß Art. 1964 CC gilt bei vertraglicher Haftung grundsätzlich eine Verjährungsfrist von 15 Jahren, aber in den Fällen von außervertraglicher Haftung gilt gemäß Art. 1968.2 CC eine Frist von nur einem Jahr. Außerdem unterscheiden sich vertragliche und außervertragliche Haftung hinsichtlich der Rechtsfolgen. Während bei der vertraglichen Haftung nach Art. 1107 CC der Umfang der Schadensersatzpflicht davon abhängt, ob der Schuldner mit oder ohne *buena fe* gehandelt hat, gilt bei der außervertraglichen Haftung gem. Art. 1902 CC das Prinzip der *restitutio in integrum*, so dass der Zustand, wie er vor dem schädigenden Ereignis war, vollständig wiederherzustellen ist, unabhängig davon, ob der Schädiger mit

---

928 García Rubio, La responsabilidad precontractual en el derecho español, S. 22; Corripio Gil-Delgado, Los contratos informáticos: el deber de información precontractual, S. 197.

929 Vgl. Corripio Gil-Delgado, Los contratos informáticos: el deber de información precontractual, S. 199f.

930 García Rubio, La responsabilidad precontractual en el derecho español, S. 87.

931 Vgl. Lacruz Berdejo, Elementos de Derecho Civil II, Derecho de obligaciones, Vol. 2°, S. 419.

932 Alcalá Navarro in: Ruiz-Rico Ruiz / Moreno-Torres Herrera, Conceptos básicos de Derecho Civil, S. 412.

buena fe gehandelt hat oder nicht[933]. Zudem erweist sich die Rechtsprechung des TS bei der außervertraglichen Haftung im europäischen Vergleich als besonders großzügig, wenn es um den Ersatz von reinen Vermögensschäden geht[934].

Verletzt also eine der Parteien die ihr obliegende vorvertragliche Informationspflicht, so stellt sich die Frage, ob sie daraus vertraglich oder außervertraglich auf Schadensersatz haften soll. Dabei gilt es zwei Fallkonstellationen zu unterscheiden: Zum einen den Fall, dass ein Vertragsschluss nicht zustande kommt, weil die Gegenpartei wegen der Verletzung der Informationspflicht die Vertragsverhandlungen abbricht, zum anderen den Fall, dass sich erst nach Vertragsschluss herausstellt, dass eine der Parteien die ihr obliegende vorvertragliche Informationspflicht verletzt hat. Letztere Variante entspricht dem sozialen Konflikt, wie er oben in Kap. D.IV. behandelt wurde.

Welche Haftungsart, die vertragliche oder die außervertragliche, soll also gelten, wenn es zu einem Vertragsschluss kommt, nachdem eine der Parteien vorvertraglich eine ihr obliegende Informationspflicht verletzt hat? Wenn die irrende Partei im Wege der Nichtigkeitsklage (Art. 1300 CC) den Vertrag erfolgreich anficht, dann erstrecken sich die wechselseitigen Rückgabepflichten gem. Art. 1303 CC auf die geleistete Sache einschließlich der gezogenen Nutzungen sowie auf das geleistete Geld mit Zinsen. Der CC enthält aber keine Vorschrift dazu, ob dem Nichtigkeitskläger darüber hinaus auch noch ein Schadensersatzanspruch zustehen soll[935]. Wenn der vom Gericht für nichtig erklärte Vertrag so zu betrachten ist, als habe er niemals existiert, soll dann für einen möglichen Schadensersatzanspruch die außervertragliche Haftung gelten? Genau das schlägt *García Rubio* vor, indem sie feststellt, dass neben der Nichtigkeit die Voraussetzungen für einen außervertraglichen Schadensersatzanspruch aus Art. 1902 CC durchaus gegeben sein könnten, wenn die Gegenpartei schuldhaft den Irrtum beim Nichtigkeitskläger verursacht hat[936]. Inzwischen hat sich die Rechtsprechung dieser Position zwar insofern angepasst, als sie eine Kumulation von Nichtigkeitsklage und Schadensersatzklage akzeptiert, allerdings wendet sie nicht die außervertraglichen Haftungs-, sondern die vertraglichen Haftungsvorschriften der Art. 1101ff. CC an[937]. Dabei bezieht sich die Schadensersatzpflicht

933 Alcalá Navarro, a.a.O., S. 416f.

934 Ranieri, Europäisches Obligationenrecht, S. 1503, Anm. 171, S. 1522, 1526.

935 Vgl. bereits oben Kap. D.IV.3.b).

936 García Rubio, La responsabilidad precontractual en el derecho español, S. 164.

937 Erstmals STS de 26 julio 2000, FD 5°, RJ 2000, 9177; nunmehr ständige Rechtsprechung: STS de 5 mayo 2009, FD 6°, RJ 2009, 2907.

auf das negative Interesse des Nichtigkeitsklägers, so dass z.B. die unnützen Aufwendungen erstattungsfähig sind[938].

Welche Haftungsart aber soll gelten, wenn eine Partei die Vertragsverhandlungen abbricht, weil die andere ihre vorvertragliche Informationspflicht nicht erfüllt hat? Aus der Sicht eines unvoreingenommenen Beobachters müsste es unzweifelhaft sein, dass die sich aus den vorvertraglichen Informationspflichten ergebende Haftung keine vertragliche, sondern nur eine außervertragliche Haftung sein kann, da es im vorvertraglichen Verhältnis ja noch keinen Vertrag gibt. Doch bei genauerer Betrachtung ist diese Frage nicht ganz so einfach zu beantworten. Das liegt in erster Linie daran, dass die von der deutschen Rechtslehre entwickelte Figur der *culpa in contrahendo* (c.i.c.) auch in der spanischen Rechtslehre behandelt wird[939], wenngleich dort im Hinblick auf das positive Recht ein Rückgriff auf die Lehre der c.i.c. nicht erforderlich ist[940], da – im Gegensatz zum BGB – der CC ebenso wie die übrigen kontinentalen Gesetzesbücher[941] eine Generalklausel für die deliktische Haftung enthält. Ausgangspunkt für die Entwicklung der deutschen Lehre von der c.i.c. war ja, dass die deliktischen Haftungsregelungen des BGB wesentliche Schwächen aufweisen, vor allem, dass reine Vermögensschäden im Rahmen der deliktischen Haftung nur ausnahmsweise zu ersetzen sind[942]. Da nach der Generalklausel des Art. 1902 CC auch reine Vermögensschäden ersetzbar sind, besteht im spanischen Recht kein Bedarf, entsprechend der c.i.c. die vertraglichen Haftungsregelungen auf die vorvertragliche Phase auszudehnen.

ff) Contrato de colaboración

Der vor Abschluss des eigentlichen Software-Erstellungsvertrages erforderliche Informationsaustausch zwischen IT-Firma und Auftraggeber zwecks vorvertraglicher Erstellung einer fachlichen und vielleicht auch technischen Spezifikation kann aber auch einschließlich der sich daraus ergebenden wechselseitigen Mitwirkungspflichten seinerseits wiederum als ein eigenständiger Vertrag, nämlich als ein *contrato de colaboración* ausgestaltet sein. Beispiele für einen *contrato de*

---

938 STS de 5 marzo 2010, FD 4°, RJ 2010, 2390.

939 Vgl. Lacruz Berdejo, Elementos de Derecho Civil II, Derecho de obligaciones, Vol. 1°, S. 380f.; Valés Duque, La responsabilidad precontractual, S. 13ff. m.w.N.

940 De Villepin, Schadensersatzansprüche wegen gescheiterter Vertragsverhandlungen nach spanischem Recht, S 81.

941 Vgl. Ranieri, Europäisches Obligationenrecht, S. 1442.

942 Ranieri, Europäisches Obligationenrecht, S. 1346.

colaboración[943], der grundsätzlich nur zwischen Unternehmen geschlossen wird, sind etwa der Entwicklungsvertrag (*contrato de engineering*) oder der Beratungsvertrag in unterschiedlichen Ausprägungen (*contrato de consulting*, *contrato de know-how*)[944]. Sofern es bei einem solchen Vertrag um Informationstechnologie geht, verpflichtet sich der Auftragnehmer dazu, mit Hilfe des Auftraggebers ein Konzept zu entwerfen, mit welchem die betriebliche Informationsverarbeitung in dessen Firma mittels Informationstechnologie optimiert werden kann[945].

Schickt also der Auftragnehmer vier oder fünf Mitarbeiter für acht Monate zu dem Firmensitz der Auftraggeberin, einer größeren Geschäftsbank, damit sie dort in Zusammenarbeit mit den Mitarbeitern der Auftraggeberin ein Projekt zur Optimierung des bankinternen Datenverkehrs entwickeln, dessen Ergebnisse in der Entwicklung einer *software a medida* münden, die in dem IT-System der Bank auch implementiert wird, dann kann die Auftraggeberin nicht davon ausgehen, dass es sich bei der Projektarbeit vor Ort um eine Tätigkeit handelt, die gratis erbracht wurde und deshalb nicht zu vergüten ist[946]. In dem zugrunde liegenden Fall war die Auftraggeberin offenbar nur bereit gewesen, die Lizenzgebühr für die Nutzung der *software a medida* zu zahlen, nicht aber die Kosten zu begleichen, die dem Auftragnehmer bezüglich Personal und dessen Unterbringung vor Ort während der Entwicklungsphase entstanden waren, indem sie einwandte, dass ein *contrato de colaboración* nicht zustande gekommen sei. Das Gericht sah es jedoch als erwiesen an, dass zwischen den Parteien ein solcher Vertrag neben dem urheberrechtlichen Lizenzvertrag *(contrato de cesión de licencia de uso)* zustande gekommen war und ordnete diesen als Dienstvertrag ein. Dem Urteil lässt sich also entnehmen, dass es aus Sicht der IT-Firma ratsam sein kann, wenn sie, um der Haftungsproblematik im Zusammenhang mit den vorvertraglichen Informationspflichten zu entgehen, für die Planungsphase mit dem Auftraggeber einen eigenständigen als Dienstvertrag einzuordnenden *contrato de colaboración* schließt, bevor sie mit der Implementierung der Software beginnt und hierfür einen Lizenzvertrag schließt. Der sukzessive Abschluss von zunächst einem *contrato de colaboración* und anschließendem Lizenzvertrag ist schon deshalb zu empfehlen, weil dieser *contrato de colaboración* im Gegensatz zu dem als Werkvertrag einzuordnenden Vertrag über die Integration einer zur Lösung der betrieblichen IT-Probleme gedachten Unternehmenssoftware bzw.

943 Vgl. oben Kap. B.II.2.d).
944 Uría, Derecho mercantil, S. 638f.
945 Soler in: Soler / Piattini, Manual de Gestión y Contratación Informática, S. 577.
946 SAP Barcelona de 21 julio 2004 (Sección 16ª), núm. 446/2004, FD 2°, AC 2004, 1457.

über die Installierung eines auf die betrieblichen Bedürfnisse des Kunden zugeschnittenen IT-Systems[947] nicht erfolgsbezogen ist.

c) Folgen bei fehlendem Pflichtenheft

aa) Anwendbare Vorschriften

Wenn die Software ohne Pflichtenheft erstellt wurde, dann könnte dies die Nichtigkeit des Software-Erstellungsvertrages zur Folge haben. In einem vom *Tribunal Supremo* zu entscheidenden Fall hatte sich der Besteller unter Berufung auf Art. 1256, 1273 CC geweigert, die von der Softwarefirma geforderte Vergütung zu zahlen, indem er darlegte, dass mangels Pflichtenheft erstens der Vertragsgegenstand nicht hinreichend bestimmt sei (Art. 1273 CC) und zweitens die Erfüllung bzw. die Gültigkeit des Software-Erstellungsvertrages im Ermessen der Softwarefirma stehe (Art. 1256 CC), weshalb dieser Vertrag nichtig sei[948]. Der Oberste Gerichtshof bestätigte zwar im Ergebnis den Vergütungsanspruch des Softwarehauses, aber nicht etwa mit dem grundsätzlichen Argument, dass es unstatthaft sei, den Nichtigkeitseinwand wegen des Fehlens eines Pflichtenhefts zu erheben, sondern indem er der Tatsachenfeststellung des vorinstanzlichen Urteils folgend feststellte, dass zwischen den Parteien zumindest in mündlicher Form sehr wohl ein vorvertraglicher Plan vorgelegen habe, der dem Konzept des Pflichtenhefts entspreche. Auch wenn der TS den Begriff *„análisis funcional"* (in Anführungszeichen) verwendet, so geht es hier jedoch nicht um die technische Spezifikation, sondern um das Pflichtenheft als fachliche Spezifikation, denn der Oberste Gerichtshof versteht hier unter dem *análisis funcional* einen Plan, den beide Parteien zu erstellen haben, meint damit also eigentlich einen *análisis de requerimientos*[949].

Nach Art. 1256 CC dürfen die Gültigkeit und die Erfüllung der Verträge nicht dem Ermessen eines Vertragspartners überlassen werden. Diese Vorschrift enthält mithin zwei Alternativen, die erste betreffend die Gültigkeit, die zweite betreffend die Erfüllung des Vertrages. Da der Vertrag aber nur gültig ist, wenn der Vertragsgegenstand bestimmt ist (Art. 1261, 1273 CC), regeln die in dem vorgenannten Rechtsstreit relevanten Vorschriften der Art. 1256, 1. Alt., 1273 CC hinsichtlich der Bestimmtheit des Vertragsgegenstandes ein und dasselbe

947 Vgl. oben Kap. D.II.3.a).

948 STS de 21 julio 2003, RJ 2003, 5145.

949 Vgl. oben Kap. D.V.3. a) zu den Definitionen und zur uneinheitlichen Verwendung des Begriffs „análisis funcional" sowohl in der Rechtsprechung als auch in der Literatur

rechtliche Problem: Wenn der Software-Erstellungsvertrag mangels Pflichtenheft keinen bestimmten Vertragsgegenstand hat, dann ist hiervon die Gültigkeit des Vertrages betroffen (Art. 1273 CC), und die Gültigkeit des Vertrages wiederum darf nicht im Ermessen eines der Vertragspartner stehen (Art. 1256, 1. Alt. CC), d.h. also, dass keine der Vertragsparteien einseitig den Vertragsgegenstand bestimmen darf. Ein anderes rechtliches Problem hingegen regelt Art. 1256, 2. Alt. CC, denn die Erfüllung des Vertrages setzt ja gerade einen wirksam geschlossenen Vertrag voraus. Deshalb sind im Folgenden zwei Problemfelder zu unterscheiden: einerseits die Bestimmtheit des Vertragsgegenstandes gem. Art. 1256, 1. Alt., Art. 1273 CC und andererseits die nicht im Ermessen stehende Erfüllung gem. Art. 1256, 2. Alt CC.

bb) Die Bestimmtheit des Vertragsgegenstandes

Dass es für die Gültigkeit des Vertrages erforderlich ist, dass die Vertragsparteien übereinstimmend den Vertragsgegenstand bestimmen, ergibt sich nicht allein aus Art. 1256, 1. Alt. CC, sondern folgt bereits aus Art. 1261 CC[950]. Demzufolge gibt es für die Gültigkeit eines Vertrages drei Voraussetzungen: *consentimiento de los contratantes* (Einigung der Vertragspartner), *objeto cierto que sea materia del contrato* (ein bestimmtes Objekt als Vertragsgegenstand) und *causa de la obligación que se establezca* (die der Verbindlichkeit zugrunde liegende *causa*). Liegt lediglich eine der drei Voraussetzungen nicht vor, so führt dies zur absoluten Nichtigkeit (*nulidad absoluta*), wobei diese *ex lege* entsteht und nicht erst klageweise von einer Partei herbeigeführt werden muss[951]. Dennoch ist eine gerichtliche Feststellung der absoluten Nichtigkeit möglich. Die *acción por nulidad absoluta* kann von jedem der Vertragspartner beantragt werden, also grundsätzlich auch von dem, der die absolute Nichtigkeit herbeigeführt hat (es sei denn, dass ihm widersprüchliches Verhalten vorzuwerfen ist[952]), andererseits kann aber auch jeder Dritte, der ein rechtliches Interesse an der Feststellung hat, einen entsprechenden Antrag stellen[953]. Eine Verjährung ist grundsätzlich nicht

950 Albaladejo/*Quiñonero Cervantes*, Comentarios al CC, Tomo XVII, Vol. 1-A, S. 3[illegible]6.

951 Quesada Sánchez in: Ruiz-Rico / Moreno-Torres, Conceptos básicos de Derecho Civil, S. 174.

952 Bercovitz Rodríguez-Cano/*Bercovitz Álvarez,* Comentarios al CC, Art. 1261 nº 3, S. 1715.

953 Delgado Echeverría / Parra Lucán, Las nulidades de los contratos: en la teoría y en la práctica S. 157, 162.

vorgesehen[954]. Und eine Heilung der absoluten Nichtigkeit kommt selbst dann nicht in Betracht, wenn die Vertragspartner einvernehmlich die Bestätigung (*confirmación*) des nichtigen Vertrages erklären, da die gem. Art. 1310 CC für eine Bestätigung erforderlichen Gültigkeitsvoraussetzungen des Vertrages aus Art. 1261 CC nicht erfüllt sind. Eine heilende Bestätigung ist also nicht bei der *nulidad absoluta*, wohl aber bei der *anulabilidad* (Art. 1300 CC) möglich[955]. Diese wiederum ist dann anwendbar, wenn der Vertrag relativ nichtig ist, z. B. weil eine der Vertragsparteien bei der Einigung einem Irrtum erlegen ist oder getäuscht wurde (Art. 1301 S. 4, 1265 CC)[956].

Wann aber ist der Vertragsgegenstand als bestimmt anzusehen? Art. 1271 CC zufolge kann Vertragsgegenstand jede Sache sein, auch jede zukünftige, sofern sie nicht vom Handelsverkehr ausgeschlossen ist. Der Vertragsgegenstand muss im Hinblick auf seine Gattung bestimmt sein (Art. 1273 S. 1 CC). Wenn die Quantität unbestimmt ist, so ist der Vertrag dennoch gültig, sofern die Quantität bestimmbar ist, ohne dass die Parteien eine neue Vereinbarung treffen müssen (Art. 1273 S. 2 CC). In Fortführung dieses Rechtsgedankens stellen Lehre und Rechtsprechung fest, dass der Vertragsgegenstand immer dann bestimmt oder bestimmbar ist, solange keine neue Vereinbarung zwischen den Parteien erforderlich ist[957]. Liegt hingegen beim Vertragsgegenstand anfängliche Unmöglichkeit vor, ist der Vertrag nichtig (Art. 1272 CC)[958]. Bei der PMCC[959] wurden die strenge Anforderungen an die Bestimmtheit des Vertragsgegenstandes insofern aufgeweicht, als nicht mehr eine Bestimmtheit im Sinne eines Mindestinhalts gefordert wird, sondern die vereinbarten vertraglichen Verpflichtungen *hinreichend* bestimmt sein müssen (Art. 1237.2 PMCC)[960].

Und wann ist der Vertragsgegenstand bei einem Software-Erstellungsvertrag als bestimmt anzusehen? Zunächst ist klarzustellen, dass eine schriftliche Fixierung des Vertragsgegenstandes nicht erforderlich ist, denn nach ständiger

---

954 Bercovitz Rodríguez-Cano/*Bercovitz Álvarez,* Comentarios al CC, Art. 1261 n° 3, S. 1715.

955 Lacruz Berdejo, Elementos de Derecho Civil II, Derecho de obligaciones, Vol. 1°, S. 567.

956 Vgl. oben Kap. D.IV.3.a) aa).

957 Bercovitz Rodríguez-Cano/*Bercovitz Álvarez,* Comentarios al CC, Art. 1273, S. 1732; STS de 27 abril 2006, RJ 2006, 4598.

958 Bercovitz Rodríguez-Cano/*Bercovitz Álvarez,* Comentarios al CC, Art. 1272, S. 1731.

959 Vgl. oben Kap. A.III.

960 Bosch Capdevila, Esteve in: Vaquer Aloy et al., Derecho europeo de los contratos: Libros II y IV del Marco Común de Referencia, S. 290.

Rechtsprechung kann der Werkvertrag (*contrato de obra*) auch mündlich durch bloße Willensübereinstimmung zustande kommen[961]. In Rechtsprechung und Literatur wird die Bedeutung des Pflichtenhefts darin gesehen, dass durch dieses der Vertragsgegenstand bestimmt wird[962]. Verlangt nun die IT-Firma die Vergütung für Dienstleistungen, die in dem mit dem Vertragsangebot von der IT-Firma vorzulegenden *analísis* nicht vorgesehen sind, so braucht der Auftraggeber diese auch nicht zu bezahlen, denn die Anforderungen des Auftraggebers an die Funktionen der Software, die den Vertragsgegenstand bilden, müssen von Anfang an feststehen und können nicht erst während der Implementierung der Software herausgefunden werden[963]. Wenn also der Auftraggeber während der Realisierungsphase des Projekts weitere Software-Funktionen verlangt, die zwar für sich genommen notwendig für die betriebliche Praxis des Auftraggebers sein mögen, aber nicht im Pflichtenheft vorgesehen waren, ist die IT-Firma nicht verpflichtet, diese Funktionen zu implementieren, es sei denn, dass sich unter Beachtung des Grundsatzes von *buena fe* (Art. 1258 CC) eine entsprechende Verpflichtung dem Pflichtenheft entnehmen lässt[964]. Wenngleich es entscheidende Bedeutung für die Festlegung des Vertragsgegenstandes hat, so muss das Pflichtenheft nach der Rechtsprechung des *Tribunal Supremo* nicht schriftlich festgesetzt werden, es ist vielmehr ausreichend, wenn zwischen den Parteien ein vorvertraglicher Plan in mündlicher Form vorliegt, der dem Konzept eines Pflichtenhefts entspricht[965]. Welche Mindestanforderungen sind aber an einen solchen Plan zu stellen? In der vorgenannten Entscheidung des TS befand es das Gericht für ausreichend, wenn die Parteien vorvertraglich als Zielvorgabe anerkennen, dass die Auftragnehmerin das bestehende EDV-System der Auftraggeberin durch eine höhere Sicherheit, schnellere Funktionen und mit einer Vernetzung der Firmenabteilungen verbessern soll, dass der Auftraggeberin die *propiedad intelectual* (also die ausschließlichen Verwertungsrechte) an den zu erstellenden Programmen übertragen werden soll und dass die Bestandsdaten in das neue System übernommen werden sollen[966].

961 STS de 11 abril 1964, RJ 1964, 1861; STS de 4 septiembre 1993, FD 2°, RJ 1993, 6536.

962 SAP Valencia de 28 octubre 2002 (Sección 11ª), núm. 480/2002, FD 5°, AC 2002, 1856; SAP Zaragoza de 18 junio 2004 (Sección 5ª), núm. 379/2004, FD 3°, JUR 2004/192506; Davara Rodríguez, Manual de Derecho Informático, S. 314; Soler in: Soler / Piattini, Manual de Gestión y Contratación Informática, S. 358.

963 SAP Zaragoza de 18 junio 2004 (Sección 5ª), núm. 379/2004, FD 6°, JUR 2004/192506.

964 Soler in: Soler / Piattini, Manual de Gestión y Contratación Informática, S. 598

965 STS de 21 julio 2003, RJ 2003, 5145.

966 STS de 21 julio 2003, a.a.O.

cc) Im Ermessen stehende Erfüllung

Nach Art. 1256, 2. Alt. CC darf die Erfüllung des Vertrages nicht dem Ermessen einer der Vertragsparteien überlassen werden[967]. In der spanischen Rechtslehre wird diese Vorschrift auf die *Digesten* zurückgeführt[968]: „*Stipulatio non valet in rei promittendi arbitrium collata condicione*“[969]. Im nachklassischen römischen Recht war es zwar möglich, die Bestimmung der Leistung in das billige Ermessen eines Dritten zu stellen, nicht aber in das Ermessen einer der Parteien selbst[970]. Das damit verbundene Verbot von Potestativbedingungen wurde in Art. 1115 CC übernommen, wobei diese Vorschrift dem Art. 1174 des französischen *Code Civil* entspricht. Da aber eine dem Art. 1256 CC entsprechende Norm im *Code Civil* fehlt, versteht die spanische Rechtslehre den Art. 1115 CC als eine Konkretisierung der Generalnorm des Art. 1256 CC[971]. Die Potestativbedingungen werden in der spanischen Rechtslehre weiter unterteilt in *condiciones simplemente potestivas* und *condiciones puramente potestivas*: Im ersten Fall soll die Pflicht zur Erfüllung dadurch bedingt sein, dass bei einer der Parteien bestimmte äußere Umstände eintreten, im anderen Fall hängt sie nur vom bloßen Willen einer der Parteien ab, wobei das in Art. 1115 und 1256 CC enthaltene Verbot von Potestativbedingungen nur für die *condiciones puramente potestivas* gelten soll und diese *condiciones puramente potestivas* wiederum nur dann vorliegen sollen, wenn der Bedingungseintritt vom Willen des Schuldners abhängt[972]. Das bedeutet also, dass eine Bedingung, die vom Willen des Gläubigers abhängt, nicht unter das Verbot von Art. 1115 CC fällt. Verstößt ein Vertrag gegen das Verbot von Potestativbedingungen, wie es sich aus Art. 1115 CC ergibt, erstreckt sich die Nichtigkeit *(nulidad)* nicht nur auf die fragliche Bedingung als solche, sondern auch auf

---

967 In 1237.2 PMCC wurde diese Regelung im Wesentlichen übernommen, der Entwurf unterscheidet sich lediglich insofern, als nunmehr die Erfüllung des Vertrages nicht dem *bloßen* Ermessen („*mero* arbitrio“) einer der Vertragsparteien überlassen werden darf.

968 Albaladejo/*Quiñonero Cervantes*, Comentarios al CC, Tomo XVII, Vol. 1-A, S. 298; Jiménez Muñoz, La usura: evolución histórica y patología de los intereses, S. 132.

969 Digesta 45, I, 17.

970 Kaser, Das Römische Privatrecht II: Die nachklassischen Entwicklungen, S. 338f. m.w.N.

971 Albaladejo/*Quiñonero Cervantes*, Comentarios al CC, Tomo XVII, Vol. 1-A, S. 301.

972 Lacruz Berdejo, Elementos de Derecho Civil II, Derecho de obligaciones, Vol. 1°, S. 457f.

die ihr unterworfene Verbindlichkeit[973]. Geht es hingegen um einen möglichen Verstoß gegen Art. 1256 CC, dann kann sowohl eine entsprechende Umdeutung des Vertrages als auch dessen Annullierung in Frage kommen[974]. Dabei ist zu beachten, dass die Feststellung der Nichtigkeit nicht etwa im Rahmen einer *acción resolutoria* (Art. 1124 CC) erfolgen kann, sondern dass es hierfür vielmehr erforderlich ist, dass sich der Kläger ausdrücklich auf die *acción de nulidad* beruft[975].

Wenn kein Pflichtenheft vorliegt, ist dann die Erfüllung des Vertrages einseitig in das Ermessen der Softwarefirma gestellt? In dem vorgenannten vom *Tribunal Supremo* zu entscheidenden Fall musste das Gericht auf diese Frage nicht eingehen, da es der Revisionskläger in den vorhergehenden Instanzen versäumt hatte, die zur Geltendmachung der Nichtigkeit erforderliche *acción de nulidad* zu erheben. Das Gericht prüft lediglich Art. 1256 CC und stellt in diesem Zusammenhang fest, dass zwischen den Parteien deshalb kein Ungleichgewicht vorliege, weil der Vertragsgegenstand nicht unbestimmt gewesen sei, so dass von einem einseitigen Ermessen der Softwarefirma nicht die Rede sein könne[976]. Aber wohlgemerkt: Die rechtlichen Ausführungen des Gerichts beziehen sich auf Art. 1256, 1. Alt. CC und nicht auf Art. 1256, 2. Alt. CC.

4. Vergleich und Stellungnahme

a) Vorvertragliche ↔ vertragliche Leistung

aa) Vergleichende Darstellung

Auffallend ist, dass die spanischen Autoren das Pflichtenheft übereinstimmend in die vorvertragliche Phase einordnen[977], während im deutschen Schrifttum das Pflichtenheft geradeso als eine vertraglich geschuldete Leistung[978] wie als eine vorvertraglich erbrachte Leistung eingestuft wird[979], d.h. also, dass hier das

973 Bercovitz Rodríguez-Cano/*Bercovitz Álvarez,* Comentarios al CC, Art. 1115 nº 3, S. 1535.

974 Bercovitz Rodríguez-Cano/*Bercovitz Álvarez,* Comentarios al CC, Art. 1256 nº 2, S. 1703; STS de 31 octubre 1994, RJ 1994, 8008.

975 STS de 21 julio 2003, FD 1°, RJ 2003, 5145.

976 STS de 21 julio 2003, FD 2°, RJ 2003, 5145.

977 Siehe oben Kap. D.V.3.b) aa).

978 Marly, Praxishandbuch Softwarerecht, Rdnr. 1379 unter Bezugnahme auf den Fall von BGH NJW-RR 1992, 556.

979 Redeker in: Schneider / Graf von Westphalen, Software-Erstellungsverträge, S. 322.

Pflichtenheft sowohl vor als auch nach Vertragsschluss erstellt werden kann[980], ohne dass darin ein Widerspruch gesehen wird.

Dieser Befund macht es zunächst einmal erforderlich, dass wir uns Klarheit über die bisher verwendeten Begriffe verschaffen: Wenn also das Pflichtenheft als Planungsleistung zu verstehen ist, diese Leistung aber sowohl vorvertraglich als auch aufgrund einer vertraglichen Verpflichtung erbracht werden kann, dann bedeutet das, dass die Planungsphase sowohl die vorvertragliche Phase als auch die Phase der Vertragsdurchführung umfassen kann. Mit anderen Worten: die dichotomen Begriffspaare „*Planungsphase ↔ Realisierungsphase*" einerseits sowie „*Vorvertragliche Phase ↔ Vertragsdurchführung*" („*fase precontractual ↔ consumación*") andererseits sind keineswegs kongruent und können folglich auch nicht synonym verwendet werden.

Bei einem Blick auf die Rechtsprechung der Oberlandesgerichte fällt auf, dass es durchaus vorkommen kann, dass die Parteien erst nach Vertragsunterzeichnung die Sollbeschaffenheit des zu erstellenden Programms zu klären versuchen[981], ohne dass dies von den Gerichten beanstandet wird. Für die *Audiencia Provincial de Barcelona* hingegen erscheint es im Hinblick auf die Softwareanbieter „völlig unglaubhaft, dass sie sich verpflichten, ein Anwenderprogramm zu einem festen und keineswegs zu verachtenden Preis zu installieren, ohne sich auf eine vorherige Minimalerklärung der [auftraggebenden[982]] Firma über deren Anforderungen zu stützen" *(y resulta en cualquier caso del todo inverosímil que se comprometieran a instalar un programa de gestión por un precio concreto y en absoluto desdeñable sin contar con una mínima explicación previa de las necesidades de la empresa)*[983].

Hier zeigen sich unterschiedliche Vorstellungen davon, was die Softwarefirma wissen muss, damit sie eine Verpflichtung eingehen kann. Aus Sicht des spanischen Gerichts kann die Softwarefirma erst dann sinnvollerweise ein Versprechen abgeben, wenn wenigstens die Mindestanforderungen des Kunden an die Software vor Vertragsschluss geklärt sind; hat sich die Softwarefirma jedoch ungeachtet dessen zur Softwareerstellung verpflichtet, dann wird dies vom Gericht

---

980 Schneider in: Jäger et al., Begutachtung und rechtliche Bewertung von EDV-Mängeln, S. 76; s.a. Schneider in: Schneider / Graf von Westphalen, Software-Erstellungsverträge, S. 236, 259f.

981 Vgl. z.B. OLG Köln, Urteil v. 25.6.1993–19 U 216/92, NJW-RR 1993, 1529; OLG Karlsruhe, Urteil v. 16.8.2002–1 U 250/01, CR 2003, 95.

982 Ergänzung des Verfassers.

983 SAP Barcelona de 14 enero 2002 (Sección 16ª), recurso de apelación núm. 249/2001, FD 2°, núm. 5°, JUR 2002/110570.

als einen „Mangel an Professionalität" gedeutet, und die Softwarefirma trifft zumindest eine Mithaftung wegen des fehlenden Pflichtenhefts[984]. In der deutschen IT-Rechtsliteratur hingegen wird sogar den Softwareanbietern die aktive Gestaltung eines sog. *Change-Managements-Verfahrens* nach Vertragsschluss empfohlen, bei dem vertraglich festgelegt wird, wer auf Seiten beider Vertragsparteien jeweils befugt sein soll, über Änderungen der Leistungspflichten und der Terminplanung zu entscheiden[985].

Dass sich die Parteien bei den Vertragsverhandlungen entsprechend dem Grundsatz von *Treu und Glauben* (bzw. *buena fe* oder *good faith*) zu verhalten haben, und dass sie sich andernfalls gegenüber dem Verhandlungspartner schadensersatzpflichtig machen, das darf heute zu dem gesicherten Grundbestand des europäischen Vertragsrechts gezählt werden[986]. Entsprechende Regelungen finden sich – auf europäischer Ebene – etwa in den *Principles of European Contract Law* (Art. 2:301 PECL) oder im *Draft Common Frame of Reference* (Art. II.-3:301 DCFR), aber auch auf nationaler Ebene in der *Propuesta de Anteproyecto de Ley de Modernización del Derecho de Obligaciones y Contratos*[987] (Art. 1245 PMCC). Vergleichbare Regelungen gibt es in vielen europäischen Zivilgesetzbüchern, sie gehen – rechtshistorisch betrachtet – auf das von der deutschen Rechtslehre entwickelte Institut der *culpa in contrahendo* (c.i.c.) zurück[988]. Uneinheitlich hingegen ist die europäische Rechtsprechung im Hinblick auf den Umfang dieser vorvertraglichen Informationspflichten[989]. Allerdings stellt sich hier die Frage, ob die vorvertraglichen Informationspflichten, wie sie im Zusammenhang mit der c.i.c. erörtert werden, funktional identisch sind mit den vorvertraglichen Informationspflichten, wie sie in der spanischen IT-Rechtsliteratur[990] behandelt werden. Deshalb sind im Folgenden die vorvertraglichen Informationspflichten noch einmal auf ihren Schutzzweck hin zu überprüfen.

---

984 SAP Barcelona de 14 enero 2002, a.a.O.

985 Funk / Wenn, ITRB 2004, 118 (120); Hoeren, IT-Vertragsrecht, S. 346ff. (Skript, S. 418ff.).

986 Ranieri, Europäisches Obligationenrecht, S. 208 m.w.N.

987 Vgl. oben Kap. A.III.

988 Vgl. Bar, Christian von et al. (Hrsg.), Principles, Definitions and Model Rules of European Private Law Draft Common Frame of Reference (DCFR), S. 273f.

989 Ranieri, Europäisches Obligationenrecht, S. 211 m.w.N.

990 Vgl. oben Kap. D.V.3.b) bb).

bb) Die vorvertraglichen Informationspflichten

Vergleichen wir die vorvertraglichen Informationspflichten, wie sie in der spanischen IT-Rechtsliteratur im Zusammenhang mit der *desigualdad informativa* thematisiert werden, mit den vorvertraglichen Informationspflichten im Falle von *culpa in contrahendo*, so fällt zunächst auf, dass es um den Schutz jeweils unterschiedlicher Rechtsgüter geht. Während es den Vertretern der Theorie von der informationellen Ungleichheit *(desigualdad informativa)*[991] nach eigenen Angaben um den Schutz der fehlerfreien Willensbildung geht[992], dient nach traditioneller Auffassung ein auf Aufhebung des Vertrages gehender Anspruch aus *culpa in contrahendo* dem (vermögensbezogenen) „*Erhaltungsinteresse*" des Verhandlungspartners, zumindest wenn es um die Verletzung von Aufklärungspflichten geht[993]. In Deutschland allerdings könnte sich das durch die Schuldrechtsreform und die Kodifizierung der Schutz- und weiteren Verhaltenspflichten in § 241 Abs. 2 BGB insofern geändert haben, als nunmehr generell das „*Interesse*" des Verhandlungspartners geschützt wird[994]. Nach dem Willen des Gesetzgebers sollen hiervon auch Eingriffe in die Entscheidungsfreiheit erfasst sein[995], so dass im deutschen Schrifttum die Auffassung vertreten wird, dass für einen Anspruch auf Vertragsaufhebung gem. §§ 280 Abs. 1, 311 Abs. 2, 241 Abs. 2 BGB eine Vermögenseinbuße nicht mehr erforderlich sei[996].

Auf den ersten Blick könnte man meinen, dass der Schutz der Entscheidungsfreiheit im deutschen Recht und der Schutz der fehlerfreien Willensbildung im spanischen Recht funktional identisch seien. Wenn aber in der spanischen IT-Rechtsliteratur im Zusammenhang mit dem Pflichtenheft vielfach der Standpunkt vertreten wird, dass die vorvertraglichen Informationspflichten deshalb notwendig seien, um Fehler bei der Willensbildung hinsichtlich der Bestimmtheit des Vertragsobjekts zu verhindern[997], so zeigt sich hier ein anderer Ansatz

991 Vgl. oben Kap. D.V.3.b) bb).

992 Davara Rodríguez, Manual de Derecho Informático, S. 314; Soler in: Soler / Piattini, Manual de Gestión y Contratación Informática, S. 370; Corripio Gil-Delgado, Los contratos informáticos: el deber de información precontractual, S. 185.

993 Vgl. Larenz, Lehrbuch des Schuldrechts, Bd. 1, AT, S. 112f.

994 Vgl. bereits oben Kap. D.IV.4.a) bb).

995 BT-Drucks. 14/6040, S. 126.

996 Palandt-*Grüneberg*, BGB, § 311 Rdnr. 13; Fikentscher / Heinemann, Schuldrecht, Rdnr. 38, 96.

997 Davara Rodríguez, Manual de Derecho Informático, S. 314; Soler in: Soler / Piattini, Manual de Gestión y Contratación Informática, S. 370; Corripio Gil-Delgado, Los contratos informáticos: el deber de información precontractual, S. 185.

als im deutschen Schrifttum, wo es ja als unproblematisch angesehen wird, wenn die Erstellung des Pflichtenhefts erst nach Vertragsschluss erfolgt[998]. Die Diskussionen im spanischen Schrifttum um das Pflichtenheft und die vorvertraglichen Informationspflichten laufen also auf ein Problem hinaus, das, was das Pflichtenheft betrifft, im deutschen Recht keine vergleichbare Rolle spielen kann, nämlich die Bestimmtheit der vertraglichen Einigung. So wie es im spanischen Schrifttum und in der Rechtsprechung[999] behandelt wird, ist das Pflichtenheft im Kontext mit der Bestimmtheit des Vertragsgegenstandes zu sehen und nicht mit dem Schutz der Entscheidungsfreiheit des Vertragspartners.

Funktional unterscheiden sich die Bestimmtheit des Vertragsgegenstandes und der Schutz der Entscheidungsfreiheit des Vertragspartners darin, dass ein nicht ausreichend bestimmter Vertragsgegenstand zur absoluten Nichtigkeit des Vertrages führt *(nulidad absoluta)*, deren Feststellung von jedem Vertragspartner, aber auch von jedem Dritten, der ein rechtliches Interesse hat, vor Gericht beantragt werden kann[1000], während eine Verletzung der Entscheidungsfreiheit erst dann rechtlich relevant wird, wenn der geschädigte Vertragspartner Anspruch auf Schadensersatz aus *culpa in contrahendo* erhebt, §§ 280 Abs. 1, 311 Abs. 2, 241 Abs. 2 BGB. Anders gesagt: Der Schutz der Entscheidungsfreiheit bei der *c.i.c.* dient allein dem Interesse des Erklärenden, darüber bestimmen zu können, ob er sich binden will oder nicht. Denn es bleibt ihm trotz irriger Vorstellung unbenommen, an dem Vertrag festzuhalten. Die nach der Lehre von der *desigualdad informativa* geltenden vorvertraglichen Informationspflichten hingegen dienen den Interessen beider Vertragsparteien an der Gültigkeit der vertraglichen Bindung. Während also der Schutz der Entscheidungsfreiheit Partikularinteressen bedient, zielt das Erfordernis der vorvertraglichen Informationspflichten nach der *Theorie von der informationellen Ungleichheit* auf den Schutz beider Parteien ab.

cc) Die Bestimmtheit der vertraglichen Einigung

Lacruz Berdejo macht darauf aufmerksam, dass bei einer Betrachtung *a priori* jedes Leistungsversprechen, das vom Empfänger angenommen werde, einen Vertrag begründen müsse, dass aber eine historische Betrachtung zu dem gegenteiligen Schluss führe und nicht einmal heute der einfache Wille, sich zu

998 Siehe oben Kap. D.V.4.a) aa).

999 STS de 21 julio 2003, RJ 2003, 5145; SAP Barcelona de 14 enero 2002 (Sección 16ª), recurso de apelación núm. 249/2001, JUR 2002/110570.

1000 Vgl. oben Kap. D.V.3.c) bb).

verpflichten, ausreichend sei, um eine Verpflichtung zu begründen[1001]. Mit anderen Worten: Der Rechtsbegriff „Vertrag" ist kein rechtstheoretischer Begriff, dessen Bedeutung *a priori* feststeht[1002], er muss vielmehr im geschichtlichen Kontext der jeweiligen Kodifikation gesehen werden. Die unterschiedlichen Vorstellungen in der deutschen und der spanischen Rechtslehre davon, welche Anforderungen an die Bestimmtheit der vertraglichen Einigung zu stellen sind, können also nur vor dem jeweiligen historischen Hintergrund von BGB und CC verstanden werden.

Nach Art. 1256 CC können die Wirksamkeit und die Erfüllung der Verträge nicht dem Belieben einer der Vertragsparteien überlassen werden. Eine vergleichbare Regelung findet sich im BGB weder explizit noch implizit. Im Gegenteil: Bei einem Kauf auf Probe gem. § 454 Abs. 1 BGB steht die Billigung des gekauften Gegenstandes im Belieben des Käufers. D.h. also, dass die Wirksamkeit des Vertragsschlusses durch die ins freie Belieben des Käufers gestellte Billigung oder Missbilligung des Kaufgegenstandes aufschiebend oder auflösend bedingt ist[1003]. Systematisch handelt es sich dabei um einen vorläufigen Vertrag, der bezüglich des Hauptvertrages nicht bindend ist in Abgrenzung zu vorläufigen Verträgen, die bezüglich des Hauptvertrages bindend sind wie z. B. der Vorvertrag[1004]. Zwar kennt auch der CC eine *venta „ad gustum"* (Art. 1453 CC), bei welcher der Kaufvertrag unter der aufschiebenden Bedingung der Probe geschlossen wird, allerdings kommen bei dieser als Kaufgegenstand nur solche Sachen in Betracht, bei denen es üblich ist, dass man sie vor dem Erwerb kostet oder ausprobiert (*„cosas que es costumbre gustar o probar antes de recibirlas"*), wohingegen es beim Kauf auf Probe gem. 454 BGB keine entsprechende Einschränkung gibt. Vorbild für die spanische Regelung war die Vorschrift des Art. 1587 Code Civil[1005], der sogar beispielhaft Wein und Öl aufzählt (*„A l'égard du vin, de l'huile, et des autres choses que l'on est dans l'usage de goûter avant d'en faire l'achat"*). Um einen gesetzesdogmatischen Widerspruch zu dem Verbot von Potestativbedingungen (Art. 1115 und 1256 CC)[1006] zu vermeiden, wird z. T. im spanischen Schrifttum

---

1001 Lacruz Berdejo, Elementos de Derecho Civil II: Derecho de obligaciones, Volumen 1°, S. 325.

1002 Wie das z. B. für die strikte Trennung von Seins- und Sollenssätzen beim Methodendualismus gilt, vgl. oben Kap. D.V.2.a).

1003 Jauernig-*Berger*, BGB, §§ 454, 455 Rdnr. 1.

1004 Fikentscher / Heinemann, Schuldrecht, Rdnr. 134.

1005 Albaladejo/*García Cantero*, Comentarios al CC, Tomo XIX, S. 94, 99.

1006 Vgl. oben D.V.3.c) cc).

die Auffassung vertreten, dass die Probe anhand objektiver Kriterien zu erfolgen habe[1007].

Wenn aus spanischer Sicht vertreten wird, dass es sich selbstverständlich aus dem Rechtsbegriff *contrato* ergebe, dass die Wirksamkeit bzw. die Erfüllung des Vertrages nicht in das freie Belieben eines Vertragspartners gestellt werden könne, mithin eine ausdrückliche Vorschrift wie die des Art. 1256 CC überflüssig sei[1008], andererseits aber nach deutschem Recht gem. § 454 BGB die Wirksamkeit des Vertragsschlusses in das freie Belieben des Käufers gestellt werden kann, so ist zunächst einmal festzustellen, dass es zwischen der deutschen und der spanischen Rechtsdogmatik unterschiedliche Vorstellungen davon geben muss, welche Anforderungen an das wirksame Zustandekommen eines Vertrages zu stellen sind. Eine dem Art. 1261.2 CC vergleichbare Vorschrift, wonach für die Wirksamkeit des Vertrages ein *objeto cierto* vorliegen muss, kennt das BGB nicht. Dass für einen wirksamen Vertragsschluss ein *objeto cierto* erforderlich ist, geht ebenso wie der *objet certain* in Art. 1108 Code Civil auf die römische Regel zurück, wonach für den Abschluss eines wirksamen Kaufvertrages sich die Parteien über einen *pretium certum* der Kaufsache geeinigt haben mussten[1009]. Die Vertreter der deutschen Pandektistik hingegen sahen in der vertraglichen Einigung das gemeinrechtliche Erfordernis eines *pretium certum* logisch absorbiert[1010], so dass ihnen eine Kodifizierung überflüssig erschien. Überhaupt ist dem BGB als dem Produkt der pandektistischen deutschen Rechtswissenschaft, die auf Abstraktion und Systematisierung ausgerichtet war, die Tendenz zu entnehmen, Definitionen absichtlich nicht zu kodifizieren[1011], was sich mit dem Hinweis „Ein Gesetz ist kein Lehrbuch!“[1012] rechtfertigen lässt. Diese unterschiedlichen historischen Ausgangspositionen haben dazu geführt, dass bis heute keine Einigkeit in den kontinentaleuropäischen Privatrechtsordnungen darüber besteht, welche Anforderungen an die Bestimmtheit der vertraglichen Einigung zu stellen sind[1013].

1007 Vgl. die Darstellungen bei Lacruz Berdejo, Elementos de Derecho Civil II: Derecho de obligaciones, Vol. 2°, S. 63 und bei Albaladejo/*García Cantero*, Comentarios al CC, Tomo XIX, S. 102.

1008 Albaladejo/*Quiñonero Cervantes*, Comentarios al CC, Tomo XVII, Vol. 1-A, S. 256.

1009 Vgl. Ranieri, Europäisches Obligationenrecht, S. 36f.

1010 Ranieri, a.a.O., S. 38.

1011 Vgl. Sacco, Einführung in die Rechtsvergleichung, S. 232.

1012 Adomeit, Einführung in das spanische Recht, S. 68.

1013 Ranieri, Europäisches Obligationenrecht, S. 41.

dd) Stellungnahme

Zwar heißt Individualsoftware im Spanischen *software a medida*, was an die Anfertigung eines Maßanzuges erinnern lässt[1014], wobei unabhängig von der spanischen Terminologie der Vergleich mit der Anfertigung des Maßanzuges zum Teil auch im deutschen Schrifttum bemüht wird[1015]. Dennoch darf nicht übersehen werden, dass sich Software *„nicht wie ein Rock maßschneidern"* lässt, sondern sich die Bedürfnisse der Kunden erst im Laufe der oftmals in Form von Langzeitverträgen verlaufenden Vertragsbeziehungen ermitteln lassen[1016]. In der Praxis sieht es nämlich so aus, dass sich bei fast allen IT-Projekten nach Vertragsschluss Änderungsbedarf bezüglich der Sollbeschaffenheit der zu erstellenden Software ergibt[1017]. In der spanischen Rechtswissenschaft besteht aber die Neigung, diese Entwicklungsfragen in die vorvertragliche Phase zu verlegen, um nicht die Wirksamkeit des Vertrages mangels *objeto cierto* zu gefährden. Deshalb wird der Behandlung der vorvertraglichen Phase im spanischen Schrifttum erheblich mehr Raum eingeräumt als in Deutschland, wo die Bestimmtheit des Vertragsgegenstandes keine vergleichbare Bedeutung hat. Aus spanischer Sicht erscheint die vorvertragliche Phase sogar als das Fundament für die Erfüllung der mit dem IT-Vertrag beabsichtigten Ziele[1018]. Vereinbarungen, wonach die Anforderungen des Kunden an die Software erst im Laufe der Implementierung herauszufinden sind, werden z.T. von der spanischen Rechtsprechung mangels Bestimmtheit des Vertragsgegenstandes abgelehnt, so dass die IT-Firma für solche Dienstleistungen auch keine Vergütung verlangen kann[1019]. Die agile Softwareentwicklung, bei der die Zusammenarbeit von Anbieter und Anwender höher gewichtet wird als die Vertragsverhandlungen[1020], muss sich demzufolge mit dem System des CC schwerer tun als mit dem des BGB. Dass es unterschiedliche Anforderungen an die Bestimmtheit der vertraglichen Einigung zwischen den romanischen Privatrechtsordnungen einerseits und dem BGB andererseits gibt, stellt zwar aus Sicht der europäischen Rechtsvergleichung keine neue Erkenntnis dar[1021], konnte

1014 Wörtlich: Software nach Maß.
1015 Marly, Praxishandbuch Softwarerecht, Rdnr. 676.
1016 Hoeren, IT-Vertragsrecht, S. 193 (Skript, S. 235).
1017 Reichert, Vertragsfreiheit und agile Softwareentwicklung, S. 113f.; Schaub, CR 1993, S. 329; Naus, Softwareerstellung als Projekt, S. 17.
1018 Davara Rodríguez, Manual de Derecho Informático, S. 314.
1019 SAP Zaragoza de 18 junio 2004 (Sección 5ª), núm. 379/2004, FD 6°, JUR 2004/192506.
1020 Vgl. oben Kap. D.I.1.d).
1021 Vgl. oben Kap. D.V.4.a) cc).

hier aber anhand des vorliegenden sozialen Konflikts zumindest noch einmal bestätigt werden.

Aufgrund der funktionalen Methode der Rechtsvergleichung haben sich dann aber doch noch neue Erkenntnisse ergeben. So konnte gezeigt werden, dass in Deutschland und in Spanien das Fehlen eines Pflichtenhefts jeweils im Kontext mit einem völlig anderen Rechtsinstitut problematisiert wird. Während der BGH das fehlende Pflichtenheft als Problem der Sollbeschaffenheit der Software behandelt, hat sich der TS mit der Frage auseinanderzusetzen, ob das Fehlen des Pflichtenhefts die Wirksamkeit des Vertragsschlusses im Hinblick auf die Bestimmtheit des Vertragsgegenstandes berührt. Ohne Anwendung der funktionalen Methode mit dem sozialen Konflikt als verbindender Klammer der verschiedenen Rechtsordnungen hätte ein klassischer Rechtsvergleich der Rechtsinstitute nicht zu der Erkenntnis geführt, dass es zwischen der Feststellung der Sollbeschaffenheit eines Vertragsgegenstandes einerseits und dem wirksamen Zustandekommen der vertraglichen Einigung andererseits einen Zusammenhang geben kann, denn ein Vergleich dieser Rechtsinstitute hätte als ein Vergleich von Äpfeln mit Birnen erscheinen müssen. Erst unter Berücksichtigung des sozialen Konflikts mit Hilfe der funktionalen Methode ist hier ein Zusammenhang erkennbar geworden, der bei einer klassischen Rechtsvergleichung verborgen geblieben wäre. Auf der Ebene des Seins offenbart sich der Differenzzusammenhang, der zwischen der deutschen und der spanischen Rechtsprechung besteht, in dem konkreten sozialen Konflikt, also in der Softwareerstellung ohne Pflichtenheft. Wie aber sieht der Zusammenhang auf der Ebene des Sollens aus? Oder anders gefragt: Wie ist der vorgenannte, durch den sozialen Konflikt zu Tage getretene Differenzzusammenhang zwischen der deutschen und der spanischen Rechtsprechung normativ einzuordnen?

Betrachten wir die rechtliche Problematik, die der unterschiedlichen Behandlung des fehlenden Pflichtenhefts in der spanischen und der deutschen Rechtsprechung zugrunde liegt, so fallen vor allem zwei Punkte auf: Das ist zum einen die objektive, ergänzende Vertragsauslegung (§ 157 BGB) und zum anderen die richterliche Leistungsbestimmung. Denn erstens nimmt der BGH[1022] im Wege der objektiven, ergänzenden Vertragsauslegung eine Sollbeschaffenheit der nach kundenspezifischen Anforderungen zu erstellenden Software an, die von den Parteien so nicht – oder zumindest nicht ausdrücklich – vereinbart

1022 BGH, Urt. v. 16.12.2003 – X ZR 129/01, CR 2004, 490; BGH, Urt. v. 24.9.1991 – X ZR 85/90, CR 1992, 543.

worden war, nämlich den *mittleren Ausführungsstandard*, während der TS[1023] durch Auslegung der vorvertraglich geführten Verhandlungen den tatsächlichen Parteiwillen ermittelt und somit eine Bestimmtheit des Vertragsgegenstandes feststellt. Und zweitens ist festzuhalten, dass eine kundenspezifische Software im mittleren Ausführungsstandard als eine *contradictio in adiecto* erscheinen muss, da die Software-Erstellung nach Kundenwünschen das Gegenteil von einer standardisiert ausgeführten Software-Erstellung ist. Welche Anforderungen sich aus dem mittleren Ausführungsstandard ergeben, soll dem BGH zufolge der „*Tatrichter ggf. mit sachverständiger Hilfe*" feststellen[1024]. Wenn aber die Sollbeschaffenheit der zu erstellenden Software eine *contradictio in adiecto* darstellt, mithin unerfüllbar ist, dann bedeutet dies nichts anderes, als dass dem Tatrichter das Leistungsbestimmungsrecht zukommen soll. Aber auch abgesehen von dieser Schlussfolgerung ist es augenscheinlich, dass sich die Rechtsfiguren der *ergänzenden Vertragsauslegung* und der *richterlichen Leistungsbestimmung* in funktionaler Hinsicht gegenseitig angleichen müssen, wenn die ergänzende Vertragsauslegung den Vertragsgegenstand betrifft.

In Deutschland gesetzlich geregelt ist eine Leistungsbestimmung durch das Gericht in den Fällen, in denen die Parteien vereinbart haben, dass eine der Parteien nach billigem Ermessen entscheiden soll und deren Entscheidung unbillig ist, § 315 Abs. 3 S. 2 BGB. (Nach dem CC wäre das zwar so nicht möglich, wohl aber die Vereinbarung einer Bedingung, wonach die Leistung von einem *Dritten* bestimmt wird, Art. 1115 CC.) Was ist aber, wenn die Parteien weder den Vertragsgegenstand hinreichend bestimmt haben noch ein Leistungsbestimmungsrecht zugunsten einer Partei oder eines Dritten vereinbart haben? Kann dann trotzdem das Gericht anstelle der Parteien bestimmen, wie der Vertragsgegenstand beschaffen sein soll? Genau diese Überlegungen werden auch im spanischen Schrifttum angestellt und sogleich verworfen unter Verweis auf das *argumentum ad absurdum*, dass es ja dann niemals zu einer Unbestimmtheit des Vertragsgegenstandes (und damit zur absoluten Nichtigkeit des Vertrages) kommen könne, da stets die Gerichte die Bestimmung des Vertragsgegenstandes vornehmen würden[1025]. Damit ist aber auch genau der springende Punkt angesprochen, weshalb die spanische Rechtsprechung das fehlende Pflichtenheft unter einem anderen Blickwinkel betrachten muss als die deutsche Rechtsprechung: Wenn gem. Art. 1261.2 CC die Bestimmtheit des Vertragsgegenstandes positive

1023 STS de 21 julio 2003, RJ 2003, 5145.

1024 BGH, Urteil v. 16.12.2003 – X ZR 129/01, CR 2004, 490.

1025 Albaladejo/*Herrero García*, Comentarios al CC, Tomo XVII, Vol. 1-B, S. 505.

Voraussetzung für das Zustandekommen einer vertraglichen Einigung ist, dann müssen auch solche Fälle denkbar sein, bei denen es an der Bestimmtheit des Vertragsgegenstandes mangelt. Dem BGB zufolge ist jedoch die Bestimmtheit des Vertragsgegenstandes kein eigenständiger Prüfungspunkt, sondern in dem Erfordernis der vertraglichen Einigung bereits *„logisch absorbiert“*[1026]. Demgemäß muss es der deutschen Rechtsprechung sehr viel schwerer fallen als der spanischen Rechtsprechung, eine mangelnde Bestimmtheit des Vertragsgegenstandes zu erkennen, wenn zugleich feststeht, dass zwei einander entsprechende Willenserklärungen vorliegen, aus denen sich der Wille zur vertraglichen Bindung ergibt. Umgekehrt bedeutet dies aber auch für die Praxis, dass es bei der Anwendung spanischen Rechts einer – im Vergleich zur Anwendung deutschen Rechts – gesteigerten Sensibilität bedarf, was die Frage der Bestimmtheit des Vertragsgegenstandes betrifft.

Dass der TS auf der Grundlage der PMCC in dem vorliegenden sozialen Konflikt anders zu entscheiden gehabt hätte, kann nicht zwingend angenommen werden. Auch unter Geltung der PMCC muss der Vertragsgegenstand hinreichend bestimmt sein[1027] und darf die Erfüllung nicht dem bloßen Belieben einer der Vertragsparteien überlassen werden[1028] (Art. 1237.2 PMCC). Unter der Annahme, dass es sich hierbei um eine *norma imperativa* oder *prohibitiva* handelt, wäre nach Art. 1296.1 PMCC ein Vertrag, der gegen Art. 1237.2 PMCC verstößt, nichtig.

b) Die informationelle Ungleichheit

aa) Vergleichende Darstellung

Die weitgehende Einmütigkeit, mit der das spanische Schrifttum die Informationspflichten des Softwareanbieters gegenüber dem Anwender aus der zwischen ihnen bestehenden *informationellen Ungleichheit* herleitet[1029], trifft auf ein uneinheitliches Meinungsbild in der deutschen IT-Rechtsliteratur. Nach *Lejeune* und nach *Dreier / Vogel* soll überlegenes Fachwissen bzw. die Erklärungsbedürftigkeit eines komplexen Produktes allein noch keine besonderen Beratungspflichten auslösen[1030]. *Redeker* hingegen sieht – ähnlich wie das im spanischen Schrifttum

---

1026 Ranieri, Europäisches Obligationenrecht, S. 38; vgl. bereits oben Kap. D.V.4.a) cc).

1027 Vgl. oben Kap. D.V.3.c) bb).

1028 Vgl. oben Kap. D.V.3.c) cc).

1029 Vgl. oben Kap. D.V.3.b) bb).

1030 Lejeune in: Ullrich / Lejeune, Der internationale Softwarevertrag, S. 257; Dreier / Vogel, Software- und Computerrecht, S. 168.

vertreten wird – in der überlegenen technischen Kenntnis des Softwareanbieters den entscheidenden Punkt für die Begründung von Aufklärungs- und Beratungspflichten[1031]. Und *Marly* zufolge gibt es während der Vertragsverhandlungen keine allgemeine Aufklärungspflicht, sondern eine solche bestehe nur dann, wenn der Vertragspartner sie redlicherweise erwarten könne, was nach der herrschenden Verkehrsauffassung zu beurteilen sei, wobei hinsichtlich der vom Softwareanbieter vorgelegten Informationen und Hinweise noch einmal unterschieden werden müsse zwischen „eigeninitiativer Aufklärung“ und „erbetener Beratung“[1032].

Aber auch im spanischen Schrifttum erscheint die Lehre von der informationellen Ungleichheit und den daraus erwachsenden Informationspflichten als eine neuere Strömung, die maßgeblich auf das Werk von *Gómez Calle* zu den vorvertraglichen Informationspflichten („*Los deberes precontractuales de información*“) aus dem Jahre 1994 zurückgeht. Denn noch 1991 vertritt *García Rubio* unter Berufung auf italienische und Schweizer Autoren den Standpunkt, dass grundsätzlich jede Partei selbst dafür verantwortlich sei, sich die notwendigen Informationen vor Vertragsschluss zu beschaffen, die sie zur Wahrung ihrer eigenen Interessen benötige, wobei die Autorin einräumt, dass sich die spanische Rechtslehre bislang noch nicht ausführlich mit den vorvertraglichen Informationspflichten befasst habe[1033]. Allerdings muss der Standpunkt von *García Rubio* gar nicht als Widerspruch zur Lehre von der informationellen Ungleichheit verstanden werden, wenn man berücksichtigt, dass es *García Rubio* um die vorvertragliche Haftung („*Responsabilidad precontractual*“) im Sinne der *culpa in contrahendo* und damit um das vermögensbezogene Integritätsinteresse des Verhandlungspartners geht, wohingegen die Lehre von der informationellen Ungleichheit die fehlerfreie Willensbildung zwecks Einigung auf einen bestimmten bzw. bestimmbaren Vertragsgegenstand *(objeto cierto)* schützen will[1034].

bb) Privatrecht und Verfassungsrecht

Auch wenn sich *Gómez Calle*, indem sie die vorvertraglichen Informationspflichten aus der Verfassung herleitet, auf eine im deutschen Schrifttum vertretene Meinung beruft[1035], so ist doch klarzustellen, dass es sich dabei keineswegs

1031 Redeker in: Schneider / Graf von Westphalen, Software-Erstellungsverträge, S. 321.
1032 Marly, Praxishandbuch Softwarerecht, Rdnr. 1203, 1384.
1033 García Rubio, La responsabilidad precontractual en el derecho español, S. 45f. m.w.N.
1034 Vgl. oben Kap. D.V.4.a) bb).
1035 Vgl. oben Kap. D.V.3.b) bb).

um eine weitverbreitete Meinung in der deutschen Privatrechtsliteratur handelt. Andererseits dürfte es aber allgemein anerkannt sein, dass die Grundrechte, aber auch Verfassungsprinzipien wie das Sozialstaatsprinzip (Art. 20 Abs. 1, 28 GG) zur Ausfüllung privatrechtlicher Generalklauseln wie beispielsweise Treu und Glauben (§ 242 BGB) oder die guten Sitten (§§ 138, 826 BGB) im Wege der sog. mittelbaren Drittwirkung herangezogen werden können[1036]. Dass durch Handlungen zwischen Privatpersonen die verfassungsmäßigen Grundrechte verletzt werden können, wird auch vom spanischen Verfassungsgericht, dem *Tribunal Constitucional*, anerkannt[1037]. Die durch die Rechtsfigur der „*Drittwirkung*" eröffnete Möglichkeit, nach Erschöpfung des ordentlichen Rechtsweges gem. Art. 44 LOTC Verfassungsbeschwerde zu erheben, um auf diese Weise eine privatrechtliche Streitigkeit verfassungsrechtlich überprüfen zu lassen, wird im spanischen Schrifttum bezeichnenderweise als „*finta alemana*" tituliert[1038]. Dass jedoch – wie von *Gómez Calle* angenommen – aus dem Sozialstaatsprinzip vorvertragliche Informationspflichten etwa der Softwarefirma gegenüber dem Auftraggeber herzuleiten seien, muss nach wohl überwiegender Auffassung in der deutschen Privatrechtsliteratur verneint werden. Vielfach wird vertreten, dass sich aus dem Sozialstaatsprinzip keine allgemeine Verpflichtung zur Rücksichtnahme auf die Interessen des wirtschaftlich Schwächeren im Privatrechtsverkehr ergebe[1039], weshalb es auch unzulässig sei, von einer verfassungskonformen Vertragsauslegung zu reden[1040].

Allerdings hat der Erste Senat des Bundesverfassungsgerichts entschieden[1041], dass die Zivilgerichte zu klären haben, ob die konkrete vertragliche Regelung Folge strukturell ungleicher Verhandlungsstärke sei, um ggf. im Rahmen der Generalklauseln wie §§ 138, 242 BGB korrigierend einzugreifen. Nach dem Verständnis des Bundesverfassungsgerichts besteht eine der Hauptaufgaben des Zivilrechts nämlich darin, bei gestörter Vertragsparität für Ausgleich zu sorgen, da die durch Art. 2 Abs. 1 GG geschützte Vertragsfreiheit nur im Falle eines

---

1036 jurisPK-BGB/*Pfeiffer*, § 242 Rdnr. 9; Fikentscher / Heinemann, Schuldrecht, Rdnr. 108; Medicus, AcP 192 (1992), 35, 43; grundlegend BVerfGE 7, 198.

1037 STC de 27 marzo 1985, RTC 1985, 47; STC de 10 octubre 1988, RTC 1988, 177.

1038 López Aguilar, Derechos fundamentales y libertad negocial: sobre el espacio constitucional para la autonomía de la voluntad entre particulares..., S. 140f. m.w.N.

1039 MünchKomm/*Schubert*, BGB, § 242 Rdnr. 72; Palandt-*Grüneberg*, BGB, § 242 Rdnr. 11; Erman-*Hohloch*, BGB, § 242 Rdnr. 39; Bamberger/Roth-*Sutschet*, BGB, § 242 Rdnr. 23.

1040 Fikentscher / Heinemann, Schuldrecht, Rdnr. 120.

1041 Beschluss v. 19.10.1993, BVerfGE 89, 214ff. = NJW 1994, 36ff.

annähernd ausgewogenen Kräfteverhältnisses der Partner gelten soll. Diese sog. Schuldturmentscheidung des Bundesverfassungsgerichts ist in der deutschen Privatrechtsliteratur auf z. T. erhebliche Kritik gestoßen[1042]. Gegen die Theorie gestörter Vertragsparität und eine verfassungskonforme Vertragsauslegung wird unter Berufung auf die § 119 Abs. 2 BGB zugrunde liegende Wertung angeführt, dass Verträge kraft der Privatautonomie einem Fehlkalkulationsrisiko unterliegen, das auch auf Wissen und Intelligenz sowie persönliche und wirtschaftliche Abhängigkeit der Parteien grundsätzlich keine Rücksicht nehme[1043].

Wenn auch hinsichtlich des Erfordernisses der Vertragsparität zwischen dem Bundesverfassungsgericht und einem nicht unerheblichen Teil der deutschen Privatrechtsliteratur kein Einvernehmen besteht, lassen sich andererseits aber zwischen der Rechtsprechung des deutschen und des spanischen Verfassungsgerichts Parallelen erkennen. Der *Tribunal Constitucional* hat nämlich entschieden, dass auch durch Handlungen zwischen Privatpersonen Grundrechte verletzt werden können, weil in einem Sozialstaat nicht davon ausgegangen werden könne, dass nicht auch andere Rechtsträger als die öffentliche Gewalt an die Grundrechte gebunden seien, so dass gem. Art. 9.2 CE die öffentliche Gewalt wiederum dafür Sorge zu tragen haben, dass die Bedingungen für die Gleichheit der Individuen real und effektiv seien[1044]. Dabei geht das Gericht offenbar von einer nicht bloß mittelbaren, sondern unmittelbaren Drittwirkung der Grundrechte aus. Die Lehre von der informationellen Ungleichheit, die sich ja auf das Sozialstaatsprinzip beruft[1045], steht also nicht im Widerspruch zur Rechtsprechung des spanischen Verfassungsgerichts. Hieraus lässt sich im Hinblick auf das Erfordernis der Vertragsparität auch die Schlussfolgerung ziehen, dass das Verhältnis zwischen der spanischen Privatrechtsliteratur, aus der ja die Theorie von der informationellen Ungleichheit stammt, und der Rechtsprechung des Verfassungsgerichts weniger kontrovers ist als dies in Deutschland für das Verhältnis der Privatrechtsliteratur zur Rechtsprechung des Bundesverfassungsgerichts zutrifft.

1042 Adomeit, NJW 1994, 2467; Schlechtriem / Schmidt-Kessel, Schuldrecht AT, Rdnr. 80 m.w.N.

1043 Fikentscher / Heinemann, Schuldrecht, Rdnr. 120.

1044 STC de 10 octubre 1988, Fundamento jurídico 4°, RTC 1988, 177.

1045 Vgl. oben Kap. D.V.3.b) bb).

cc) Stellungnahme

Wenn auch die informationelle Ungleichheit (*desigualdad informativa*) zwischen den Vertragsparteien in der deutschen IT-Rechtsliteratur keine vergleichbare Rolle einnimmt wie in der spanischen, so hat doch aus verfassungsrechtlicher Sicht die Vertragsparität auch in Deutschland erhebliche Bedeutung. Die Gräben bei der Diskussion über die informationelle Ungleichheit verlaufen hier also nur scheinbar zwischen deutscher und spanischer Privatrechtsliteratur, während sie in Wirklichkeit zwischen deutschem Privatrecht und Verfassungsrecht verlaufen. Aus deutscher Sicht mag es gute, auch historische Gründe geben die gegen eine unmittelbare Wirkung der Grundrechte im Privatrecht sprechen[1046], so dass das der Verfassung entspringende Gleichheitsgebot keinen Einfluss auf die Privatrechtsgestaltung haben dürfte, aber andererseits darf auch nicht übersehen werden, dass es inzwischen im Europäischen Vertragsrecht als eine Selbstverständlichkeit angesehen wird, dass die unerfahrene, unwissende Partei von ihrem Vertragspartner geschützt werden muss (siehe Art. 4:109 PECL und gleichlautend Art. II-7:207 DCFR)[1047]. Demnach hat – auch unter Beachtung des Europäischen Vertragsrechts – der Rechtsgedanke der *desigualdad informativa* durchaus Bedeutung für eine moderne Privatrechtsgestaltung.

1046 Vgl. die Darstellung bei Medicus, AcP 192 (1992), 35, 43.
1047 Ranieri, Europäisches Obligationenrecht, S. 1343f. m.w.N.

E. Der Lizenzvertrag

I. Die Problematik der rechtlichen Konstruktion

1. Darstellung der Problematik

Wie bereits ausgeführt[1048], besteht ein Vertrag über individuelle Software seinem rechtlichen Inhalt nach notwendigerweise aus mindestens zwei Teilen, nämlich dem Software-Erstellungs-/Anpassungs-Vertrag sowie dem urheberrechtlichen Lizenzvertrag. Die Erteilung von Lizenzen für die Benutzung von Software *(licencias de uso)* durch den Softwareanbieter ist als Rezeption eines Vertragsmodells zu verstehen, das dem angelsächsischen Rechtskreis entstammt (*license* in den USA, *licence* in Groß-Britannien)[1049] und infolge der technologischen Vormachtstellung der US-Softwareindustrie von dort in die kontinentaleuropäischen Rechtsordnungen exportiert wurde, wobei dessen praktische Anwendung innerhalb der kontinentaleuropäischen Rechtsordnungen problematische Fragen aufwirft[1050], und zwar trotz der Harmonisierung des urheberrechtlichen Schutzes von Computerprogrammen durch die Richtlinien 91/250/EWG und 2009/24/EG[1051].

2. Lösung nach deutschem Recht

Soweit es um die Nutzung der Software im Rahmen eines normalen Gebrauchs geht, braucht derjenige, der die Software vom Rechtsinhaber zu Eigentum erworben hat, nicht noch zusätzlich urheberrechtliche Nutzungsrechte vertraglich eingeräumt bekommen, auch wenn dies von Softwarefirmen bisweilen behauptet wird[1052]. Denn die Benutzung als solche ist kein urheberrechtlich relevanter Vorgang, d.h., die reine Benutzung wird – anders als bei den technischen Schutzrechten – urheberrechtlich nicht erfasst[1053]. Gemäß der dem deutschen Urheberrecht zugrunde liegenden monistischen Theorie, wonach die Verwertungsrechte untrennbar mit dem Urheberpersönlichkeitsrecht in der Person des Urhebers

1048 Vgl. oben Kap. A.II.2.

1049 Gómez Perals/Fabra Valls in: Yzquierdo Tolsada, Contratos, Tomo XII, S. 530.

1050 Aparicio Vaquero, Licencias de uso no personalizadas de programas de ordenador, S. 13.

1051 Vgl. oben Kap. A.I.

1052 Hoeren, IT-Vertragsrecht, S. 90 (Skript, S. 120).

1053 BGH, Urt. v. 20.1.1994 – I ZR 267/91, NJW 1994, 1216 (1217).

verbunden sind, erfolgt die Einräumung gegenständlich (quasi-dinglich) wirkender Nutzungsrechte konstitutiv und nicht translativ[1054]. Das sich aus der monistischen Theorie ergebende Problem, dass der Urheber seine Verwertungsrechte nicht auf Dritte übertragen kann, wird so gelöst, dass die Nutzungsrechte durch eine Verfügung über das Urheberrecht begründet und dann als gegenständliche Rechte isoliert übertragen werden, dass sie aber als „gebundene" Rechte nur einen den Verwertungsrechten innewohnenden Inhalt haben können[1055].

Nutzungsrechte können als einfache oder ausschließliche Nutzungsrechte eingeräumt werden, § 31 Abs. 1 S. 2 UrhG. Das einfache Nutzungsrecht berechtigt den Lizenznehmer zur Nutzung des Computerprogramms, ohne dass eine Nutzung durch andere ausgeschlossen ist (§ 31 Abs. 2 UrhG), während bei einem ausschließlichen Nutzungsrecht der Lizenznehmer berechtigt ist, das Computerprogramm unter Ausschluss aller anderen Personen auf die ihm erlaubte Art zu nutzen und selbst Nutzungsrechte einzuräumen (§ 31 Abs. 3 S. 1 UrhG)[1056]. Ein Auftrag zur Programmentwicklung beinhaltet ein Alleinverwertungsrecht des Auftraggebers[1057], zumindest wenn dieser beabsichtigt, die zu entwickelnde Software auf dem Markt zu vertreiben, denn dann besteht eine generelle Vermutung dafür, dass nach dem übereinstimmenden Willen der Vertragsparteien das Entwicklungsergebnis allein dem Auftraggeber zustehen soll[1058]. Dabei ist zu beachten, dass § 34 Abs. 1 UrhG von dem Leitbild ausgeht, dass jede Übertragung von Nutzungsrechten auf Dritte auf jeden Fall von der Zustimmung des Urhebers abhängt[1059]. Wenn also der Besteller die Custom Software zur Verwendung im eigenen Unternehmen erwerben und sich nicht mit einem einfachen Nutzungsrecht begnügen möchte, ist es zur Vermeidung von Rechtsstreitigkeiten ratsam, dass dies ausdrücklich im Vertrag geregelt wird.

Die Rechtsnatur des urheberrechtlichen Lizenzvertrages ist im UrhG nicht explizit geregelt. Teilweise wird er im Schrifttum als ein Vertrag *sui generis* behandelt[1060], ansonsten wird er entweder generell als Rechtspacht i.S.v. § 581 BGB[1061] oder nur dann als solche eingeordnet, wenn es um einfache Lizenzen und nicht um ausschließliche Lizenzen geht, bei denen wiederum von einem

1054 Dreier / Vogel, Software- und Computerrecht, S. 121.
1055 Rehbinder / Peukert, Urheberrecht, Rdnr. 897.
1056 Dreier / Vogel, Software- und Computerrecht, S. 123.
1057 jurisPK-BGB/*Rösch* § 631 Rdnr. 107.
1058 LG Osnabrück, Urt. v. 27.8.2002–18 O 286/02, juris Langtext Rdnr. 14.
1059 Hoeren, IT-Vertragsrecht, S. 204 (Skript, S. 251).
1060 Groß, Der Lizenzvertrag, S. 20f.
1061 Fikentscher / Heinemann, Schuldrecht, Rdnr. 804, 980.

Rechtskauf auszugehen sei[1062]. Andererseits wird aber auch vertreten, dass die Unterscheidung, ob der Lizenzvertrag als Pachtvertrag oder kaufrechtlich bewertet werden soll, nicht davon abhängen dürfe, ob es um einfache oder ausschließliche Lizenzen gehe, sondern davon, ob die Überlassung für immer oder auf Zeit erfolge[1063].

3. Lösung nach spanischem Recht

Die Rechtsprechung stellt klar, dass allein aus dem Abschluss eines Software-Erstellungsvertrages noch keine Aussage hinsichtlich der Übertragung des geistigen Eigentums an der Software gemacht werden kann, sondern dass sich die Eigentumsübertragung vielmehr aus einer eigenen Vereinbarung ergeben muss[1064]. Die bloße Lieferung und Installation der Software macht für den Kunden auch keinen Sinn, wenn er nicht vom Rechteinhaber das Recht zur Nutzung der Software erhält: Dabei handelt es sich entweder (1.) um die *derechos de explotación*, also die Verwertungsrechte, die der Rechteinhaber dem Erwerber sowohl ausdrücklich als auch ausschließlich zu übertragen hat, oder es handelt sich (2.) um eine *licencia de uso*, die als Mindestvoraussetzung dafür angesehen wird, dass der Erwerber ein *derecho de uso* i.S.d. Art. 99 LPI erhält, damit er die Software nutzen darf[1065]. Von der spanischen Rechtslehre wird Art. 99 Abs. 1 lit. a) LPI nämlich so interpretiert, dass schon die reine Nutzung *(el mero uso)* der Software nicht statthaft ist, wenn nicht zuvor eine Erlaubnis des Rechteinhabers eingeholt wurde[1066]. Demgemäß wird im spanischen Schrifttum der Inhalt der Lizenz allein darin gesehen, dass dem Lizenznehmer die Nutzung der Software ermöglicht wird[1067]. Hat die Softwarefirma dem Erwerber keine wirksame *licencia de uso* verliehen, kann dieser die Vertragsauflösung wegen *incumplimiento* gem. Art. 1124 CC geltend machen[1068].

Auch wenn die aktuelle spanische Rechtslehre in der Rechtsprechung z.T. Argumente der monistischen Theorie sieht, wendet sie selbst auf das Urheberrecht die dualistische Theorie an, wonach zwischen dem *derecho moral* einerseits und

1062 Haedicke, Rechtskauf und Rechtsmängelhaftung, S. 107f.

1063 MünchKomm-*Harke*, BGB, § 581 Rdnr. 18.

1064 STS de 12 diciembre 1988, FD 2°, RJ 1988, 9430.

1065 Soler in: Soler / Piattini, Manual de Gestión y Contratación Informática, S. 603.

1066 Bercovitz Rodríguez-Cano/*Erdozain López*, Manual de Propiedad Intelectual, S. 234; Mediano in: Ullrich / Lejeune, Der internationale Softwarevertrag, S. 1223.

1067 Aparicio Vaquero, Licencias de uso no personalizadas de programas de ordenador, S. 289; Soler in: Soler / Piattini, Manual de Gestión y Contratación Informática, S. 835.

1068 SAP Palencia de 6 mayo 2004 (Sección 1ª), núm. 153/2004, FD 2°, JUR 2004/176907.

dem *derecho patrimonial* andererseits zu trennen ist[1069]. Von der dualistischen Theorie ausgehend hat dann die spanische Rechtslehre auch kein Problem damit, die *licencia de uso* als eine Übertragung *(cesión)* der für die Benutzung der Software erforderlichen Rechte vom Lizenzgeber auf den Lizenznehmer zu verstehen[1070]. Da nach der dualistischen Theorie – im Gegensatz zur monistischen Theorie – eine Übertragung der Verwertungsrechte seitens des Urhebers denkbar erscheint, ist auch die Klarstellung im spanischen Schrifttum vonnöten, dass es sich bei der *licencia de uso* gerade nicht um eine Übertragung von Verwertungsrechten *(cesión de derechos de explotación)* handelt[1071]. Hat der Erwerber lediglich eine *licencia de uso* erhalten, darf er nicht Kopien des erworbenen Programms zum Zwecke der Kommerzialisierung erstellen[1072]. Entscheidend ist nämlich, dass der Inhaber des durch die *licencia de uso* übertragenen Nutzungsrechts das Programm nicht verwerten darf, sondern es lediglich gebraucht[1073]. Dem entsprechend werden auch dingliche Rechte *(derechos reales)* aufgrund der *licencia de uso* zugunsten des Lizenznehmers weder übertragen noch konstituiert, es sei denn, dass dies von den Parteien ausdrücklich vereinbart wurde[1074].

Die Rechtsnatur des *contrato de licencia de uso* ist in der LPI nicht explizit geregelt. Er wird im aktuellen spanischen Schrifttum mehrheitlich als Vertrag *sui generis* behandelt[1075], während die Anwendbarkeit der kaufrechtlichen Regelungen des CC ausdrücklich verneint[1076] und stattdessen die entsprechende Anwendung der urhebervertragsrechtlichen Regelungen über die *cesión* gem. Art. 43ff. LPI befürwortet wird[1077], auch wenn es sich bei dem mittels *licencia de uso* übertragenen Nutzungsrecht *(derecho de uso)* nicht um ein Verwertungsrecht *(derecho de explotación)* i.S.d. Art. 43 LPI handelt. Die *cesión de derechos de explotación* wird dann im Sinne der dualistischen Theorie auch als Übertragung des geistigen Eigentums *(cesión de la propiedad intelectual)* bezeichnet[1078]. Die

1069 Bercovitz Rodríguez-Cano, Manual de Propiedad Intelectual, S. 26f. m.w.N.
1070 Gómez Perals/Fabra Valls in: Yzquierdo Tolsada, Contratos, Tomo XII, S. 534; Aparicio Vaquero, Licencias de uso no personalizadas de programas de ordenador, S. 288f.
1071 Gómez Perals/Fabra Valls in: Yzquierdo Tolsada, Contratos, Tomo XII, S. 534.
1072 STS de 8 noviembre 1995, FD 2°, RJ 1995, 8081.
1073 Mediano in: Ullrich / Leujeune, Der internationale Softwarevertrag, S. 1238.
1074 Gómez Perals/Fabra Valls in: Yzquierdo Tolsada, Contratos, Tomo XII, S. 534.
1075 Gómez Perals/Fabra Valls, ebd.; Aparicio Vaquero, Licencias de uso no personalizadas de programas de ordenador, S. 288f.
1076 Gómez Perals/Fabra Valls in: Yzquierdo Tolsada, Contratos, Tomo XII, S. 534.
1077 Gómez Perals, La cesión de uso de los programas de ordenador, S. 101.
1078 Soler in: Soler / Piattini, Manual de Gestión y Contratación Informática, S. 621.

Übertragung des *derecho de explotación* hängt wiederum davon ab, ob es sich um eine *cesión en exclusiva* oder eine *cesión no exclusiva* handelt[1079]. Die ausschließliche Übertragung bedeutet, dass der Erwerber berechtigt ist, das Werk unter Ausschluss aller anderen Personen einschließlich des Zedenten selbst auf die ihm erlaubte Art zu nutzen und Dritten nicht ausschließliche Nutzungsrechte zu übertragen (Art. 48 Abs. 1 LPI) bzw. mit Zustimmung des Zedenten auch das ausschließliche Nutzungsrecht auf einen Dritten zu übertragen (Art. 49 LPI). Von einer *cesión en exclusiva* ist auszugehen, wenn die Softwarefirma dem Erwerber sämtliche Verwertungsrechte übertragen hat[1080].

Der *cesionario no exclusivo* hingegen besitzt sein Nutzungsrecht neben dem Zedenten und anderen gleichberechtigten Zessionaren und kann dieses grundsätzlich nicht auf Dritte übertragen (Art. 50.1 LPI). Nach Art. 99 Abs. 2 LPI erfolgt bei Verträgen über Software die Rechtsübertragung in Form einer *cesión no exclusiva*, wenn nicht das Gegenteil bewiesen wird. Im Schrifttum wird z.T. vertreten, dass sich aus dem Vertrag über individuelle Software nicht nur ergeben müsse, dass die Softwarefirma zur Erteilung zumindest einer *licencia de uso* verpflichtet ist, sondern dass darüber hinaus diese Lizenzvergabe schriftlich zu erfolgen habe[1081].

4. Vergleich und Stellungnahme

Während im deutschen Schrifttum gleichermaßen wie in der Rechtsprechung vertreten wird, dass die reine Nutzung der Software kein urheberrechtlich relevanter Vorgang ist, wird im spanischen Schrifttum die Erteilung zumindest einer *licencia de uso* als Mindestvoraussetzung dafür angesehen, dass die reine Nutzung der Software rechtmäßig erfolgt. Durch den Abschluss des Lizenzvertrages, also des *contrato de licencia de uso*[1082], erhält demnach der Lizenznehmer *(licenciatario)* vom Lizenzgeber *(licenciante)* ein urheberrechtliches Nutzungsrecht *(derecho de uso)* für die von ihm erworbene Software. Was die Rechtsnatur des Lizenzvertrages angeht, gehen die Auffassungen im deutschen und im spanischen Schrifttum auseinander. Die Anwendung von Kaufrecht, wie sie vielfach

---

1079 Bercovitz Rodríguez-Cano/*Bercovitz Álvarez*, Manual de Propiedad Intelectual, S. 175.

1080 Soler in: Soler / Piattini, Manual de Gestión y Contratación Informática, S. 614.

1081 Soler, a.a.O., S. 604.

1082 Zur entsprechenden Verwendung dieser Begriffe in deutscher und spanischer Sprache vgl. EuGH, Urt. v. 3.7.2012 - C-128/11 *(UsedSoft GmbH ./. Oracle International Corp.)*, Rdnr. 48.

in der deutschen Literatur vertreten wird, wird im spanischen Schrifttum ausdrücklich abgelehnt. Die rechtlichen Konstruktionen des Lizenzvertrages unterscheiden sich auch deshalb, weil die spanische Rechtslehre der dualistischen Theorie anhängt, während das deutsche Urheberrecht von der monistischen Theorie bestimmt wird. Trotz der unterschiedlichen rechtlichen Konstruktionen gibt es aber in funktionaler Hinsicht Übereinstimmungen zwischen deutschem und spanischem Urheberrecht. Nach Art. 99 Abs. 2 LPI erfolgt bei Verträgen über Software die Rechtsübertragung in Form eines nicht ausschließlichen Nutzungsrechts, wenn nicht das Gegenteil bewiesen wird. Auch wenn dies im UrhG so nicht ausdrücklich geregelt ist, geht aber auch das deutsche Urheberrecht gem. § 34 Abs. 1 UrhG von dem Leitbild aus, dass jede Übertragung von Nutzungsrechten auf Dritte auf jeden Fall von der Zustimmung des Urhebers abhängt[1083], mithin grundsätzlich nur ein einfaches Nutzungsrecht verliehen wurde, wenn nichts anderes vereinbart war.

Wenn also der Besteller die Custom Software zur Verwendung im eigenen Unternehmen erwerben und sich nicht bloß ein einfaches Nutzungsrecht einräumen lassen möchte, dann muss dies sowohl nach deutschem als auch nach spanischem Recht im Vertrag ausdrücklich geregelt sein. Andererseits kann es für den Besteller aus Kostengründen durchaus interessant sein, sich mit einem einfachen Nutzungsrecht zu begnügen, da dieses günstiger zu erwerben sein wird als ein ausschließliches. In der Praxis kann nämlich der preisliche Unterschied zwischen der günstigeren Lizenzgebühr und dem teureren *derecho de explotación* das 4,5-fache betragen[1084]. Der Anwender, der die Erstellung der Software für eigene Zwecke in Auftrag gegeben hat, benötigt im Regelfall auch nur ein einfaches, aber kein ausschließliches Nutzungsrecht[1085]. Und der Auftragnehmer wiederum hat zumeist kein Interesse, dem Auftraggeber ausschließliche Nutzungsrechte einzuräumen, wenn in der erstellten Software Know-how und Techniken erfasst sind, die der Auftragnehmer noch für andere Kunden gebrauchen kann[1086]. Hinsichtlich des Ausnahmecharakters des ausschließlichen Nutzungsrechts bestehen also keine funktionalen Unterschiede zwischen dem deutschen und dem spanischen Urheberrecht. Die ausschließliche Rechtseinräumung bzw.

1083 Hoeren, IT-Vertragsrecht, S. 204 (Skript, S. 251).

1084 Soler in: Soler / Piattini, Manual de Gestión y Contratación Informática, S. 604.

1085 Karger in: Schneider / Graf von Westphalen, Software-Erstellungsverträge, S. 70; Redeker, IT-Recht, Rdnr. 35; a.A. Hoeren, IT-Vertragsrecht, S. 204 (Skript, S. 250f.), der es aus Sicht des Anwenders für gefährlich hält, wenn diesem nur ein einfaches Nutzungsrecht eingeräumt wird.

1086 Lejeune in: Schneider / Graf von Westphalen, Software-Erstellungsverträge, S. 576.

Rechtsübertragung bedeutet übereinstimmend nach beiden Rechtsordnungen, dass der Erwerber berechtigt ist, das Werk unter Ausschluss aller anderen Personen einschließlich des Urhebers selbst auf die ihm erlaubte Art zu nutzen und Dritten nicht ausschließliche Nutzungsrechte einzuräumen (§§ 31 Abs. 3, 35 UrhG) bzw. zu übertragen (Art. 48 Abs. 1 LPI).

II. Anspruch des Kunden auf Herausgabe des Quellcodes?

1. Darstellung des sozialen Konflikts

Bereits oben Kap. D.II. war die von Seiten der Informatik vertretene These, dass die Herstellung einer fehlerfreien Software nicht möglich sei, unter dem zivilrechtlichen Aspekt der vertragstypologischen Einordnung des Vertrages über individuelle Software gewürdigt worden. Diese These hat aber neben dem zivilrechtlichen auch noch einen urheberrechtlichen Aspekt. Wenn nämlich die Fehlerbeseitigung der Software ohne Kenntnis des Quellcodes nicht möglich ist, dann könnte es unter Beachtung der vorgenannten These womöglich vertretbar sein, den Vertrag über die Erstellung von Individualsoftware nach Treu und Glauben so auszulegen, dass die Softwareherstellerin die Herausgabe des Quellenprogramms nebst Herstellerdokumentation für den Fall schuldet, dass kein Wartungsvertrag geschlossen wurde und die Fehlerbeseitigung durch Dritte erforderlich wird[1087]. Letztlich jedoch kann einer solchen Argumentationskette schon deshalb nicht gefolgt werden, weil es dem Grundsatz des hier vertretenen Methodendualismus[1088] widersprechen würde, wenn man aus den empirisch gewonnenen Regeln der Informatik über die Unvermeidbarkeit von Programmierfehlern normative Schlussfolgerungen ziehen wollte[1089].

Zunächst einmal unstreitig ist, dass es für den urheberrechtlichen Schutz des Computerprogramms unerheblich ist, ob dieses im Quellcode oder im Objektcode vorliegt[1090]. Nach spanischem Recht kann der Quellcode sogar zusätzlich durch Eintragung im Urheberrechtsregister geschützt werden,

---

1087 Vgl. LG München I, Urt. v. 18.11.1988–21 O 11130/88, NJW 1989, 2625 (2626); Marly, Praxishandbuch Softwarerecht, Rdnr. 1439; Schneider, CR 2003, 1 (9).

1088 Siehe zum Methodendualismus oben Kap. D.V.2.a).

1089 Vgl. hierzu bereits oben Kap. D.II.2.b).

1090 Marly, Praxishandbuch Softwarerecht, Rdnr. 82; Funk/Zeifang in: Ullrich/Lejeune, Der internationale Softwarevertrag, S. 57; Karger in: Schneider / Graf v. Westphalen, Software-Erstellungsverträge, S. 10.

Art. 14 lit. n) núm. 1° des *Real Decreto 281/2003*[1091], wobei die Eintragung nur deklaratorischen und keinen konstitutiven Charakter hat[1092]. Programme, die in einer höheren Programmiersprache *(lenguaje de alto nivel)* erstellt werden, bezeichnet man als Quellcode *(código fuente)*, aus denen wiederum durch Kompilation oder Interpretation der Objektcode *(código objeto)* entsteht, bei dem es sich um ein in Maschinensprache lesbares Programm handelt[1093]. Der Quellcode gehört also zur Software selbst, nicht zu deren Vorstufen (Entwurfsmaterial)[1094]. Wer über das Quellformat eines Programms verfügt, kann alle Hinweise auf den Urheber, vor allem Copyright-Vermerke und Seriennummern, beseitigen und umfangreiche Änderungen innerhalb der Programmstruktur vornehmen[1095]. Der Objektcode hingegen ist ausführbar, aber nicht änderbar[1096]. D.h. also, damit die Software gepflegt werden kann, muss der Quellcode bekannt sein. Was ist aber, wenn die Parteien keinen Pflegevertrag *(contrato de mantenimiento informático)*[1097] geschlossen haben? Aber selbst wenn die Parteien die Pflege der Software vereinbart haben, kann ein berechtigtes Interesse der Bestellerin an der Herausgabe des Quellcodes dann bestehen, wenn die Softwarefirma in Insolvenz gerät, weil andernfalls die Pflege der Software unmöglich wird. Die Insolvenz von Softwareunternehmen kommt in jüngster Zeit sogar vermehrt vor, weil diese personell meist sehr klein sind und über eine geringe Kapitaldecke verfügen[1098].

Nehmen wir nun den Fall an, dass die Bestellerin der individuellen Software von der Softwarefirma die Herausgabe des Quellcodes verlangt, damit sie Änderungen an der Software vornehmen kann, die infolge der betrieblichen Umstände für die aktuelle Nutzung der Software erforderlich geworden sind. Nehmen wir des Weiteren an, dass sich eine Verpflichtung zur Herausgabe des Quellcodes aus der zwischen den Parteien geschlossenen Vereinbarung nicht ausdrücklich ergibt.

1091 Real Decreto 281/2003, de 7 de marzo, por el que se aprueba el Reglamento del Registro General de la Propiedad Intelectual, BOE núm. 75, de 28/03/2003, S. 12145–12153.

1092 Bercovitz Rodríguez-Cano/*Erdozain López*, Manual de Propiedad Intelectual, S. 239.

1093 Soler in: Soler / Piattini, Manual de Gestión y Contratación Informática, S. 620f.

1094 Schneider, CR 2003, 1.

1095 Hoeren, CR 2004, 721.

1096 Schneider, CR 2003, 1.

1097 Siehe zum Pflegevertrag oben Kap. A.II.2.

1098 Hoeren, IT-Vertragsrecht, S. 287 (Skript, S. 342).

2. Lösung nach deutschem Recht

Nach der Rechtsprechung lässt sich eine Verpflichtung zur Übergabe des Quellcodes nicht allein aus der Lieferung einer Individualsoftware ableiten, und zwar deshalb nicht, weil im Zweifel der erhebliche wirtschaftliche Wert, den der Quellcode einer Individualsoftware darstellt, mit der Bezahlung der Programmüberlassungs-Gebühr nicht abgegolten ist[1099]. Auch im Schrifttum wird eine generelle Verpflichtung des Lieferanten zur Übergabe des Quellformats abgelehnt, da diese nicht interessengerecht sei[1100]. Ebenso wenig lässt sich eine Verpflichtung zur Herausgabe des Quellcodes daraus ableiten, dass die Softwarefirma dem Besteller ein ausschließliches Nutzungsrecht an dem von ihr erstellten Programm eingeräumt hat[1101]. Die Rechtsprechung sieht jedoch in Ausnahmefällen eine Pflicht der Softwarefirma zur Überlassung des Quellcodes nebst Herstellerdokumentation gegeben, und zwar insbesondere dann, wenn der Softwareersteller mit dem Anwender entweder gar keinen Pflegevertrag[1102] oder keinen langfristigen[1103] oder einen lediglich einjährigen Pflegevertrag geschlossen hat[1104] und zwischenzeitlich Änderungen an der Software erforderlich geworden sind, damit diese weiterhin vom Anwender erfolgreich genutzt werden kann. Die sich aus dieser Rechtsprechung indirekt ergebende Verpflichtung des Herstellers zum Abschluss eines Pflegevertrages wird von einem Teil des Schrifttums übernommen[1105], vielfach aber auch entschieden abgelehnt[1106], wobei insbesondere eingewandt wird, dass der Hersteller von Software – abseits kartellrechtlicher Sonderkonstellationen – nicht zum Abschluss von Wartungsverträgen verpflichtet sei, und es gegen die grundlegende Risikoverteilung bei Softwareverträgen verstieße, dem Hersteller noch eine nachvertragliche Verpflichtung zur Überlassung des Quellcodes aufzubürden.

Die neuere Rechtsprechung des BGH hingegen vermeidet eine Fokussierung auf die Frage des Pflegevertrages und beurteilt stattdessen die Überlassungspflicht

---

1099 LG Köln, Urt. v. 15.4.2003–85 O 15/03, CR 2003, 484.

1100 Hoeren, CR 2004, 721 (723).

1101 BGH, Urt. v. 30.1.1986 – I ZR 242/83, CR 1986, 377 (380).

1102 OLG Karlsruhe, Urt. v. 14.5.1998–11 U 39/96, CR 1999, 11 (12); OLG Saarbrücken, Urt. v. 22.9.1994–8 U 64/91, BB 1995, Beilage 16, S. 12 (13).

1103 LG München I, Urt. v. 18.11.1988–21 O 11130/88, NJW 1989, 2625 (2626).

1104 LG Köln, Urt. v. 3.5.2000–20 S 21/99, CR 2000, 505.

1105 Redeker, IT-Recht, Rdnr. 315.

1106 Hoeren, CR 2004, 721 (723); Lejeune in: Ullrich/Lejeune, Der internationale Softwarevertrag, S. 254; Moritz, CR 1999, 541 (545).

nach den Umständen des Einzelfalls anhand weiterer Kriterien[1107]. Demzufolge kann es neben der Höhe des vereinbarten Werklohns unter Berücksichtigung der Kostenkalkulation des Softwareerstellers auch darauf ankommen, ob das Programm deshalb erstellt wurde, weil der Besteller dessen Vermarktung beabsichtigte. Der vom BGH vorgelegte Indizienkatalog für die Annahme einer Herausgabepflicht wird im Schrifttum als fragwürdig und unklar kritisiert und deshalb dem Softwareersteller die Empfehlung mitgegeben, dass er, falls er den Quellcode definitiv nicht herausgeben wolle, die Überlassungspflicht vertraglich ausdrücklich ausschließen müsse[1108].

3. Lösung nach spanischem Recht

Die Frage, ob die Softwarefirma zur Herausgabe des Quellcodes verpflichtet ist, hängt nicht davon ab, ob die Parteien lediglich eine *licencia de uso* oder eine umfassende *cesión de la propiedad intelectual* vereinbart haben, denn in beiden Fällen ist eine solche Verpflichtung möglich, aber nicht notwendig[1109]. Die Softwarefirma ist zwar verpflichtet, zusammen mit der Software auch ein Benutzerhandbuch *(manual de uso)* zu liefern, wobei der Anwender schon dann die Auflösung des Vertrages wegen *incumplimiento* geltend machen kann, wenn das mitgelieferte Benutzerhandbuch nicht auf Spanisch, sondern auf Englisch verfasst ist[1110]. Diese Verpflichtung der Softwarefirma, ein Handbuch mitzuliefern, betrifft aber nur die Benutzerhandbücher, nicht jedoch die technischen Handbücher *(manuales de funcionamiento)*, die durch das Urheberrecht des Lizenzgebers geschützt sind[1111]. Für die Beantwortung der Frage, ob seitens der Softwarefirma eine Verpflichtung zur Herausgabe des Quellcodes besteht, ist zunächst von Art. 100.1 LPI (buchstäblich übereinstimmend mit dem früheren Art. 5.1 Ley 16/1993) auszugehen, der insbesondere aufgrund Art. 5 Abs. 1 Richtlinie 91/250/EWG (im Wesentlichen übereinstimmend mit Art. 5 Abs. 1 Richtlinie 2009/24/EG)[1112] in die LPI eingefügt wurde. Nach Art. 100.1 LPI bedarf es für die Vervielfältigung oder Bearbeitung eines Computerprogramms einschließlich der Fehlerberichtigung nicht der Zustimmung des Rechteinhabers,

1107 BGH, Urt. v. 16.12.2003 – X ZR 129/01, CR 2004, 490.

1108 Hoeren, CR 2004, 721 (724); Karger in: Schneider / Graf v. Westphalen, Software-Erstellungsverträge, S. 70ff.

1109 Soler in: Soler / Piattini, Manual de Gestión y Contratación Informática, S. 621.

1110 Vgl. bereits oben Kap. D.IV.3.a) bb): SAP Barcelona de 4 abril 2000 (Sección 1ª), recurso de apelación núm. 846/1998, JUR 2000/190161.

1111 SAP Girona de 5 febrero 2002 (Sección 2ª), núm. 78/2002, JUR 2002/124420.

1112 Zur Umsetzung in spanisches Recht vgl. oben Kap. A.I.

wenn diese Handlungen seitens des rechtmäßigen Nutzers für den Gebrauch des Programms in Übereinstimmung mit dem Vertragszweck erforderlich sind, es sei denn, dass die Parteien etwas anderes vereinbart haben.

Im Schrifttum werden die Bestimmungen des Art. 100.1 LPI als Schranken *(límites)* der Verwertungsrechte des Rechteinhabers im Hinblick auf die rechtmäßigen Interessen des Nutzers verstanden[1113]. Hat der Erwerber nicht nur eine *licencia de uso*, sondern die Verwertungsrechte *(derechos de explotación)* gem. Art. 43 LPI vom Rechteinhaber erhalten, soll der Lehre zufolge davon auszugehen sein, dass dann auch keine Beschränkung der Rechte des Nutzers auf Vervielfältigung, Bearbeitung und Fehlerberichtigung vereinbart wurde[1114]. Verfügt er hingegen nur über eine *licencia de uso*, darf er oder ein von ihm beauftragter Dritter die Decodierung der Software dann nicht vornehmen, wenn diese für den Gebrauch der Software nicht erforderlich war; andernfalls handelt es sich um eine Überschreitung der Rechte, die aufgrund der Schrankenbestimmung des Art. 100 LPI dem rechtmäßigen Nutzer zustehen, wodurch sowohl die *derechos morales* als auch die *derechos patrimoniales* des Rechteinhabers verletzt werden, was die Verpflichtung zur Leistung von Schadensersatz nach sich zieht[1115].

Wenn der Erwerber von individuell erstellter Software durch einen Dritten Modifikationen an der Programmierung vornehmen lassen möchte, um diese seinen Bedürfnissen entsprechend zu verbessern und zu aktualisieren, und diese Maßnahmen mit dem Vertragszweck übereinstimmen, dann sind dem *Tribunal Supremo* zufolge die Voraussetzungen des Art. 100.1 LPI gegeben, so dass der Erwerber vom Software-Ersteller die Herausgabe einer Kopie des Quellcodes verlangen kann, sofern ohne den Quellcode die beabsichtigten Verbesserungen des Programms nicht möglich sind[1116]. In dem zugrunde liegenden Fall hatte die Klägerin, eine IT-Firma, von der Beklagten, einer Dienstleistungsfirma, die Zahlung der Vergütung aufgrund eines *contrato complejo* über die vollständige Installation eines IT-Systems einschließlich individuell erstellter Software für zwei Betriebsstätten verlangt[1117], wobei in erster Instanz der Zahlungsklage vollumfänglich und der von der Beklagten erhobenen Widerklage wegen

1113 Guillén Catalán, RdNT núm. 5 (2004-2), S. 289 (293); Bercovitz Rodríguez-Cano/*Erdozain López*, Manual de Propiedad Intelectual, S. 235.

1114 Bercovitz Rodríguez-Cano/*Erdozain López*, Manual de Propiedad Intelectual, S. 236.

1115 SAP Guipúzcoa de 22 mayo 2000 (Sección 2ª), FD 1°, recurso de apelación núm. 2018/1997, JUR 2000/223522.

1116 STS de 17 mayo 2003, RJ 2003, 3817.

1117 Vgl. Pulido Quecedo, Actualidad jurídica Aranzadi, n° 588, 31 julio 2003, S. 14.

incumplimiento teilweise stattgegeben wurde[1118]. Im Berufungsverfahren verlangte dann die Beklagte im Wege der Widerklage erstmals Schadensersatz dafür, dass die Klägerin ihr nicht den Quellcode überlassen habe, wobei das Berufungsgericht der Widerklage stattgab[1119].

Der TS hatte nun in der Revision eine Verletzung von Art. 1258 CC zu prüfen, wonach Verträge durch die bloße Einigung geschlossen und nicht nur zur Leistung des ausdrücklich Vereinbarten, sondern zu sämtlichen Konsequenzen verpflichten, die nach der Natur des Vertrages dem Grundsatz von *buena fe*, dem Brauch und den gesetzlichen Vorschriften entsprechen. Dass in dem von den Parteien geschlossenen Vertrag eine Verpflichtung zur Herausgabe des Quellcodes nicht ausdrücklich genannt war, steht jedoch der Herausgabepflicht nicht entgegen. Der TS stellt fest, dass sich im vorliegenden Fall gem. Art. 1258 CC über das ausdrücklich Vereinbarte hinaus eine Verpflichtung zur Übergabe des Quellcodes ergibt, weil es sich um individuell erstellte Software handelt. Dabei berücksichtigt der TS auch, dass der Erwerber erhebliche Investitionen für die Erstellung der Software getätigt hat, so dass die zukünftige Nutzung des Programms nicht insofern von der Willkür des Herstellers abhängen darf, als allein dieser über den für die Softwarepflege notwendigen Quellcode verfügt. Dies ist als Hinweis auf Art. 1256 CC zu verstehen, wonach die Erfüllung des Vertrages nicht im Ermessen eines Vertragspartners stehen darf. Folgerichtig verneint der TS auch das Argument der Revisionsklägerin, dass die Gewährung eines Anspruchs auf Herausgabe des Quellcodes eine Verletzung von Art. 1256 CC darstelle.

Im spanischen Schrifttum wird die Rechtsprechung des TS so interpretiert, dass dem Anbieter von individuell erstellter Software Beschränkungen auferlegt werden[1120]. Gemäß der Rechtsprechung des TS hat das *Provinzialgericht Madrid* hinsichtlich der Voraussetzungen für einen Überlassungsanspruch entschieden, dass der Erwerber von individuell erstellter Software Anspruch auf Überlassung des Quellcodes hat, sobald er die für die Software-Erstellung erforderliche Vergütung bezahlt hat[1121]. *Soler Matutes* zieht daraus den praktischen Schluss, dass im Interesse der Softwarefirma unbedingt vertraglich festgelegt werden muss, (1.) dass dem Erwerber das Bearbeitungsrecht *(derecho de transformación)* aus

1118 SJPI Almería de 25 marzo 1996 (núm. 3), JUR 2003/237754.

1119 SAP Almería de 19 junio 1997 (Sección 1ª), recurso de apelación núm. 322/1996, JUR 2003/237745.

1120 Pulido Quecedo, Actualidad jurídica Aranzadi, n° 588, 31 julio 2003, S. 14.

1121 SAP Madrid de 14 octubre 2004 (Sección 18ª), núm. 638/2004, FD 3°, JUR 2004/298232.

Art. 100.1 LPI nicht zustehen soll sowie (2.) unter welchen Voraussetzungen der hinterlegte Quellcode dem Erwerber überlassen werden soll[1122]. *Soler Matutes* interpretiert das Urteil des TS offenbar im gleichen Sinne wie der Verfasser, dass zumindest bei Custom Software der Anspruch auf Überlassung des Quellcodes nicht vollständig ausgeschlossen werden kann, und zwar insbesondere dann nicht, wenn der Kunde für den Erwerb der Custom Software erhebliche Investitionen getätigt hat. Dementsprechend werden von spanischen Softwarefirmen zumeist Klauseln verwendet, wonach die Modifikation durch den Nutzer untersagt und zugleich ein Pflegevertrag mit ihm geschlossen wird[1123]. Vereinbaren die Parteien darüber hinaus, den Quellcode bei einem Dritten (sog. *Escrow Agent*) zu hinterlegen *(contrato de depósito de código fuente)*, so haben sie festzulegen, unter welchen Bedingungen der *Escrow Agent* den Quellcode dem Besteller zu überlassen hat, und zwar insbesondere dann, wenn die IT-Firma in Insolvenz gerät oder an eine andere Firma verkauft wird, ohne dass diese die bestehenden Verpflichtungen gegenüber dem Besteller übernimmt, oder wenn die IT-Firma mit der vom Besteller angemahnten Pflege 30 Tage im Rückstand ist[1124].

4. Vergleich und Stellungnahme

a) Urheberrechtliche Aspekte

Übereinstimmend nach beiden Rechtsordnungen hängt die Herausgabepflicht nicht davon ab, ob die Softwarefirma dem Besteller ein ausschließliches oder ein einfaches Nutzungsrecht eingeräumt bzw. abgetreten hat[1125]. Nicht übereinstimmend hingegen sind die Empfehlungen in der Rechtsliteratur, wenn es im Falle von Custom Software darum geht, dass die Softwarefirma einen Anspruch auf Herausgabe des Quellcodes vertraglich ausschließen möchte. Während im deutschen Schrifttum davon ausgegangen wird, dass die Überlassungspflicht vertraglich ausgeschlossen werden kann[1126], wird im spanischen Schrifttum in Anschluss an die *STS de 17 mayo 2003*[1127] kein vollständiger Ausschluss empfohlen, sondern eine vertragliche Regelung der Voraussetzungen

1122 Soler in: Soler / Piattini, Manual de Gestión y Contratación Informática, S. 625.

1123 Soler, a.a.O., S. 446 m.w.N.

1124 Soler, a.a.O., S. 900.

1125 BGH, Urt. v. 30.1.1986 – I ZR 242/83, CR 1986, 377 (380); Soler in: Soler / Piattini, Manual de Gestión y Contratación Informática, S. 621f.

1126 Hoeren, CR 2004, 721 (724); Karger in: Schneider / Graf v. Westphalen, Software-Erstellungsverträge, S. 70ff.

1127 RJ 2003, 3817.

für den Herausgabeanspruch[1128], insbesondere für den Fall, dass die Parteien keinen Pflegevertrag geschlossen haben. Ansonsten sollen die Parteien mittels eines *contrato de depósito de código fuente* die Insolvenz der IT-Firma als Überlassungsfall des Quellcodes vereinbaren. Nach deutschem Recht hingegen ist die Wirksamkeit einer Lösungsklausel für den Insolvenzfall im Hinblick auf § 119 InsO zweifelhaft[1129]. Da aber Bearbeitungsrechte aufschiebend bedingt für den Hinterlegungsfall insolvenzfest vereinbart werden können, wird im Schrifttum empfohlen, das Einstellen oder die nicht ordnungsgemäße Durchführung der Pflegeleistungen als Hinterlegungsfall zu vereinbaren[1130].

Auch bezüglich der Anerkennung einer Herausgabepflicht unterscheiden sich die Argumentationen der deutschen und der spanischen Rechtsprechung nicht unerheblich. Während der BGH insbesondere auf das Vorliegen eines Pflegevertrages und die konkreten Umstände des Einzelfalls abstellt, orientiert sich der TS streng am Wortlaut von Art. 100.1 LPI. Diese Vorschrift ist ebenso wie die entsprechende Regelung des § 69 d Abs. 1 UrhG nunmehr im Sinne der Richtlinie 2009/24/EG auszulegen. Dabei ist augenfällig, dass der BGH in seinen Entscheidungsgründen den § 69 d Abs. 1 UrhG überhaupt nicht erwähnt[1131], während der TS den entsprechenden Art. 5.1 der Ley 16/1993 (heute Art. 100.1 LPI) als Rechtsgrundlage für die Anerkennung eines Anspruchs auf Herausgabe des Quellcodes nimmt. Aber auch in den deutschen Lehrbüchern zum IT-Recht wird nur vereinzelt der Anspruch auf Herausgabe des Quellcodes mit dem Recht zur Fehlerberichtigung nach § 69 d UrhG in Verbindung gebracht[1132], während mehrheitlich § 69 d Abs. 1 UrhG im Zusammenhang mit dem Anspruch auf Herausgabe des Quellcodes entweder nicht behandelt[1133] oder lediglich als Argumentationshilfe dafür verwendet wird, um das vom BGH als Indiz eingeführte Erfordernis eines vertraglich eingeräumten Änderungs- und Bearbeitungsrechts zu entkräften, da ja ein solches Recht bereits gesetzlich in § 69 d Abs. 1 UrhG verankert sei[1134]. Die Rechtsnatur der Bestimmungen des § 69 d Abs. 1 UrhG ist im deutschen Schrifttum umstritten. Während im spanischen Schrifttum die entsprechenden Regelungen des Art. 100.1 LPI als

1128 Soler in: Soler / Piattini, Manual de Gestión y Contratación Informática, S. 625.

1129 Vgl. BGH, Urt. v. 17.11.2005 – IX ZR 162/04, CR 2006, 151 (153).

1130 Hoeren, IT-Vertragsrecht, S. 291 (Skript, S. 346).

1131 BGH, Urt. v. 16.12.2003 – X ZR 129/01, CR 2004, 490ff.

1132 Lejeune in: Ullrich / Lejeune, Der internationale Softwarevertrag, S. 253.

1133 Vgl. Marly, Praxishandbuch Softwarerecht, Rdnr. 691–694; Redeker IT-Recht, S. 98; Dreier / Vogel, Software- und Computerrecht, S. 162f.

1134 Hoeren, IT-Vertragsrecht, S. 290 (Skript, S. 345).

Schrankenbestimmungen *(límites)* verstanden werden, wird § 69 d Abs. 1 UrhG im deutschen Schrifttum zumeist als Fall der Zweckübertragungslehre gesehen, wobei z.T. ausdrücklich verneint wird, dass es sich um eine Schrankenbestimmung im eigentlichen Sinn handele, vielmehr handele es sich um eine vertragliche Auslegungsvorschrift[1135].

Unter systematischen Gesichtspunkten i.S.d. europäischen Urheberrechts ist jedoch richtigerweise der Anspruch auf Herausgabe des Quellcodes ausgehend von § 69 d Abs. 1 UrhG zu betrachten. Aber auch wenn es unter diesen Gesichtspunkten kritikwürdig ist, dass der BGH nicht von § 69 d UrhG ausgehend das Recht auf Herausgabe des Quellcodes prüft, so scheint im Ergebnis jedoch nicht nur die spanische, sondern auch die deutsche Rechtsprechung die Herausgabe des Quellcodes richtlinienkonform zu behandeln. Gem. Erwägungsgrund Nr. 15 der *Richtlinie 2009/24/EG* stellt zwar die unerlaubte Bearbeitung der Codeform einer Kopie eines Computerprogramms eine Verletzung der Ausschließlichkeitsrechte des Urhebers dar, von der es aber Ausnahmen insbesondere im Hinblick auf die Interoperabilität mit anderen Programmen geben kann, wobei von einer solchen Ausnahme nicht in einer Weise Gebrauch gemacht werden darf, welche die rechtmäßigen Interessen des Rechtsinhabers beeinträchtigt oder die im Widerspruch zur normalen Verwendung des Programms steht. Sowohl nach der Rechtsprechung des TS als auch nach der des des BGH wird (1.) eine vertragsgemäße Verwendung des Programms verlangt und wird es (2.) dem Inhaber der ausschließlichen Verwertungsrechte überlassen, die von ihm nicht gewollte Herausgabe des Quellcodes vertraglich auszuschließen und damit die Verletzung urheberrechtlicher Ausschließlichkeitsrechte zu verhindern.

b) Zivilrechtliche Aspekte

Wenn auch unter Berücksichtigung des europäischen Urheberrechts die Lösung des sozialen Konflikts sowohl nach dem BGH als auch nach dem TS richtlinienkonform ausfällt, so ergeben sich jedoch aus zivilrechtlicher Sicht grundsätzliche Unterschiede zwischen der deutschen und der spanischen Rechtsprechung. Der urheberrechtliche Ausgangspunkt für die Entscheidung des TS ist – wie gesagt – Art. 100.1 LPI, der richtlinienkonform auszulegen ist. Der zivilrechtliche Ausgangspunkt hingegen ist Art. 1256 CC, wonach die Gültigkeit und die Erfüllung des Vertrages nicht im Ermessen eines Vertragspartners stehen dürfen. Diese Vorschrift war vom TS schon im Zusammenhang mit dem fehlenden Pflichtenheft

1135 Dreier in: Dreier / Schulze, UrhG, § 69 d Rdnr. 2 m.w.N.

angewandt worden[1136]. Nach der Rechtslehre handelt es sich bei Art. 1256 CC um eine Generalnorm, die von der Rechtsprechung insbesondere zu rhetorischen Zwecken und zur Unterstützung bei der Behandlung konkreter Vorschriften eine sehr weitgehende Anwendung erfahren hat[1137]. Mit dieser sehr allgemeinen und abstrakten Norm soll dem Gericht eine Argumentationshilfe bereitgestellt werden für den Schutz allgemeiner Werte wie etwa die Gleichheit der Vertragspartner oder das vertragliche Gleichgewicht *(equilibrio contractual)*[1138]. Die Störung des vertraglichen Gleichgewichts war bereits oben[1139] im Zusammenhang mit der informationellen Ungleichheit zwischen der Softwarefirma und ihrem Vertragspartner behandelt worden, wobei diese Ungleichheit auch auf dem ausschließlichen Zugang der Softwarefirma zum technischen Know-how über die Software beruht[1140].

Eine dem Art. 1256 CC vergleichbare Regelung findet sich im BGB, wie bereits oben festgestellt wurde[1141], weder explizit noch implizit. Im Gegenteil: Bei einem Kauf auf Probe gem. § 454 Abs. 1 BGB steht die Billigung des gekauften Gegenstandes im Belieben des Käufers. D.h. also, dass die Wirksamkeit des Vertragsschlusses durch die ins freie Belieben des Käufers gestellte Billigung oder Missbilligung des Kaufgegenstandes aufschiebend oder auflösend bedingt ist[1142]. Da Art. 1256 CC keine Rechtsfolgen für die Normverletzung benennt, kann diese Vorschrift sogar für gegenteilige Zwecke verwendet werden; sie kann demnach ebenso als Hinweis für die Stärkung der Vertragsbindung (*pacta sunt servanda*) wie auch als Begründung für die Annullierung des Vertrages dienen[1143]. Ebenso wie bei der Problematik des fehlenden Pflichtenhefts kommt also auch bei der Problematik der Quellcodeüberlassung nach spanischem Recht einer privatrechtlichen Grundsatznorm eine entscheidende Bedeutung zu, für die es im BGB keine Entsprechung gibt.

1136 Vgl. oben Kap. D.V.3.c) aa).

1137 Bercovitz Rodríguez-Cano/*Bercovitz Àlvarez*, Comentarios al CC, Art. 1256 n° 1, S. 1702.

1138 Vgl. Albaladejo/*Quiñonero Cervantes,* Comentarios al CC, Tomo XVII, Vol. 1-A, S. 300.

1139 Kap. D.V.3.b) bb).

1140 Vgl. López-Tarruella Martínez, Contratos internacionales de software, S. 66f.

1141 Kap. D.V.4.a) cc).

1142 Jauernig-*Berger*, BGB, §§ 454, 455 Rdnr. 1.

1143 Vgl. Bercovitz Rodríguez-Cano/*Bercovitz Àlvarez*, Comentarios al CC, Art. 1256 n° 2, S. 1703.

F. Gesamtergebnis und Stellungnahme

I. Ausgangsüberlegungen

Bei der vorliegenden Untersuchung waren wir von der Prämisse ausgegangen, dass das Obligationenrecht betreffend weder der deutsche noch der spanische Gesetzgeber Regelungen für Verträge über individuelle Software bedacht hat. In Spanien schon deshalb nicht, weil zur Entstehungszeit des CC der Vertragsgegenstand Software mangels elektronischer Rechenautomaten nicht einmal denkbar war, und in Deutschland nicht, weil hier der Gesetzgeber bei der Schuldrechtsmodernisierung die Thematik der Verträge über Individualsoftware schlicht übersehen hat[1144]. Von dieser Prämisse ausgehend haben wir nun untersucht, welche privatrechtlichen Regelungen von Rechtsprechung und Lehre einerseits auf deutscher Seite und andererseits auf spanischer Seite zur Lösung konkreter sozialer Konflikte im Zusammenhang mit Verträgen über individuelle Software herangezogen werden. Dabei hat der Verfasser die These vertreten, dass die mit Hilfe der funktionalen Methode entdeckten Unterschiede darauf beruhen, dass es im spanischen und deutschen Privatrecht nicht übereinstimmende Grundsatznormen gibt, oder dass übereinstimmende privatrechtliche Grundsätze unterschiedlich gewichtet bzw. interpretiert werden, oder dass von beiden Privatrechtsordnungen jeweils unterschiedliche Marktteilnehmer im Rahmen der Software-Erstellung privilegiert werden[1145]. Dass diese These anhand der untersuchten spanischen und deutschen Rechtsprechung / Literatur bestätigt werden konnte, soll nachfolgend noch einmal in einer Zusammenfassung dargelegt werden.

II. Unterschiedliche privatrechtliche Grundsatznormen

Zur Lösung des sozialen Konflikts *„Das fehlende Pflichtenheft“*[1146] wird ebenso wie beim sozialen Konflikt *„Anspruch des Kunden auf Herausgabe des Quellcodes?“*[1147] nach spanischem Recht eine privatrechtliche Grundsatznorm des CC herangezogen, für die es keine Entsprechung im BGB gibt: Art. 1256 CC, wonach die Gültigkeit und die Erfüllung des Vertrages nicht dem Ermessen eines

1144 Vgl. oben Kap. A.III.
1145 Vgl. oben Kap. C.
1146 Kap. D.V.
1147 Kap. E.II.

Vertragspartners überlassen werden darf. Zudem wird Art. 1256 CC von der spanischen Rechtslehre mit einem privatrechtlichen Wert in Verbindung gebracht, der von der deutschen Privatrechtsliteratur zumindest nicht in dieser Allgemeinheit geteilt wird[1148], nämlich dem vertraglichen Gleichgewicht *(equilibrio contractual)* und der Gleichheit der Vertragspartner[1149]. Im Falle des fehlenden Pflichtenhefts ist die Anwendung dieser Grundsatznorm im Spannungsfeld von Bestimmtheit des Vertragsgegenstandes (Art. 1261.2 CC) einerseits und dem richterlichen Leistungsbestimmungsrecht andererseits zu sehen[1150]. Wenn es nämlich dem Ermessen des Gerichts überlassen bliebe, den Vertragsgegenstand zu bestimmen, dann könnte es niemals zur absoluten Nichtigkeit des Vertrages wegen mangelnder Bestimmtheit des Vertragsgegenstandes kommen[1151]. Eine vergleichbare Argumentation ist nach deutschem Recht nicht denkbar. Hier ist die Bestimmtheit des Vertragsgegenstandes – anders als nach spanischem Recht – kein eigenständiger Prüfungspunkt, sondern in dem Erfordernis der vertraglichen Einigung bereits *„logisch absorbiert"*[1152]. Dass es unterschiedliche Vorstellungen nach deutschem und spanischem Recht davon gibt, welche Anforderungen an die Bestimmtheit des Vertragsgegenstandes zu stellen sind, wird auch deutlich, wenn man berücksichtigt, dass aus spanischer Sicht vertreten wird, dass es sich selbstverständlich aus dem Rechtsbegriff *contrato* ergebe, dass die Wirksamkeit bzw. die Erfüllung des Vertrages nicht in das freie Belieben eines Vertragspartners gestellt werden könne, mithin eine ausdrückliche Vorschrift wie die des Art. 1256 CC überflüssig sei[1153], wohingegen nach deutschem Recht gem. § 454 BGB die Wirksamkeit des Vertragsschlusses in das freie Belieben des Käufers gestellt werden kann[1154].

Daran, dass nach dem CC die Lösung der vorgenannten sozialen Konflikte mit Hilfe privatrechtlicher Grundsatznormen angegangen wird, für die es keine Entsprechung im BGB gibt, würde sich auch dann nichts ändern, wenn man statt des CC die reformierte PMCC verwendete. Denn auch unter Geltung der PMCC

1148 Vgl. oben Kap. D.V.4.b) bb).
1149 Vgl. Albaladejo/*Quiñonero Cervantes,* Comentarios al CC, Tomo XVII, Vol. 1-A, S. 300.
1150 Vgl. oben Kap. D.V.4.a) dd).
1151 Vgl. Albaladejo/*Herrero García*, Comentarios al CC, Tomo XVII, Vol. 1-B, S. 505.
1152 Vgl. Ranieri, Europäisches Obligationenrecht, S. 38.
1153 Albaladejo/*Quiñonero Cervantes*, Comentarios al CC, Tomo XVII, Vol. 1-A, S. 296.
1154 Vgl. oben Kap. D.V.4.a) cc).

muss der Vertragsgegenstand hinreichend bestimmt sein und darf die Erfüllung nicht dem bloßen Belieben einer der Parteien überlassen werden[1155].

III. Unterschiedliche Gewichtung privatrechtlicher Grundsätze

Dass es im Rahmen des oben in Kap. D.IV. behandelten sozialen Konflikts „*Missverständnisse in der vorvertraglichen Planungsphase*" zu funktional unterschiedlichen Lösungen nach deutschem und spanischem Recht kommen kann, beruht insbesondere darauf, dass die von der Bestellerin geltend gemachten Rechtsmittel auf Rückgängigmachung des Vertrages und Rückgewähr der erbrachten Leistungen jeweils unterschiedlichen Anwendungsvoraussetzungen unterliegen. Das passende Rechtsmittel nach spanischem Recht ist hier die Nichtigkeitsklage (*acción de la anulabilidad,* Art. 1301ff. CC) und nach deutschem Recht der auf Aufhebung des Vertrages gehende Schadensersatzanspruch aus c.i.c. gem. §§ 280 Abs. 1, 311 Abs. 2, 241 Abs. 2 BGB. Für den Schadensersatzanspruch aus c.i.c. kommt es notwendig auf ein schuldhaftes Fehlverhalten der Softwarefirma an, während es für die Nichtigkeitsklage notwendig auf eine fehlerhafte Willensbildung der Bestellerin ankommt[1156]. Darüber hinaus unterliegen die beiden Rechtsmittel grundsätzlich unterschiedlichen Einschränkungen. Dieser Unterschied wird deutlich, wenn wir von dem Fall ausgehen, dass es der Software an einer Funktion fehlt, deren Implementierung von den Parteien zwar nicht vereinbart worden war, die aber nach dem Vertrag vorausgesetzt wird, wobei zu unterstellen ist, dass es sich hierbei um einen nicht unerheblichen Mangel handelt. Dann schlägt nämlich nach deutschem Recht der Anspruch auf Schadensersatz aus c.i.c. gem. §§ 280 Abs. 1 BGB (i.V.m. §§ 311 Abs. 2, 241 Abs. 2 BGB) nach Vertragsschluss in einen gewährleistungsrechtlich modifizierten Anspruch auf Schadensersatz gem. § 280 Abs. 1 BGB (i.V.m. 634 Nr. 4 BGB) um[1157].

Betrachten wir nun die jeweiligen Einschränkungen, denen die im vorgenannten sozialen Konflikt einschlägigen Rechtsmittel nach deutschem und spanischem Recht unterliegen, dann ist folgendes festzustellen: Die Geltendmachung der Nichtigkeitsklage wegen fehlerhafter Willensbildung wird eingeschränkt durch das Erfordernis der *excusabilidad.* Das Merkmal der *excusabilidad* kann einerseits dann erfüllt sein, wenn der Bestellerin kein Fehlverhalten bei der Willensbildung und der Softwarefirma kein Fehlverhalten bei der Beratung

1155 Vgl. oben Kap. D.V.3.c) bb) und Kap. D.V.3.c) cc).
1156 Vgl. oben Kap. D.IV.4.a) aa).
1157 Vgl. oben Kap. D.IV.2.a) dd).

vorzuwerfen ist, während es andererseits auch dann erfüllt sein kann, wenn die Bestellerin bei der Willensbildung nicht ausreichend sorgfältig gehandelt hat, die Softwarefirma aber als nicht schutzwürdig erscheint, z. B. weil sie den Irrtum schuldlos hervorgerufen hat oder weil sie die fehlerhafte Willensbildung bei der Bestellerin nicht bemerkt hat, obwohl ihr dies möglich gewesen wäre[1158]. Das Erfordernis der *excusabilidad* ist als Ausprägung von *pacta sunt servanda* und von *buena fe* zu verstehen[1159]. Dabei ist zu beachten, dass es sich bei *pacta sunt servanda* und bei *buena fe* bzw. der entsprechenden Generalklausel von Treu und Glauben (§ 242 BGB)[1160] um Rechtssätze handelt, die beiden Privatrechtsordnungen gemeinsam zugrunde liegen und dass diese Rechtssätze grundsätzlich im abstrakten Interesse aller Beteiligten bestehen, also hier sowohl zugunsten der Softwarefirma als auch zugunsten der Bestellerin, aber ggf. auch zugunsten von Dritten, die ein rechtliches Interesse am Gelingen des Vertrages über individuelle Software haben.

Hingegen unterliegt der im Falle eines funktionalen Mangels in einen Anspruch auf *Schadensersatz statt der Leistung* umgeschlagene Anspruch aus c.i.c. der Einschränkung durch das Recht des Werkunternehmers auf Nacherfüllung[1161]. Hier handelt es sich nicht um einen allgemeinen Rechtssatz, der grundsätzlich allen Beteiligten zugute kommt, sondern um eine Privilegierung des Werkunternehmers gegenüber Fachleuten in anderen Vertragsverhältnissen, die bei schuldhafter Verletzung von Nebenpflichten sogleich Schadensersatz zu leisten haben[1162]. Es geht also nach spanischem und deutschem Recht um unterschiedliche Schutzzwecke, was die einschränkenden Anwendungen der vorgenannten Rechtsmittel betrifft. Während es nach spanischem Recht um die Aufrechterhaltung eines allgemeingültigen Rechtssatzes geht, wird nach deutschem Recht das Partikularinteresse des Werkunternehmers geschützt.

Das gilt entsprechend auch für den oben in Kap. D.II. behandelten sozialen Konflikt *„Anspruch des Kunden auf funktionsfehlerfreie Software?"*. Will hier der Kunde die für ihn erstellte bzw. angepasste Software zurückgeben, weil diese Fehlfunktionen aufweist, die vom Kunden nicht sofort bei Entgegennahme entdeckt wurden, sondern erst später zum Vorschein kamen, dann ist dies übereinstimmend nach deutschem und spanischem Recht nur unter erschwerten

---

1158 Vgl. oben Kap. D.IV.3.a) cc).
1159 Vgl. oben Kap. D.IV.3.a) aa).
1160 Vgl. oben Kap. D.V.3.b) aa).
1161 Vgl. oben Kap. D.IV.2.a) dd).
1162 Vgl. Voit, Anmerkung zu BGH Urt. v. 29.9.2011, NJW 2011, 3782.

Bedingungen möglich, nämlich wenn der *incumplimiento* schwerwiegend[1163] und die Pflichtverletzung mehr als unerheblich ist (§ 281 Abs. 1 S. 3 BGB). Beide Einschränkungen sind als Ausprägungen von *pacta sunt servanda* zu verstehen. Allerdings gibt es nach deutschem Recht zusätzlich die Einschränkung, dass der Kunde der Softwarefirma zunächst die Möglichkeit der Nacherfüllung einräumen muss. Nach spanischem Recht hingegen besteht kein Rangverhältnis zwischen dem Recht des Bestellers auf Nachbesserung *(subsanación)* und dem Anspruch auf Vertragsauflösung *(resolución)*[1164]. Wenn die ökonomische Zielsetzung des Kunden als erschüttert anzusehen ist, muss die Softwarefirma damit rechnen, dass der Kunde die Auflösung des Vertrages unmittelbar außergerichtlich geltend macht, ohne dass dieser gesetzlich dazu verpflichtet wäre, zuvor die Fehlerbeseitigung im Wege der *subsanación* verlangt zu haben[1165].

Die Unterscheidung zwischen Schutz eines bestimmten Parteieninteresses und der Aufrechterhaltung eines allgemeinen Rechtsprinzips zeigt sich auch bei der Problematik der vorvertraglichen Informationspflichten[1166]: Während die Diskussion im spanischen Schrifttum auf die Bestimmtheit des Vertragsgegenstandes hinausläuft, geht es bei der nach deutschem Recht einschlägigen *culpa in contrahendo* um den Schutz der Entscheidungsfreiheit des Vertragspartners. Funktional unterscheiden sich beide Rechtsinstitute darin, dass ein nicht ausreichend bestimmter Vertragsgegenstand zur absoluten Nichtigkeit des Vertrages führt *(nulidad absoluta)*, deren Feststellung von jedem Vertragspartner, aber auch von jedem Dritten, der ein rechtliches Interesse hat, vor Gericht beantragt werden kann[1167], während eine Verletzung der Entscheidungsfreiheit erst dann rechtlich relevant wird, wenn der geschädigte Vertragspartner Anspruch auf Schadensersatz aus *culpa in contrahendo* erhebt, §§ 280 Abs. 1, 311 Abs. 2, 241 Abs. 2 BGB. Anders gesagt: Der Schutz der Entscheidungsfreiheit bei der *c.i.c.* dient allein dem Interesse des Erklärenden, darüber bestimmen zu können, ob er sich binden will oder nicht, wohingegen die vorvertraglichen Informationspflichten nach der Lehre von der *desigualdad informativa* dem allgemeinen Interesse an der Gültigkeit der vertraglichen Bindung dienen.

1163 Vgl. oben Kap. D.II.3.d) aa).
1164 Vgl. oben Kap. D.II.4.b).
1165 Vgl. oben Kap. D.II.3.d) bb).
1166 Vgl. oben Kap. D.V.4.a) bb.
1167 Vgl. oben Kap. D.V.3.c) bb).

IV. Privilegierungen unterschiedlicher Marktteilnehmer

Dass, wie im vorangegangenen Kapitel beschrieben, nach deutschem Recht Partikularinteressen geschützt werden, während nach spanischem Recht der Schutz allgemeiner Prinzipien im Vordergrund steht, lässt sich jedoch nicht als durchgängiges Muster verallgemeinern. Denn auch der CC kennt die einseitige Privilegierung bestimmter Marktteilnehmer. Während im Verhältnis zum Besteller nach dem BGB der Werkunternehmer besonders privilegiert wird[1168], gilt dies nach dem CC für den Subunternehmer[1169]. Im Rahmen von Werkverträgen wird nämlich zugunsten eines Direktanspruchs des Subunternehmers gegenüber dem Besteller der Grundsatz von der Relativität im Privatrecht durchbrochen. Damit kommt dem Subunternehmer auch im Rahmen der Software-Erstellung eine privilegierte Position gegenüber anderen Marktteilnehmern zu.

V. Funktionale Methode

Unterschiedliche Lösungen nach deutschem und spanischem Recht zeigen sich für Verträge über individuelle Software beim Recht der Softwarefirma auf Nachbesserung[1170], beim privaten Sachverständigengutachten[1171], bei den Ansprüchen des Subunternehmers gegen den Besteller der Software[1172], bei den Anforderungen an die Rückgängigmachung nachteiliger Verträge[1173], bei den rechtlichen Konsequenzen im Falle eines fehlenden Pflichtenhefts[1174] und bei den Anforderungen an den Anspruch des Bestellers auf Herausgabe des Quellcodes[1175]. Mit Hilfe der funktionalen Methode konnten anhand der jeweils untersuchten sozialen Konflikte die unterschiedlichen Lösungen nach deutschem und spanischem Recht festgestellt werden. Aus den somit auf der ontischen Ebene festgestellten funktionalen Differenzen konnten dann in einem nächsten Schritt auch normative Differenzzusammenhänge erschlossen werden.

Der normative Differenzzusammenhang besteht in dem in Kap. D.IV. behandelten sozialen Konflikt „*Missverständnisse in der vorvertraglichen Planungsphase*“ darin, dass dem Grundsatz von *pacta sunt servanda* nach spanischem Recht

1168 Vgl. oben Kap. D.IV.2.a) dd).
1169 Vgl. oben Kap. D.III.4.
1170 Vgl. oben Kap. D.II.4.b).
1171 Vgl. oben Kap. D.II.4.c).
1172 Vgl. oben Kap. D.III.4.
1173 Vgl. oben Kap. D.IV.4.b) bb).
1174 Vgl. oben Kap. D.V.4.a) dd).
1175 Vgl. oben Kap. E.II.4.a).

ein stärkeres Gewicht zukommt als nach deutschem Recht[1176]. Und in dem in Kap. D.V. behandelten sozialen Konflikt *„Das fehlende Pflichtenheft"* zeigt sich der normative Differenzzusammenhang u.a. darin, dass eine richterliche Leistungsbestimmung nach spanischem Recht dann nicht in Frage kommen kann, wenn der Vertragsgegenstand unbestimmt ist, da die Bestimmtheit des Vertragsgegenstandes nach spanischem Recht positive Voraussetzung für das wirksame Zustandekommen einer vertraglichen Einigung ist[1177]. Des Weiteren besteht nicht nur im sozialen Konflikt *„Das fehlende Pflichtenheft"* (Kap. D.V.), sondern auch im sozialen Konflikt *„Anspruch des Kunden auf Herausgabe des Quellcodes?"* (Kap. E.II.) der aufgrund der funktionalen Methode zutage getretene normative Differenzzusammenhang darin, dass es im BGB keine vergleichbare Regelung zu Art. 1256 CC gibt[1178].

1176 Vgl. oben Kap. D.IV.4.b) cc).
1177 Vgl. oben Kap. D.V.4.a) dd).
1178 Vgl. oben Kap. D.V.4.a) cc) und Kap. E.II.4.b).

Schriften der Deutsch-Spanischen Juristenvereinigung

Band 1 Santiago Gonzáles-Varas: Die Verwaltung in Privatrechtsform in Spanien und Deutschland. 2002.

Band 2 Eva Romanski: Sozialstaatlichkeit und soziale Grundrechte im Grundgesetz der Bundesrepublik Deutschland und in der spanischen Verfassung. 2000.

Band 3 Alexander von Kuhlberg: Änderung und Revision der spanischen Verfassung vom 29. Dezember 1978. 2000.

Band 4 Kai Christian Fischer: Verbraucherschutz im spanischen Vertragsrecht im Lichte der europäischen Rechtsangleichung. Eine Studie mit rechtsvergleichenden Bezügen zum deutschen Recht. 2000.

Band 5 Miguel Félix Rodríguez y Rowinski: Die Haftung für Hilfspersonen im spanischen Recht. 2001.

Band 6 Ole Brühl: Immissionsschutzrechtliche Vorhabengenehmigung in Deutschland und Spanien. Eine rechtsvergleichende Untersuchung unter besonderer Berücksichtigung der Rechtslage in den Autonomen Gemeinschaften Spaniens. 2001.

Band 7 Florian Pagenkemper: Die Mängelhaftung des Bauunternehmers in Spanien nach der *Ley de Ordenación de la Edificación* und dem *Código civil*. Eine Untersuchung der vertraglichen und gesetzlichen Haftung mit rechtsvergleichenden Bemerkungen zum deutschen Recht. 2002.

Band 8 Daniel Friedrich Berg: Die Rückabwicklung gescheiterter Verträge im spanischen und deutschen Recht. Eine rechtsvergleichende Untersuchung unter besonderer Berücksichtigung des Einheitsrechts. 2002.

Band 9 Maria Isabel Haas: Der Durchgriff im deutschen und spanischen Gesellschaftsrecht. Eine rechtsvergleichende Analyse. 2003.

Band 10 Sonja Kohtes: Das Recht der vorformulierten Vertragsbedingungen in Spanien. Die Umsetzung der Richtlinie 93/13/EWG über missbräuchliche Klauseln in Verbraucherverträgen. 2004.

Band 11 Markus Artz: Kollisionsrecht und ausländisches Recht in spanischen und deutschen Zivilverfahren. Eine rechtsvergleichende Untersuchung. 2004.

Band 12 Johannes F.K. Rheinheimer: Arbeitsrechtliche Fragen nationaler und internationaler Telearbeit in der Europäischen Union an den Beispielen Deutschland und Spanien. 2004.

Band 13 Julia B. Spaethe: Spaniens Abstammungsrecht in Geschichte und Gegenwart. Unter besonderer Berücksichtigung der Nichtehelichkeit. 2004.

Band 14 Thomas Reineke: Das Recht der Arbeitnehmerüberlassung in Spanien und Deutschland und sein Verhältnis zu der geplanten europäischen Regelung. 2004.

Band 15 Christian Gohm: Maßnahmen zur Beschleunigung und Konzentration im neuen spanischen und deutschen Zivilprozess.Eine rechtsvergleichende Analyse im Lichte der Europäisierung des Zivilprozessrechts. 2004.

Band 16 Till Pense: Das spanische Schwurgericht. Die Jury im Spannungsfeld von Rechtsstaat und Demokratie. 2006.

Band 17 Jan Hückel: Persönlichkeitsschutz und Geldersatz im deutschen und spanischen Zivilrecht. 2006.

Band 18 Ilja I. Selenkewitsch: Spanisches Tarifrecht. Mit spezieller Betrachtung der arbeitszeitrechtlichen Regelungen. 2006.

Band 19 Sven Klaiber: Mitwirkungsbefugnisse des Bürgers auf Seiten der Strafverfolgungsorgane in Deutschland und in Spanien im Rechtsvergleich. 2006.

Band 20 Raimundo Baglietto Bergmann: Der einstweilige Rechtsschutz nach der neuen spanischen Zivilprozeßordnung und der deutschen Zivilprozeßordnung. Eine rechtsvergleichende Untersuchung der Art. 721–747 LEC und der §§ 916–945 ZPO für den Bereich des Zivilprozeßrechts. 2007.

Band 21 Holger Dierkes: Sicherungspflichten des Bauträgers in Spanien und Deutschland. Insbesondere aus Art. 19 Ley de Ordenación de la Edificación und aus §§ 3 und 7 Makler- und Bauträgerverordnung. 2007.

Band 22 Nele Rades: Die *Sociedad Limitada Nueva Empresa*. Eine Diskussion des spanischen Gesetzes Nr. 7/2003 im Kontext des spanischen und deutschen GmbH-Rechts. 2008

Band 23 Peter Stadler: Das interregionale Recht in Spanien. Darstellung unter besonderer Berücksichtigung des Ehegüter- und Erbrechts. 2008.

Band 24 Christian Ochs: Die Haftung des GmbH-Geschäftsführers im deutschen und spanischen Recht. 2008.

Band 25 Janire Mimentza: Der Auskunftsanspruch im deutschen und spanischen Markenrecht. Vor dem Hintergrund der europäischen Richtlinie 2004/48/EG zur Durchsetzung der Rechte des geistigen Eigentums. 2008.

Band 26 Thomas Kaiser: Steuerliche Gewinnermittlung in Spanien und Deutschland. 2008.

Band 27 Thomas M. Mannsdorfer / Susana Navas Navarro: Spanisches Haftungs- und Versicherungsrecht. 2008.

Band 28 Annemarie Hofedank: Arbeitsmarkt und Kündigungsschutz in Spanien. 2009.

Band 29 Tobias Rösner : Verlust des Stammkapitals und Geschäftsführerhaftung in der GmbH. Ein deutsch-spanischer Rechtsvergleich. 2009.

Band 30 Sebastian Schalk: Deutsche Präjudizien und spanische „Jurisprudencia" des Zivilrechts. Eine vergleichende Gegenüberstellung. 2009.

Band 31 Anna-Maja Schaefer: Das autonome internationale Insolvenzrecht Spaniens im Vergleich zum deutschen Recht. 2009.

Band 32 Volkart Tresselt: Die Rechtsstellung des Verwalters einer spanischen Sociedad de Responsabilidad Limitada und des Geschäftsführers einer deutschen GmbH im Rechtsvergleich. 2009.

Band 33 Festschrift 25 Jahre Deutsch-Spanische Juristenvereinigung. Conmemoración de la Asociación Hispano-Alemana de Juristas. Herausgegeben von Marc André Gimmy und der Deutsch-Spanischen Juristenvereinigung. Editado por Marc André Gimmy y la Asociación Hispano-Alemana de Juristas. 2009.

Band 34 Alexander Tacer: Die territoriale Struktur Spaniens. Der Weg zum asymmetrischen Föderalismus. 2010.

Band 35 Hendrik R. Bott: Absicherung der Mängelrechte im spanischen Bauvertragsrecht unter rechtsvergleichenden Aspekten. Eine Untersuchung der Rechtsverhältnisse zwischen Besteller und Unternehmer. 2010.

Band 36 Ingo R. Müller: Spanisches Anwaltshaftungsrecht. 2010.

Band 37 Katharina Grüter: Kapitalaufbringung und Kapitalerhaltung bei der spanischen Sociedad de Responsabilidad Limitada und der deutschen Gesellschaft mit beschränkter Haftung. 2010.

Band 38 Florian Michallik: Instrumentarien zur Steuerung von Einzelhandel in Deutschland und Spanien. Ein Beitrag zu nachhaltiger Raum- und Stadtentwicklung. 2010.

Band 39 Franziska Hohlers: Der Vertragsschluss im e-Commerce nach deutschem und spanischem Recht. Unter besonderer Berücksichtigung der europarechtlichen Vorgaben zu den Informationspflichten. 2010.

Band 40 Kristina Orthmann: Kapitalmarktinformationshaftung der Vorstände von Aktiengesellschaften in Deutschland und Spanien. 2011.

Band 41 Bettina Janka: Corporate Governance in Deutschland und Spanien. 2011.

Band 42 Stefanie Espitalier: Die innerstaatliche Haftung für Unionsrechtsverstöße in Spanien. Eine Untersuchung der Verantwortungs- und Haftungsbeziehungen zwischen dem spanischen Zentralstaat und den Autonomen Gemeinschaften im Falle finanzwirksamer Entscheidungen der Europäischen Union. 2012.

Band 43 Hannah Rau: Strafrechtliche Vergangenheitsbewältigung am Beispiel Spanien. 2014.

Band 44 Christian Schönwandt: Wirkungsschwächen der Schenkung in Spanien und Deutschland. 2015.

Band 45 Benedikt Leffers: Die Einführung eines Präsenzbonus in Deutschland unter Berücksichtigung der *prima de asistencia* in Spanien. 2015.

Band 46 Britta Nietfeld: Mediation als Verfahren der konsensualen Konfliktbeilegung bei Trennung und Scheidung. Eine rechtsvergleichende Betrachtung des deutschen, spanischen und katalanischen Rechts. 2015.

Band 47 Jessika Henke: Die vorgerichtliche Beweisermittlung im gewerblichen Rechtsschutz vor dem Hintergrund der europäischen Rechtsangleichung. Eine vergleichende Betrachtung des deutschen und spanischen Rechts nach Umsetzung der »Enforcement«-Richtlinie. 2016.

Band 48 Karl Felix Oppermann: Die Unteranknüpfung nach der EuErbVO im Mehrrechtsstaat Spanien. 2016.

Band 49 Sven Hendrik Haumesser: Geschäftsleiterpflichten und -haftung in der Insolvenz im deutschen und spanischen Recht. 2016.

Band 50 Ingrid Schleper: Wegfall der Geschäftsgrundlage im deutschen und spanischen Recht. 2017.

Band 51 Matthias Schassek: Verträge über individuelle Software nach deutschem und spanischem Recht. 2017.

www.peterlang.com

www.ingramcontent.com/pod-product-compliance
Ingram Content Group UK Ltd.
Pitfield, Milton Keynes, MK11 3LW, UK
UKHW021849290926
8980IPUK00005B/735